Jansen / Meyer • Diagnostizieren im Dialog

Christian Jansen / Markus Meyer

Diagnostizieren im Dialog

Ein Leitfaden für den individualisierten Unterricht

ANPASSBARE KOPIERVORLAGEN IN WORD

BELTZ

Christian Jansen unterrichtet seit 2002 an der Theodor-Litt-Realschule in Düsseldorf die Fächer Englisch und Praktische Philosophie. Ab 2007 zunächst in der Fachmoderation tätig, ab 2011 Mitglied der Entwicklungsgruppe im Fortbildungsprojekt »Vielfalt fördern«. Dort arbeitet er zudem in der Moderation sowie als Coach für künftige Moderator/innen.

Markus Meyer unterrichtet seit 2003 an der Europaschule Troisdorf in den Fächern Deutsch und Philosophie. Seit 2006 ist er ebenfalls als Lehrbeauftragter für germanistische Linguistik an verschiedenen Universitäten tätig. Zudem bietet er an Universitäten und Schulen Fortbildungen zum erfolgreichen Lernen in Teams sowie zum kompetenzorientierten Lernen an. Er ist seit 2011 Mitglied der Entwicklungsgruppe im Fortbildungsprojekt »Vielfalt fördern«.

Dieses Buch ist auch als E-Book erhältlich (978-3-407-29447-0).

Werderstr. 10 · 69469 Weinheim
www.beltz.de

Lektorat: Heike Gras
Herstellung: Lore Amann
Satz: Markus Schmitz, Büro für typographische Dienstleistungen, Altenberge
Druck und Bindung: Beltz Bad Langensalza GmbH, Bad Langensalza
Innenillustrationen: Caroline Jansen
Umschlagabbildung: © Stephen Elmund, getty images
Reihengestaltung: glas ag, Seeheim-Jugenheim
Umschlaggestaltung: Michael Matl
Printed in Germany

ISBN 978-3-407-62970-8

Inhalt

Vorwort

Kinder und Jugendliche in ihrer Vielfalt fördern – Unterricht fokussiert auf individuelle Förderung weiterentwickeln, kurz *Vielfalt fördern,* ist ein Kooperationsprojekt zwischen der Bertelsmann Stiftung und dem Ministerium für Schule und Weiterbildung NRW. Es richtet sich an Lehrkräfte in Schulen mit Sekundarstufe I und unterstützt sie dabei, sich auf die unterschiedlichen Ausgangslagen, Potenziale und Interessen der Schüler/innen besser einzustellen und sie individuell zu fördern. Dabei setzt das Angebot auf die Wirksamkeit von Teamarbeit im Kollegium, indem Teamarbeit initiiert, intensiviert und kultiviert wird.

Unter wissenschaftlicher Leitung von Christian Fischer (Universität Münster) und Bettina Amrhein (Universität Bielefeld) haben ausgewiesene Fortbildungsexpertinnen und -experten und Schulpraktikerinnen und -praktiker eine Qualifizierungsmaßnahme konzipiert, deren Ziel ein Unterricht ist, der die Fähigkeiten und Interessen aller Schüler/innen berücksichtigt und fördert. In mindestens zwei Jahren durchlaufen die Teams (Klasse-, Jahrgangs- bzw. Fachteams) an den Projektschulen vier Module, die aufeinander aufbauen:

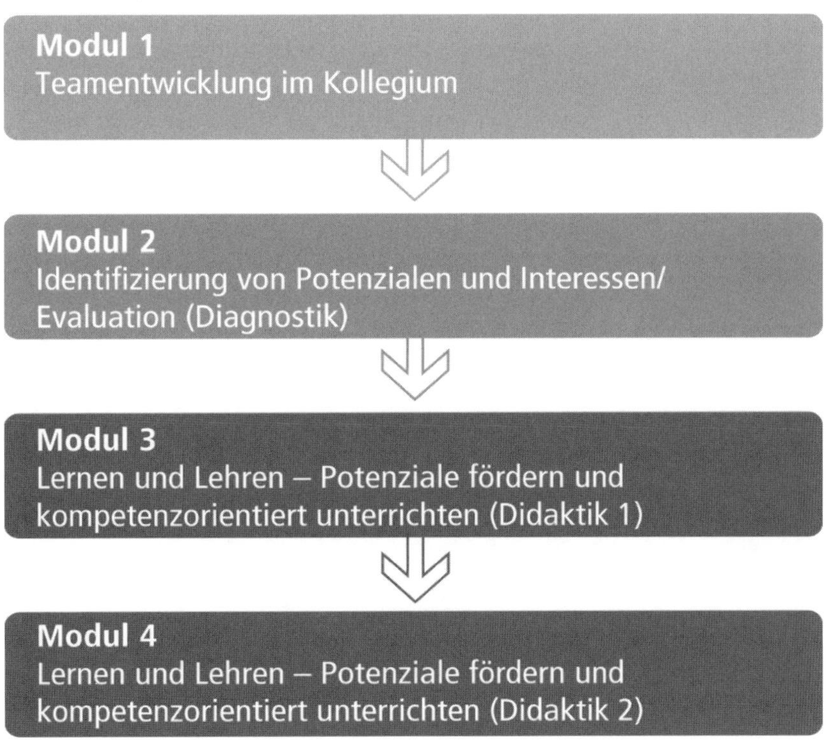

Abb. 0: Aufbau der Qualifizierungsmaßnahme »Vielfalt fördern« (MSW NRW/Bertelsmann Stiftung 2015)

Die vorliegende Publikation ist vor dem Hintergrund des Moduls »Diagnostik« entstanden: Die Verpflichtung zu individueller Förderung setzt diagnostische Kompetenzen von Lehrerinnen und Lehrern voraus. Viele Lehrkräfte haben sich dieses Themengebiet weder in ihrem Studium noch in der zweiten Phase der Lehrerausbildung systematisch erschließen können und sind deshalb an professioneller Unterstützung interessiert. Sie stehen vor einer anforderungsreichen Aufgabe: Damit sie ihre Schülerinnen und Schüler erfolgreich individuell fördern können, müssen beispielsweise Lernstände in ihrer Entwicklung erfasst und in Relation zu den gültigen Kompetenzstandards gesetzt werden. Nur so können Lehrkräfte passende Lernwege eröffnen, auf denen die Schüler/innen diese Kompetenzen erreichen und sie optimieren können. Dies alles bedarf der Integration in den Unterricht (des jeweiligen Faches).

Eine so verstandene *schulische Diagnostik* ist angewiesen auf den Dialog zwischen Lehrer/innen und Schüler/innen. Schüler/innen als Experten für ihr Lernen in die diagnostischen Schritte und Prozesse einzubeziehen, ist Voraussetzung für ihren Lernerfolg und der Maßstab erfolgreichen Unterrichts.

Wir bedanken uns sehr bei Christian Jansen und Markus Meyer, den Entwicklern von Modul 2 der Qualifizierungsmaßnahme *Vielfalt fördern,* für ihre Initiative, aus dem Projektkontext hinauszutreten und *schulische Diagnostik* durch diese Publikation einer breiteren Öffentlichkeit näher zu bringen.

Den Lesern dieses Buches wünschen wir eine erkenntnisreiche Lektüre und hoffen, dass sie die vielfältigen Materialien für ihren Unterricht adaptieren und förderlich einsetzen können.

Gütersloh und Düsseldorf, im Juli 2015

Angela Müncher, Projektleiterin Bertelsmann Stiftung
Tamara Sturm-Schubert, Ministerium für Schule und Weiterbildung NRW

Einleitung

Als wir 2011 zu fünft damit begannen, für *Vielfalt fördern* ein Fortbildungsmodul zum Thema »Diagnostik« zu konzipieren, mussten wir zunächst nicht nur unsere individuellen Erfahrungen mit Diagnostik in der Schule teilen, sondern auch unsere damit verbundenen unterschiedlichen Vorstellungen und Haltungen zu einer *gemeinsamen* Haltung machen. Dieser gemeinsame Lernprozess war nicht immer reibungslos und geradlinig, hat uns aber zwei entscheidende Dinge über schulische Diagnostik gelehrt:

1. Sie kann nur im Team gelingen.
2. Sie ist eher eine Haltung als eine Methode.

Damit einher ging auch eine Standortbestimmung im weiten Feld der pädagogischen Diagnostik. Die Zielgruppe von *Vielfalt fördern* sind Kolleginnen und Kollegen aller Fächer an Schulen mit Sekundarstufe 1; daher fielen eine stark fachbezogene und sonderpädagogische Schwerpunktsetzung von vornherein weg. Es ging vielmehr darum, grundlegende diagnostische Kompetenzen zu vermitteln.

Im Laufe der intensiven Beschäftigung mit der Thematik konnten wir allmählich das Profil einer *schulischen* Diagnostik schärfen. Lehrkräfte sind primär Unterrichtspraktiker/innen; daher brauchen sie diagnostische Kompetenzen, die zum Kerngeschäft des Unterrichtens passen. Sie brauchen ein Verständnis dafür, *warum*, *wie* und *wozu* Diagnostik im Unterricht stattfindet, und sie brauchen ihre Schülerinnen und Schüler als aktiv Teilhabende in diagnostischen Prozessen. Der Titel des Buchs weist klar darauf hin: Erfolgreiche Diagnostik besteht unserer Auffassung nach nicht allein in der Gewinnung möglichst genauer oder reichhaltiger Daten über den Unterricht. Sie besteht vor allem aus dem gemeinsamen Dialog von Lehrkräften und Schüler/innen darüber, welche lernwirksamen Faktoren des Unterrichts verändert werden sollen, damit erfolgreiches Lernen möglich wird. Schulische Diagnostik und Unterrichtsentwicklung lassen sich somit nicht voneinander trennen.

Vielfalt fördern ist ein Fortbildungsangebot, das von Schulen mit Sekundarstufe 1 über mehrere Jahre hinweg durchlaufen werden kann. Um unsere Idee einer dialog- und prozessorientierten Diagnostik auch über das Projekt hinaus in den Schulalltag zu tragen, haben wir uns für eine Publikation in Buchform entschieden.

Das vorliegende Buch, die zugrunde liegenden Ideen sowie die darin ausgeführten Inhalte wären ohne den intensiven Austausch innerhalb der Entwicklungsgruppe nicht möglich gewesen. Wir möchten daher den »Entwicklern« unseren großen Dank aussprechen – nicht nur für dieses Buch, sondern auch für die jahrelange großartige und freundschaftliche Zusammenarbeit. Vor allem den ehemaligen Mitgliedern der Arbeitsgruppe »Diagnostik« – Michael Wildt, Günther Barth, Christine Preuss und Michelle Balmert – danken wir sehr herzlich. Zudem bedanken wir uns bei Mariola Meyer für die konzeptionelle Unterstützung im Hinblick auf den diagnostischen Einsatz von Modell DREI.

Wir bedanken uns zudem ausdrücklich bei der Bertelsmann-Stiftung, den Projektleiterinnen von *Vielfalt fördern*, Angela Müncher und Tamara Sturm-Schubert, sowie Bettina Amrhein für die Unterstützung bei der Entstehung dieses Buches. Unser Dank gilt auch Christian Fischer.

Für die kurzfristige Erstellung aussagekräftiger Illustrationen bedanken wir uns sehr bei Caroline Jansen.

Hinweise zur Nutzung dieses Buches

Kapitel 1 dient der Einführung in die schulische Diagnostik. Die weiteren Kapitel folgen dem Ablauf eines diagnostischen Prozesses: Die Darstellung der Anlassklärung in Kapitel 2 dient der Beantwortung der grundlegenden Frage, warum im Unterricht überhaupt diagnostiziert werden soll – unserer Ansicht nach ist schulische Diagnostik kein Selbstzweck, sondern braucht immer einen Anlassbezug. Kapitel 3 beschreibt die Fokussierung des Anlasses auf konkrete unterrichtsrelevante Veränderungsbereiche sowie die präzise sprachliche Abbildung in Form von Hypothesen. Daran schließt sich die Datengewinnung mittels diagnostischer Instrumente an. In Kapitel 4 steht die Lernprozessberatung im Zentrum. Hier werden aus allgemeinen Entwicklungszielen und -bedarfen individuelle Ziele und Bedarfe in Form von Entwicklungsmaßnahmen abgeleitet. Im letzten Kapitel schlagen wir noch einmal eine Brücke von schulischer Diagnostik zum individualisierten Unterricht: Schulische Diagnostik findet nicht nur *im* Unterricht statt; erfolgreiche diagnostische Prozesse setzen u. E. eine Individualisierung voraus, so wie die Individualisierung des Unterrichts nur auf der Basis expliziter diagnostischer Prozesse gelingen kann.

Als roten Faden haben wir ein illustriertes Fallbeispiel gewählt, anhand dessen wir alle diagnostischen Prozessschritte durchlaufen. Zwei weitere beispielhafte diagnostische Prozesse finden Sie im 5. Kapitel.

Jedes Kapitel beginnt mit einem kurzen Überblick über die Inhalte, am Ende fasst ein Fazit die Kernbotschaften des Kapitels noch einmal stichpunktartig zusammen. In den Kapiteln selbst finden Sie Kästen mit hervorgehobenen Inhalten. Diese sind mit Icons gekennzeichnet:

der »Wegweiser« verdeutlicht Ihnen zum einen Ihren Standort im Diagnoseprozess und gibt zum anderen wichtige Handlungshinweise.

hebt wesentliche Hintergrundinformationen hervor.

weist auf das oben erwähnte Fallbeispiel hin.

zeigt Ihnen, welche Kopiervorlage zum jeweiligen Abschnitt gehört. Die Kopiervorlagen finden Sie auch als Downloadmaterial auf der Produktseite zu diesem Buch unter www.beltz.de – sowohl als PDF-Datei als auch als anpassbare Vorlagen in Word. So können Sie die Kopiervorlagen auf Ihre Klasse und Ihren Bedarf anpassen.

markiert das Fazit am Ende jedes Kapitels.

Wir hoffen, Ihnen mit diesem Buch einige Denkanstöße geben zu können. Wir verstehen uns dabei selbst als Lernende in einem lernfähigen Projekt. Daher freuen wir uns über Ihr Feedback! Schreiben Sie uns: schulische.diagnostik@web.de

Köln, im August 2015

Christian Jansen
Markus Meyer

Diagnostizieren im individualisierten Unterricht 1

Im folgenden Kapitel werden wir zunächst klären, was wir unter »schulischer Diagnostik« verstehen: Sie umfasst den Prozess, Unterricht so zu gestalten und weiterzuentwickeln, dass allen Schüler/innen erfolgreiches Lernen ermöglicht wird. Schulische Diagnostik ist das gemeinsame Tun all derer, die diese Entwicklung betrifft, also Lehrende und Lernende. Sie beginnt dann, wenn alle gemeinsam den Blick auf eine Situation richten, in der Veränderung erwünscht ist bzw. sich lohnt. Um diagnostische Prozesse kontrolliert steuern zu können, müssen sie *explizit* werden. Viele diagnostische Prozesse laufen jedoch *implizit*, d.h. unkontrolliert ab, daher werden wir eine deutliche Abtrennung der impliziten (Alltags)diagnostik vornehmen. Dies setzt die erfolgreiche Arbeit in Teams voraus, wobei nicht nur kollegiale Teams gemeint sind. In erster Linie ist schulische Diagnostik der explizite Dialog mit Schüler/innen. Daher setzt sich vor allem der letzte Abschnitt mit einer Sensibilisierung für das Diagnostizieren im Dialog mit Schüler/innen auseinander.

Was ist schulische Diagnostik? 1.1

Lehrer/innen, die sich mit Diagnostik in der Schule bzw. schulischer Diagnostik beschäftigen, tun dies einerseits aus dem Bewusstsein heraus, dass Diagnostizieren zu den Kernkompetenzen des Lehrberufs gehört – so halten es jedenfalls die Standards für die Lehrerbildung fest: »Kompetenzbereich: Beurteilen – Kompetenz 7: Lehrerinnen und diagnostizieren Lernvoraussetzungen und Lernprozesse von Schülerinnen und Schülern; sie fördern Schülerinnen und Schüler gezielt und beraten Lernende und deren Eltern« (Beschluss der Kultusministerkonferenz 2004: Standards für die Lehrerbildung, S. 11). Diagnostische Kompetenzen zu erwerben ist mittlerweile zu einem wichtigen Bestandteil der Ausbildung von Lehrer/innen geworden (vgl. Meyer/Jansen 2016).

Andererseits erfolgt die Auseinandersetzung mit dem Begriff »Diagnostik« im schulischen Kontext auch aus einem starken Bedürfnis nach theoretischer und vor allem unterrichtspraktischer Klärung heraus. Dabei wird der Begriff unterschiedlich gedeutet: als Leistungsdiagnostik, Individualdiagnostik, Förderdiagnostik oder gar Selektionsdiagnostik. Das zeugt nicht nur von einer unterschiedlichen Handhabung, sondern auch von teilweise sehr konträren Bewertungen der Diagnostik: Für die einen ist sie beispielsweise ein Instrumentarium aus Testverfahren, mit dem sich – möglichst schnell und zweifelsfrei – individuelle Lerndefizite ans Licht bringen lassen, für die anderen markiert Diagnostik genau deswegen das Ende von Lernchancen, werden Kinder und Jugendliche doch gerade durch sie mit »Labeln« versehen (LRS, Dyskalkulie, ADHS etc.), die sie möglicherweise ein ganzes Schulleben vor sich her tragen müssen.

Wer sich mit Diagnostik auseinandersetzen will, kann daher nicht von einem einheitlichen Verständnis ausgehen. Deshalb ist ein Austausch darüber im Kollegium der erste Schritt, um diese Heterogenität aufzudecken – mit teilweise kontroversen Ergebnissen, wie Fortbildungserfahrungen zeigen. Wer sich aber im Rahmen der Schul- und Unterrichtsentwicklung mit Diagnostik auseinandersetzen will, kann den gewünschten Entwicklungs- und Veränderungsprozessen ohne gemeinsames Leitbild keinen »Kurs« geben. Für die schulische Diagnostik bedeutet dies, dass Lehrer/innen gemeinsam ein diagnostisches Verständnis entwickeln müssen.

KV 1+2

Ein Fragebogen zum persönlichen Diagnostikverständnis kann dabei den Einstieg in die Entwicklung eines diagnostischen Leitbildes erleichtern (KV 1). Alternativ können Sie auch eine offenere Form der (Selbst-)Befragung wählen: Eine Lernlandkarte ist ein ideales diagnostisches Instrument, um herauszufinden, was Sie und Ihre Kollegen/innen bereits wissen und können und was Sie am Thema Diagnostik besonders interessiert (KV 2). Sie werden feststellen, dass Sie im Hinblick auf Ihr Verständnis von schulischer Diagnostik viele Gemeinsamkeiten haben, aber mitunter auch völlig gegensätzlicher Meinung sind. Bereits jetzt muss sich unter Beweis stellen, was eine der Grundbedingungen schulischer Diagnostik ist: Vielfalt, Diversität, Heterogenität von Teams oder Lerngruppen ist immer gegeben, aber sie braucht auch den Konsens, um in gemeinsame Veränderungsprozesse zu münden. Bei der Konsensbildung gilt es allerdings, bekannten »Denkfallen« wie *Groupthink* und *Social Loafing* (vgl. Kap. 1.3) aktiv entgegenzuwirken: Ein Konsens muss immer offen bleiben für Veränderung.

Des Weiteren fehlt häufig eine systematische Einbettung in den Unterricht, oder anders formuliert: *Was diagnostiziere ich als Lehrer/in wie, wann und wozu?*

Wir werden im Folgenden von *schulischer* Diagnostik sprechen, nicht nur, um auch begrifflich zu betonen, dass wir uns auf pädagogische Diagnostik im Handlungsfeld Schule beschränken wollen, sondern auch, um sie von psychologisch-medizinischer und sonderpädagogischer Diagnostik abzugrenzen. Lehrer/innen, die an Haupt-, Real-, Gesamtschulen und Gymnasien unterrichten, haben in der Regel keine medizinische, psychologische oder sonderpädagogische Ausbildung. Kompetentes diagnostisches Handeln von Lehrer/innen ist immer bezogen auf den Kernbereich der eigenen Profession: den Unterricht. Dabei kann Diagnostik in der Schule nur dann funktionieren, wenn sie nicht nur für Lehrer/innen, sondern auch für Schüler/innen gemacht ist. Dafür muss sie – gerade auch für Schüler/innen – verständlich sein und sich auf das beziehen, was im Mittelpunkt des Verhältnisses von Schüler/innen und Lehrer/innen steht: das Lernen im Unterricht in der Schule. Schulische Diagnostik orientiert sich dabei an den zwei folgenden Leitfragen:

Leitfragen schulischer Diagnostik

- Was können Sie, Ihre Kolleg/innen und Schüler/innen über Faktoren herausfinden, die Lernerfolg beeinflussen (vgl. Kap. 2.4)?
- Wie können Sie, Ihre Kollegen/innen und Schüler/innen gemeinsam nach Ansatzpunkten »für erfolgversprechendes Weiterlernen« suchen (vgl. Wildt 2009, S. 14–19)?

Eine Schule, an der Schüler/innen und Lehrer/innen – miteinander und untereinander – gute Beziehungen pflegen können, bietet ideale Bedingungen: Ein freundlicher, respektvoller und wertschätzender Umgang miteinander, ein hohes Maß an Diversität (individuelle »Nischen«, Lern-, Spiel- und Kreativitätsinseln) sowie Partizipation als gelebte Wirklichkeit, in der Schüler/innen für sich und andere Verantwortung übernehmen, sind mittlerweile Alltag an vielen Schulen bzw. der »Nordstern« der Schulentwicklung. Dabei darf die Klassentür jedoch keine Grenze sein: vor allem der Unterricht braucht gute Beziehungen, Individualisierung und Partizipation. Schulische Diagnostik ist ein Weg, dies zu verwirklichen. Funktionieren kann sie unserer Ansicht nach aber nur im echten *Dialog*

- mit den Kolleg/innen, mit denen Sie Ihre Schule als Haus des Voneinander-Lernens und Zusammen-Lebens erhalten und ausbauen wollen (vgl. Reich 2014, S. 67 ff.);
- mit den Schüler/innen, mit denen Sie gemeinsam Lernprozesse gestalten, und die die eigentlichen Akteure schulischer Diagnostik sind.

Eine professionelle Ausübung des Lehrberufs erschöpft sich längst nicht mehr in der Fachexpertise sowie in methodisch-didaktischen Kompetenzen. Wissen zu »vermitteln« bedeutet nach konstruktivistischer Auffassung nicht das »Bereitstellen vorstrukturierter Lerneinheiten« (Vogt 2007, S. 8), sondern das Schaffen einer Lernumgebung, in der »Wissen immer wieder individuell konstruiert, reorganisiert und erweitert« werden kann (Vogt 2007, S. 8, vgl. auch Reich 2014, S. 212 ff.). Welche guten Lernbedingungen dafür gegeben sein müssen, kann nicht »vom Lehrerpult aus« bestimmt werden, sondern lässt sich nur im (diagnostischen) Dialog mit den Schüler/innen herausfinden. Dialog- bzw. Kommunikationsfähigkeit und -bereitschaft gehen Hand in Hand mit der Professionalisierung schulischer Diagnostik:

> *»Dafür sind hohe pädagogische, psychologische und diagnostische Kompetenzen von Lehrkräften erforderlich sowie die motivierende Kommunikation untereinander und die hilfreiche Beratung der Schülerinnen und Schüler und ihrer Eltern. Junge Menschen müssen in der Schule erfahren, dass sie fair und gerecht behandelt und beurteilt werden und sie ihre Bildungschancen voll ausschöpfen können. Lehrkräfte helfen ihnen, ihre eigene Leistungsfähigkeit und Anstrengungsbereitschaft einzuschätzen und zu steigern.«*
>
> (Kultusministerkonferenz 2000, S. 3)

Abb. 1: Schulische Diagnostik als Dialog (Illustration: Caroline Jansen)

Schulische Diagnostik als Teil der Unterrichtsentwicklung 1.2

Eine verbreitete Erwartung an Diagnostik in der Schule ist die eines Werkzeugs, das zur Ermittlung eines Ist-Stands zum Einsatz kommt. Eine Lehrperson, die vor allem die Vermittlung von Fachkompetenzen in den Mittelpunkt ihres Handelns stellt, wünscht sich zuverlässige Testinstrumente zur Abbildung von fachbezogenen Leistungsständen, z. B. in der Lerneingangsdiagnostik. Wer Bildung eher ganzheitlich versteht, sucht nach Instrumenten, um individuelle Lernvoraussetzungen oder Interessen zu ermitteln.

Es steht außer Frage, dass Diagnostik Ist-Stände klären soll, allerdings greift diese Beschreibung im schulischen Kontext viel zu kurz: Diagnostik als bloßer Werkzeugkoffer bleibt folgenlos für die Unterrichtspraxis und den jeweils damit verbundenen Vorstellungen guten Unterrichts. Eine Veränderung und Weiterentwicklung der Unterrichtspraxis ist damit nicht möglich. Für das hier vorgestellte Modell schulischer Diagnostik ist aber gerade die Verknüpfung von Unterrichtsentwicklung und Diagnostik von entscheidender Bedeutung:

Wer Unterricht entwickelt, braucht Diagnostik; wer diagnostiziert, tut dies, um Unterricht weiterzuentwickeln.

Oftmals liegt dies gar nicht unmittelbar auf der Hand, beispielsweise dann, wenn Sie einzelne Schüler/innen in einen förderdiagnostischen Fokus nehmen. Hier scheint die Diagnostik geradezu isoliert vom »normalen« Unterrichtsgeschehen zu sein. Dies ist aber nicht der Fall, weil nur einzelne Schüler/innen betrachtet werden, sondern weil Förderung *nicht* als integraler Bestandteil des Unterrichts betrachtet wird. Mit anderen Worten: Nur die »Auffälligen« sind diagnostisch interessant, nicht aber die Entwicklung hin zu einem Unterricht, der alle Schüler/innen als Teilhaber/innen an diagnostischen Prozessen sieht bzw. die diagnostischen Kompetenzen aller Schüler/innen entwickelt. Diesen Perspektivwechsel halten wir für das entscheidende Bindeglied zwischen Individualdiagnostik und Gruppen- bzw. Organisationsdiagnostik (vgl. Maier 2015, S. 34 f.). Individualisierung und Unterrichtsentwicklung stellen für uns keinen Gegensatz dar.

Dass Unterricht in seiner Qualität weiter entwickelt werden muss, steht für uns außer Frage. Der Frage, wie mit der zunehmenden Heterogenität von Lerngruppen umzugehen ist, müssen sich Lehrer/innen sämtlicher Schulformen stellen:

> *»Vielfalt im Klassenzimmer ist eigentlich nichts Neues. Denn jedes Kind ist anders. Doch noch nie war diese Heterogenität so offensichtlich wie heute: In Großstädten steigt die Zahl der Kinder aus Zuwandererfamilien, in ländlichen Gebieten müssen Schulen [...] zusammengelegt werden, in bürgerlichen Gegenden schicken ohnehin fast alle Eltern ihre Kinder auf das Gymnasium, und immer mehr Kinder mit besonderem Förderbedarf gehen auf Regelschulen.«* (Ebel/Müncher 2013, S. 1)

Angesichts der Vielfalt im Klassenzimmer sollen Lehrer/innen individualisiert unterrichten, sodass jede/r Einzelne die Chance hat, »ihr bzw. sein motorisches, intellektuelles, emotionales und soziales Potential umfassend zu entwickeln« (Meyer 2008, S. 97) bzw. »Ergebnisse persönlicher Exzellenz« zu erzielen (Reich 2014, S. 81). Diese Individualisierung im Rahmen des gemeinsamen Lernens kann allerdings nur dann gelingen, wenn sich der Unterricht nach den jeweiligen Bedingungen ausrichtet, in denen erfolgreiches Lernen für alle möglich wird – und nicht umgekehrt. Das verlangt Ihnen als Lehrer/in die Bereitschaft ab, die vielleicht über die Jahre zur zweiten Natur gewordene Unterrichtspraxis kritisch zu hinterfragen: Ist mein Unterricht dieser Herausforderung gewachsen?

Lehrende als Lernende

Wenn Sie akzeptieren können, dass der Handlungsbedarf nicht allein aufseiten der Bildungspolitik liegt, können Sie einen großen Beitrag leisten, die Herausforderung der Heterogenität zu meistern – unterschätzen Sie nicht Ihren Einfluss. Dafür müssen Sie nur dasselbe von sich fordern, was Sie auch von ihren Schüler/innen erwarten: Offen und neugierig zu bleiben und sich als (lebenslang) Lernende zu verstehen. Mut zur Veränderung ist allemal besser als Frust in der Stagnation. Zu diesem (Lern)Weg gehört auch gelegentliches Scheitern.

1.3 Schulische Diagnostik als Aufgabe von Teams

Wie können wir Unterricht so verändern, dass individualisiertes Lernen möglich ist? Unterrichtspraktisch gibt es nur konkrete Antworten auf diese Frage – abhängig von Ihrer Schule mit Ihren Schüler/innen und Kolleg/innen. Individualisierung lässt sich nicht gleichförmig in der Praxis umsetzen. Die jeweiligen Unterrichts- bzw. Lernsituationen, in denen Wünsche nach Veränderungen hervortreten, sind niemals dieselben: Als Lehrer/in müssen Sie Expert/in für Unterschiede und Besonderheiten werden. Nur so können Sie erkennen, was das Besondere an Ihren Schüler/innen, Ihren Kolleg/innen und an Ihrer Schule ist. Denn dies ist die Voraussetzung dafür, dass Lernen erfolgreich ist.

Veränderungswünsche markieren den Ausgangspunkt bzw. den *Anlass* schulischer Diagnostik. Schauen wir uns dazu ein Beispiel an: Sie denken »*So geht es in der 7a nicht weiter!*« Etwas hindert Sie daran, Ihre Unterrichtsziele zu erreichen, und trotz Ihrer großen Routine lässt sich das Hindernis nicht beseitigen. Wer hier nur seinem eigenen Urteil vertraut, läuft Gefahr, bei der Suche nach möglichen Ursachen für das Hindernis die eigene Wahrnehmung der Situation als die einzig gültige zu betrachten. Aber wie nehmen die anderen Kolleg/innen die Unterrichtssituation wahr? Stehen sie vor demselben Hindernis? Und vor allen Dingen: Wie stehen die Schüler/innen der 7a zu diesem Veränderungswunsch? Welche Hindernisse empfinden sie im Hinblick auf den Unterricht? Welche Veränderungswünsche haben sie?

Je mehr Sie über die Akteure der Situation, ihre jeweiligen Ziele, Hinderniserfahrungen und Veränderungswünsche erfahren, desto klarer lässt sich die Frage beantworten, *wer* etwas *warum* und *wozu* verändern will. Diesen Prozessschritt nennen wir *Anlassklärung*, und er stellt das intensive Bemühen darum dar, eine Ausgangssituation aus möglichst vielen Perspektiven zu beschreiben, um so eine möglichst breite Informationsgrundlage zu schaffen. Erst dann lassen sich gezieltere diagnostische Fragen stellen (vgl. Kap. 2).

An dieser Stelle wird bereits deutlich, dass Sie als Einzelperson überfordert wären, eine Ausgangssituation aus möglichst vielen Perspektiven genau zu beschreiben. Sinnvolle schulische Diagnostik ist daher immer das *gemeinsame* Tun von Lehrer/innen und Schüler/innen, nicht zuletzt, damit die erwünschte Veränderung auch tatsächlich nachhaltig umgesetzt werden kann. Das diesem Buch zugrunde liegende Prozessmodell schulischer Diagnostik dient dabei dem Zweck, diesen gemeinsamen Prozess zu steuern.

Schulische Diagnostik holt die Schüler/innen ins Team

Erfolgreiche schulische Diagnostik verlangt immer das gemeinsame Handeln von Lehrer/innen und Schüler/innen. Eine Professionalisierung der Diagnostik muss daher auch einhergehen mit der Professionalisierung der Teamarbeit und der Partizipation der Schüler/innen an Prozessen, die die Entwicklung des Unterrichts betreffen.

Die von Martin Bonsen und Hans Günther Rolff entwickelte »Professionelle Lerngemeinschaft« stellt u. E. ideale Teambedingungen her: Hier kann gemeinsam Unterricht reflektiert und »deprivatisiert« werden: Lehrer/innen sprechen über gemeinsam geplanten und erlebten Unterricht (z. B. im Rahmen kollegialer Hospitation, vgl. Kap. 3). Der Fokus vom Lehren wird über die Perspektive und das Feedback der Schüler/innen auf das Lernen gerichtet, um gemeinsame, handlungsleitende Ziele zu entwickeln (vgl. Bonsen/Rolff 2006, S. 167–184).

Wir empfehlen nachdrücklich – aus eigener positiver Erfahrung – in die Professionalisierung Ihrer Teamarbeit auch immer regelmäßige Team-Checks einzubauen: Machen Sie sich im Team Ihre *individuellen* Teamrollen (bspw. Ideengeber/in, Moderator/in, Gestalter/in etc.) und die damit zusammenhängenden Funktionen bewusst (s. Philipp 2006, S. 33 f.). Im Team erfolgreich zusammenarbeiten zu können, verlangt, dass auch das Team als solches in den Blick genommen wird. So reduzieren Sie typische Teamfallen wie bspw. »Groupthink« – das Erzielen falscher Konsense durch die unausgesprochene Unterdrückung abweichender Meinungen (vgl. Janis 1972) oder »Social Loafing« (»soziales Faulenzen«) – die Abnahme der individuellen Verantwortung und Leistung durch die Verteilung auf die Gruppe (vgl. Ohlert 2009). Solche notwendigen Team-Checks sind bereits *explizit*, ein Begriff, den wir in Abschnitt 1.5 genau beschreiben werden.

Wir halten fest: Keine schulische Diagnostik ohne gute Teams: »Wenn man schnell vorankommen will, muss man alleine gehen. Wenn man aber weit kommen will, muss man gemeinsam gehen« (Sprichwort der australischen Ureinwohner).

1.4 Schulische Diagnostik braucht alternative Gütekriterien

Empirische Studien sprechen Lehrer/innen mal mehr, mal weniger diagnostische Kompetenz zu bzw. ab, doch eines lässt sich festhalten: Diagnostische Urteile von Lehrpersonen sind im streng wissenschaftlichen Sinne weder »objektiv«, noch »reliabel«, noch »valide« (vgl. Hesse/Latzko 2009, S. 31 ff.). Schulische Diagnostik muss daher zwangsläufig auf wissenschaftliche Genauigkeit verzichten, um nicht ihre eigenen Ansprüche ständig zu unterlaufen. Sie diagnostizieren nicht als Wissenschaftler/in, sondern als Lehrer/in – Sie führen kein Forschungsprojekt durch, sondern wollen erfolgreich unterrichten und Ihren Schüler/innen Lernerfolge ermöglichen!

Um dennoch zu tragfähigen Erkenntnisse zu gelangen, bedarf es deshalb alternativer bzw. schulischer Gütekriterien, die eine Fehlertoleranz, aber auch einen vorsichtigen Umgang mit diagnostischen Urteilen mit einschließen. Wir orientieren hier uns am »diagnostischen Optimismus« von Weinert und Schrader, der einen bewussten, pädagogisch sensiblen Umgang mit der Ungenauigkeit diagnostischer Urteile vorschlägt (vgl. Hesse/Latzko 2009, S. 29 f.):

»Diagnostischer Optimismus«

1. Lehrpersonen handeln sensibel und vorsichtig, denn diagnostische Urteile im Unterricht sind immer ungenau und vorläufig.
2. Diagnostische Urteile werden im Verlauf des Unterrichts permanent überprüft.
3. Diagnosen orientieren sich an unterschiedlichen Maßstäben (sozial – kriterial – individuell).
4. Diagnosen fußen häufig auf pädagogisch günstiger Voreingenommenheit.

Diagnostischer Optimismus ist dabei weniger als methodisches Vorgehen, sondern durchaus wörtlich zu verstehen: Sich bewusst zu machen, dass die eigene Perspektive und daraus resultierende Urteile nicht immer richtig sein *müssen* und daher Entscheidungen auch falsch sein können, wirkt entlastend und öffnet den Blick dafür, »Lernen durch die Augen ... [der] Schüler« (Hattie 2014a, S. 281) zu sehen.

Das hier vorgestellte diagnostische Modell wurde für den schulischen Bedarf konzipiert und im Rahmen des Fortbildungsangebots »Vielfalt fördern« für Schulen der Sekundarstufe I in Nordrhein-Westfalen erprobt und immer weiter verbessert. In dem hier vorgeschlagenen Prozessmodell folgen wir gängigen wissenschaftlichen diagnostischen Ablaufmodellen: Anlass klären – Fragen entwickeln – Hypothesen bilden – Methoden auswählen – Hypothesen überprüfen – Erkenntnisse ableiten – beraten – Maßnahmen durchführen – Wirkungen prüfen (vgl. Hesse/Latzko 2009, S. 63). Für uns steht jedoch *die Integration in den Unterricht* bzw. *in Unterrichtsentwicklungsprozesse* im Vordergrund.

Am einfachsten lässt sich das Modell in Form einer Doppelschleife darstellen (s. Abb. 2). Die obere Schleife stellt dabei den Prozess der Ist-Stand-Klärung, die untere Schleife folgt den Einzelschritten eines Unterrichtsentwicklungsprozesses:

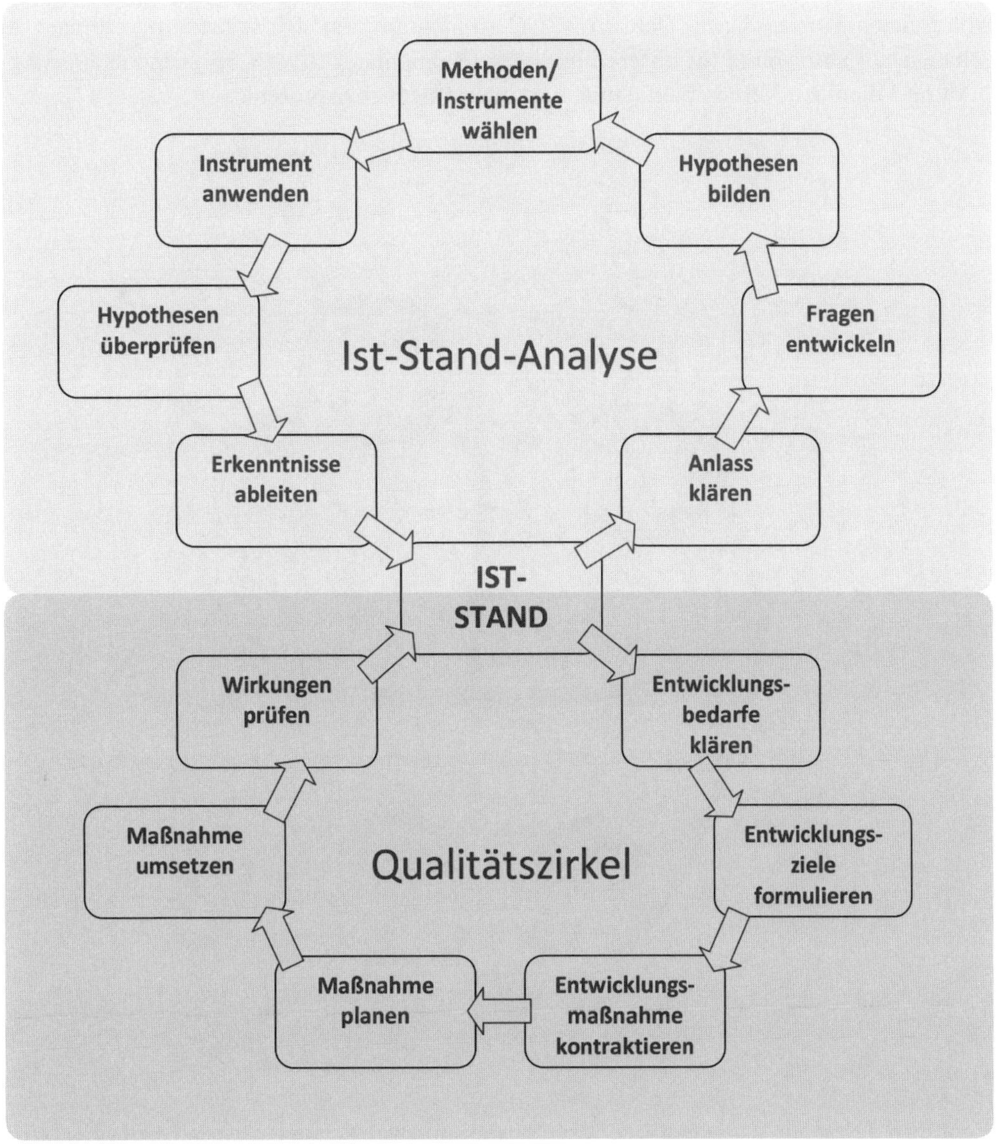

Abb. 2: Diagnostisches Prozessmodell und Qualitätskreislauf der Unterrichtsentwicklung (MSW NRW/Bertelsmann Stiftung 2015)

Implizite und explizite Diagnostik 1.5

Neben der Unterscheidung von wissenschaftlicher und schulischer Diagnostik ist auch die Gegenüberstellung von *impliziter* und *expliziter* Diagnostik grundlegend. Daniel Kahnemann nimmt in seinem lesenswerten Buch »Schnelles Denken, langsames Denken« (»Thinking, fast and slow«) eine grundsätzliche Aufteilung des Denkens in zwei »Systeme« vor: »System 1« arbeitet im Hintergrund und liefert nahezu ohne Zeitverlust Lösungen für Routineaufgaben, damit wir schnell und angemessen handeln können. »System 2« arbeitet langsam, bewusst und aufwändig, kann aber dafür komplexe Probleme lösen. Zwischen den Systemen herrscht optimale Arbeitsteilung, allerdings ist der Preis dafür eine Anfälligkeit für Fehler:

> *»Da System 1 automatisch operiert und nicht willentlich abgestellt werden kann, lassen sich intuitive Denkfehler oftmals nur schwer verhindern. Kognitive Verzerrungen lassen sich nicht immer vermeiden, weil System 2 vielleicht nichts von dem Fehler ahnt […] Es wäre unerträglich mühsam, ständig sein eigenes Denken zu hinterfragen, und System 2 ist viel zu langsam und ineffizient, um bei Routine-Entscheidungen als Ersatz für System 1 zu fungieren.«* (Kahnemann 2011, S. 42)

Mit anderen Worten: Unser Denken ist viel zu langsam, um sich selbst auf die Finger zu schauen, wir sind »blind für unsere Blindheit« (Kahnemann 2011, S. 37). Die folgende Abbildung 3 dient zur Veranschaulichung der unterschiedlichen Systeme:

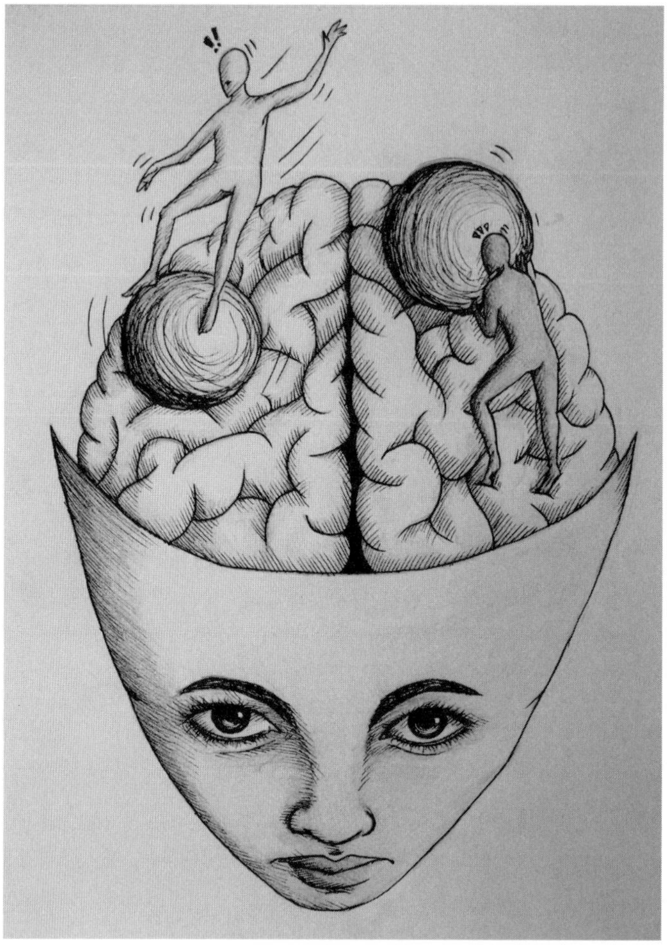

Abb. 3: System 1 und 2 (Illustration: Caroline Jansen)

Geht man davon aus, dass kognitive Verarbeitungsprozesse entweder sehr schnell, aber ohne unsere bewusste Kontrolle ablaufen (z.B. wenn Sie den Gesichtsausdruck einer Schülerin deuten) oder kontrolliert, aber langsam und oft mühsam vollzogen werden (z.B. wenn Sie den Notendurchschnitt einer Klassenarbeit im Kopf berechnen), so schlägt sich dies auch in (Erst-)Urteilen von Lehrkräften und Lernenden nieder: Lehrer/innen beurteilen Schüler/innen bzw. Schüler/innen beurteilen Lehrer/innen routiniert und innerhalb eines Wimpernschlags, d.h., sie diagnostizieren implizit (System 1), ohne ihr Urteil zu reflektieren (System 2), wie in den folgenden Beispielen: *»Das ist ein schüchterner, fleißiger Schüler.«*, *»Das ist eine aufmerksame, leistungsstarke Schülerin.«*, *»Das ist eine strenge Lehrerin, bei der ich etwas lernen kann.«*

In Wirklichkeit strömt eine Vielzahl an Daten auf Sie ein, die nur durch Selektion eingedämmt werden kann: System 1 gelingt diese Datenselektion mühelos, wobei uns allerdings völlig entgeht, nach welchen Kriterien die Selektion erfolgt. Auf der Basis begrenzter Daten Schlussfolgerungen zu ziehen, ist eine typische Eigenschaft von System 1, aber auch die Ursache fehlerhafter, d.h. voreiliger Schlussfolgerungen (s. Kahnemann 2011, S. 113, vgl. auch Abschnitt 1.7 des vorliegenden Buchs).

Auch der Wissenschaftsjournalist Malcolm Gladwell beschreibt die Leistungsfähigkeit von System 1 bzw. des »adaptiven Unbewussten«: In einem Experiment an der Harvard University stellte sich heraus, dass Studierende in der Regel nicht mehr als zwei Sekunden brauchten, um die »Effizienz« eines Professors festzustellen – sie wussten quasi sofort, wie wirksam eine Lehrperson für ihren Lernerfolg war. Der Abgleich dieser Spontanurteile (System 1) mit Evaluationsbögen (System 2) am Ende des Semesters brachte eine hohe Übereinstimmung zutage (vgl. Gladwell 2007, S. 17 ff.) – was *nicht* beweist, dass System 1 immer Recht hat, aber zeigt, wie stabil unsere impliziten Urteil sind.

Lassen Sie sich kurz auf folgende Sensibilisierungsübung ein (vgl. MSW NRW/Bertelsmann Stiftung 2015) und betrachten Sie die Personen in den Abbildungen 4 und 5: Wen würden Sie lieber in Ihre Lerngruppe aufnehmen – den Jungen oder das Mädchen?

Abb. 4 und 5: Sensibilisierungsübung (Illustrationen: Caroline Jansen)

Es spielt hierbei keine Rolle, für wen Sie sich entschieden haben – Sie werden Ihre ganz persönlichen Gründe haben. Fakt ist: Sie können sich entscheiden. Auch wird Ihre Entscheidung dadurch nicht sicherer, dass Sie die Bilder wiederholt und intensiv betrachten – der Würfel fiel in dem Moment, als Sie die Bilder das erste Mal sahen, wahrscheinlich schon beim Überfliegen des Buchs. System 1 hat das getan, was es am besten kann: ein schnelles Urteil geliefert.

Die Routinen des schnellen Denkens bieten einen berechtigten Grad an Verlässlichkeit, führen aber auch unweigerlich zu intuitiven Fehlern, wobei Fehler *nicht* als Defizit, sondern als Folge subjektiver Wahrnehmung zu verstehen ist. Im Fall der beiden Abbildungen wirkt sich vor allem ein intuitiver Fehler aus: Der Halo-Effekt.

Ein verbreiteter intuitiver Fehler: Der Halo-Effekt

Nehmen wir an, Sie haben sich für den Jungen entschieden, da Sie in ihm einen kritischen und kreativen Kopf und somit als eine Bereicherung für Ihre Lerngruppe sehen. Woher Sie das wissen? Nun, das in Ihren Augen erfrischend provokante und rebellische Äußere überstrahlt alles andere, Ihr Urteil folgt der impliziten Hypothese: *»Wenn ein Schüler so aussieht, dann steckt dahinter ein kritischer und kreativer Kopf.«*

Nehmen wir weiterhin an, Ihr neuer Schüler unternimmt in den nächsten Wochen und Monaten nichts, um Ihr Urteil als krasses Fehlurteil zu offenbaren. Sie werden ihn weiterhin als besonders kreativ und kritisch wahrnehmen, was sich natürlich auch positiv auf seine Leistungen und sein Selbstbild auswirkt. Solange der rebellische »Heiligenschein« (engl.: halo) bestehen bleibt, wird auch Ihre Wahrnehmung entsprechend gefiltert.

Natürlich gibt es neben dem Halo-Effekt noch eine ganze Reihe von intuitiven Fehlern, die unsere Wahrnehmungen und Urteile im schulischen Rahmen beeinflussen (vgl. Bortz/Döring 2006, S. 183 ff.; Maier 2015, S. 96): Schüler/innen werden systematisch zu positiv oder zu negativ beurteilt (»Milde-Härte-Fehler«) oder sie werden zu mittelmäßig beurteilt (»Zentrale Tendenz«) oder sie werden in Abhängigkeit von positiven bzw. negativen Vorinformationen beurteilt (»Primäreffekt«). Manche dieser Fehler sind vermeidbar: Verzichten Sie beispielsweise bei Beurteilungen und Befragungen auf die Mittelkategorie, um der Tendenz zur Mitte zu entgehen; beginnen Sie bei der Korrektur von Klassenarbeiten nicht mit den (bisher) Leistungsstärksten bzw. -schwächsten, um den Primäreffekt abzuschwächen. Sofern allerdings tief verankerte Vorstellungen die Ursache sind, können Sie intuitive Fehler nicht so einfach abschalten.

Der Psychologe Egon Brunswik hat dies mithilfe eines Linsenmodells illustriert: Die Wahrnehmung und Beurteilung eines anderen stellt einen Abgleich innerer Vorstellungen bzw. mentaler Konstrukte und äußerer Sinnesreize dar (vgl. Hesse/Latzko 2009, S. 43). Sofern genügend sichtbare Merkmale dafür sprechen, entsteht in uns gleichsam wie von selbst ein Urteil wie

Das ist ein kritischer, kreativer Kopf.

Wir werden uns das Linsenmodell im zweiten Kapitel, wenn es darum geht, Anlässe zu klären, zunutze machen.

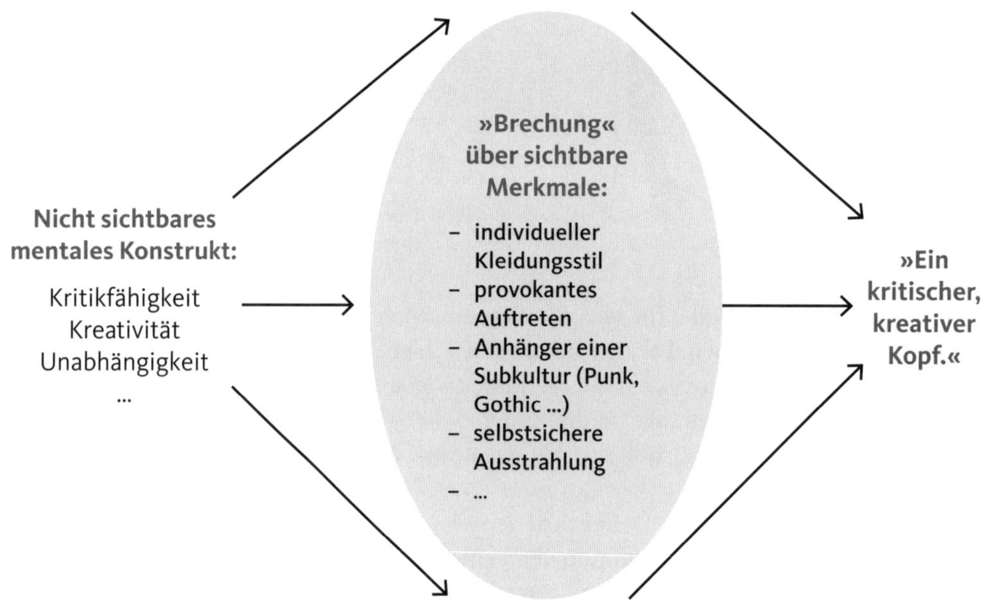

Abb. 6: Linsenmodell nach E. Brunswik (in Anlehnung an Hesse/Latzko 2009, S. 44 f.)

Im Laufe der Zeit schleifen wir unwillkürlich unsere Merkmalslinsen, wobei wir eine ganz eigene (Fehl-)Sicht auf die Welt entwickeln. Damit lassen sich intuitiv viele Fehler vermeiden, andererseits bleiben Fehler in impliziten Urteilen unerkannt und werden wiederholt, was im schulischen Kontext nicht folgenlos bleibt. Geht man davon aus, dass implizite Urteile sehr stabil sind, können spontan getroffene Aussagen wie *»Diese Schülerin wird das zweite Halbjahr nicht schaffen!« bzw. »Diese Schülerin wird das zweite Halbjahr schaffen!«* über Erfolg und Misserfolg der Schülerin entscheiden.

Wichtig ist hierbei die Unterscheidung zwischen bewusstem und unbewusstem Tun: Natürlich verlassen sich Lehrer/innen nicht allein auf ihre Intuition und fällen Versetzungsurteile in der ersten Stunde. Lern- und Leistungsstände werden regelmäßig professionell überprüft und zurückgemeldet. Eine am Ende erzielte Leistung setzt sich aus über einen langen Zeitraum gesammelten Lernergebnissen zusammen. Professionell im Sinne der schulischen Diagnostik ist es jedoch auch, dabei zu berücksichtigen, dass Leistungsbeurteilung nicht frei von subjektiven Verzerrungen ist. Einsicht in die Fehlbarkeit diagnostischer Urteile ist eine Grundvoraussetzung für professionelle schulische Diagnostik.

Explizite schulische Diagnostik

Die Professionalisierung der schulischen Diagnostik muss darauf zielen, *explizit* zu werden: Lehrer/innen diagnostizieren dann explizit, wenn sie

- bewusst,
- reflektiert im Team,
- ausgehend von Hypothesen
- und auf der Grundlage von erhobenen Daten vorgehen.

(vgl. MSW NRW/Bertelsmannn Stiftung 2015)

Diese Professionalisierung bedeutet nicht das kategorische Verbot impliziter Diagnostik. Im Schulalltag sind Lehrer/innen ohne Routinen nicht arbeitsfähig. Intuitive Urteile sind nicht automatisch falsch. Allerdings sollten schnell gefasste Urteile über Schüler/innen das bleiben, was sie sind: Urteile, die der Revision bedürfen.

Explizite diagnostische Prozesse sind zeitaufwändiger und kognitiv anstrengender. Das bewusst wache System 2 hat eine »natürliche Geschwindigkeit« (Kahnemann 2011, S. 55), die, versucht man sie zu erhöhen, schnell in mentaler Anstrengung spürbar wird: Sobald Sie versuchen, eine komplizierte Rechenaufgabe unter Zeitdruck zu lösen, merken Sie augenblicklich, wie Ihr Verbrauch an mentaler Energie ansteigt. Kahnemann bezeichnet System 2 als »faulen Kontrolleur« (Kahnemann 2011, S. 55), der damit ausgelastet ist, die von System 1 vorselektierten mentalen Inhalte zu überprüfen. In der Regel werden diese Inhalte ohne große Beanstandung akzeptiert – was sich in routiniertem Verhalten ausdrückt. Nur wenn System 1 überfordert ist (bspw. bei einer komplizierten Rechenaufgabe oder in einer unbekannten Situation), wechselt System 2 in den bewussten Wachzustand und übernimmt. Dies ist allerdings nicht gleichzusetzen mit einer »Warnglocke, die immer dann läutet, wenn wir im Begriff sind, einen schwerwiegenden Fehler zu begehen« (Kahnemann 2011, S. 516). Wie schon gesagt – in der Regel übernimmt System 2 die unbewusst konstruierten Handlungsvorschläge, was sich in den oben beschriebenen systematischen, d. h. »fest eingebauten« Beurteilungsfehlern niederschlägt.

Halten Sie sich daher immer vor Augen, dass explizites, bewusst gesteuertes Vorgehen nicht ohne Weiteres erwartet werden kann, weder von Ihnen, noch von allen anderen Beteiligten. Wählen Sie daher, wann immer möglich, gemeinsame diagnostische Anlässe, die den Aufwand *lohnen*, d. h., die explizite »Mehrarbeit« sollte immer in enger Beziehung zum erwarteten Mehrwert für den Unterricht stehen. Auch für schulische Diagnostik gilt dasselbe Erfolgsprinzip wie für die Schul- oder Unterrichtsentwicklung: Nur echte, d. h. für alle Beteiligten relevante Anlässe können erfolgreiche Veränderungsprozesse in Gang setzen. Mit den Worten von Daniel Kahnemann:

> *»Wir können bestenfalls einen Kompromiss erreichen: lernen, Situationen zu erkennen, in denen Fehler wahrscheinlich sind, und uns stärker bemühen, weitreichende Fehler zu vermeiden, wenn viel auf dem Spiel steht.«* (Kahnemann 2011, S. 42)

Individualisierung als Teilen von Verantwortung 1.6

Inwieweit kann schulische Diagnostik dazu beitragen Unterricht zu individualisieren? Fasst man die Äußerungen von Lehrer/innen im Rahmen des Projekts »Vielfalt fördern« zusammen, evozieren beide Begriffe in Kombination zunächst einen Apparat von Fremd- und Selbsteinschätzungsbögen, Pretests, Tests und Retests sowie individuellen Förderempfehlungen und -plänen. Der Vorwurf »Jetzt muss ich neben meinem Unterricht auch noch Diagnostik machen« zielt in dieselbe Richtung. Lehrer/innen halten Diagnostik, und damit auch die Entwicklung diagnostischer Kompetenz, für wichtig; allerdings sehen sie sie auch als zusätzliche Belastung. Wer das Unterrichtsgeschehen vor allem kontrollieren will, wird auch bei diagnostischen Prozessen nicht das Steuer aus der Hand geben.

Wir stellen demgegenüber eine Frage: Wer soll die Steuerung haben?

Geht man davon aus, dass eine Lehrperson alle Fäden in der Hand hält, d.h. den Anlass klärt, diagnostische Ausgangsfragen stellt, Hypothesen formuliert, dazu Methoden und Instrumente auswählt bzw. entwickelt, die Ergebnisse auswertet und interpretiert, daraus abschließend Entwicklungsbedarfe und -ziele ableitet, alle Schüler/innen berät und daraufhin einen individuellen Förderplan zusammenstellt, dessen Wirksamkeit sie dann evaluiert – dann sind die oben beschriebenen Vorbehalte absolut berechtigt: Für das Unterrichten bliebe dann angesichts dieses Aufwands kein Raum mehr. Zudem würden Schüler/innen zu reinen Objekten eines diagnostischen Prozesses, an dem sie zu keinem Zeitpunkt beteiligt sind.

Schüler/innen als aktive Teilhaber

Versteht man schulische Diagnostik als *gemeinsame* Sache von Lehrer/innen und Schüler/innen, so sind Schüler/innen keine »Diagnoseobjekte«, sondern aktive Teilhaber/innen eines Prozesses, der sie maßgeblich betrifft und in den sie deswegen eingebunden werden müssen. Der Grad der Einbindung ist wesentlich abhängig davon, wie stark Ihr Unterricht bereits individualisiert ist und wie stark Ihre Schüler/innen Lernprozesse bereits selbst organisieren und steuern.

Dazu müssen Lehrer/innen ihre Rolle bzw. ihre Haltungen überdenken: Wer alle(s) kontrollieren will, kann keine Verantwortung übertragen; als Lehrende/r Lernprozesse individuell zu begleiten – anstatt sie zentral und im Alleingang zu steuern – ist daher eine wesentliche Bedingung für die Teilhabe von Schüler/innen an diagnostischen Prozessen. Dazu muss auch der Unterricht so organisiert werden, dass Schüler/innen an der Planung, Steuerung und Überprüfung ihrer Lernprozesse partizipieren können. Genau hier zeigt sich die Schnittstelle zwischen Unterrichtsentwicklung und Diagnostik: »Der Schlüssel für das Verständnis der Lernprozesse (oder für die Selbstregulation) ist, dass Schüler/innen lernen, ihr eigenes Lernen zu beobachten, zu kontrollieren oder zu regulieren« (Hattie 2014b, S. 123).

Diagnostik als Teil individualisierenden Unterrichts

Individualisierung des Unterrichts meint daher geteilte Verantwortung, Kontrollübergabe, Partizipation. Lehrer/innen können und sollen diagnostische Prozesse nicht alleine stemmen. Die Frage lautet dann nicht mehr »Wie soll ich neben meinem Unterricht auch noch diagnostizieren?«, sondern »Wie kann ich meinen Unterricht so gestalten, dass jede/r Schüler/in in möglichst hohem Maße an diagnostischen Prozessen beteiligt werden kann?«

Dies beginnt bereits beim diagnostischen Anlass, dem Ausgangspunkt jedes diagnostischen Prozesses: Warum wollen wir etwas *explizit* überprüfen? Geht es dabei bspw. um die Interessen oder den individuellen Entwicklungsstand von Lernenden sind Sie als Lehrer/in letztlich außer Stande, eine Schülerin/einen Schüler ohne ihre/seine Teilhabe *umfassend* zu begreifen. Unabhängig davon, wie viele Daten Sie auch über Ihre Schüler/innen sammeln, nur diese selbst sind Expert/innen in Bezug auf die eigene Geschichte, Interessen und Bedürfnisse (vgl. Kucklick 2014, S. 164 f.). Daher müssen sie bei der Anlassklärung mit einbezogen werden, sonst laufen Sie Gefahr, schon zu Beginn die Schüler/innen aus den Augen zu verlieren.

Sensibilisierung für den expliziten Dialog mit Schüler/innen 1.7

Schaffen Sie von Anfang an Transparenz. Diagnostizieren *im Dialog* bedeutet, dass der Dialog offen geführt wird. Oberste Leitlinie sollte immer sein, möglichst alle Beteiligten partizipieren zu lassen, um so Mehrperspektivität herzustellen – dabei aber auch die Steuerung des Prozesses und die Kontrolle der gewonnenen Daten so weit wie möglich in die Hände der Beteiligten zu legen. Natürlich obliegt es Ihnen als Lehrkraft, organisatorisch und unterstützend die Entwicklungsprozesse Ihrer Schüler/innen im Unterricht zu begleiten. Aber dies ist nicht gleichbedeutend mit alleinigem Herrschaftswissen, das Ihre Schüler/innen letztlich entmündigt, über den Anlass, die Planung und Durchführung diagnostischer Prozesse mitzuentscheiden. Mit anderen Worten: Wenn Schüler/innen lernen, ihre eigenen Lernprozesse zu beobachten und zu hinterfragen, dabei Hinderniserfahrungen und Veränderungswünsche artikulieren, um gemeinsam mit ihren Lehrer/innen Veränderungsprozesse des Unterrichts zu initiieren und diagnostisch zu überprüfen, können sie das nur im Dialog mit ihren Lehrer/innen tun.

Der Einbezug in diagnostische Prozesse ist dabei natürlich abhängig vom Alter bzw. den Fähigkeiten und Kompetenzen der Schüler/innen. So brauchen jüngere Schüler/innen mehr Zeit und besonders einfache Instruktionen in der Anlassklärung (vgl. Kap. 2.3); auch bei der Hypothesenbildung (vgl. Kap. 3.1) wird ihr Beitrag weniger aktiv sein, sondern möglicherweise nur darin bestehen zu verstehen, warum und wie ihr Beitrag in die Bildung der Hypothese eingeflossen ist. Allerdings ist davon auszugehen, dass Schüler/innen – mehr oder weniger präzise – immer in der Lage sind, zu äußern, was sie daran hindert, erfolgreich zu lernen bzw. welche Veränderungen sie sich in ihrem Lernumfeld, d. h. ihrem konkreten Unterricht z. B. in Deutsch oder Biologie, ihrer Lerngruppe, ihrer Schule und ihrer häuslichen Umgebung wünschen, um erfolgreich lernen zu können.

Die *explizite* Reflexion und Steuerung der eigenen Lernprozesse sowie die dazugehörigen diagnostischen Prozesse (bspw. die eigenen Lernprozesse auf der Basis bestimmter Kriterium und Indikatoren zu beobachten) muss ebenso erlernt, geübt und gefestigt werden wie der Gebrauch einer Fremdsprache. Beginnen Sie daher entsprechend altersgerecht und wählen Sie Entwicklungsprojekte für Ihren Unterricht, an dem Sie die Schüler/innen möglichst aktiv beteiligen können!

Unbestreitbar ist die Tätigkeit von Lehrkräften ohne die Fähigkeit, Dialoge zu führen, nicht zu denken. Während des Unterrichts befinden sich Lehrer/innen die überwiegende Zeit im Dialog mit Schüler/innen, und auch darüber hinaus endet der Dialog nicht. Dass sie das Gespräch mit Schüler/innen gern und häufig suchen, sagt allerdings nicht immer etwas darüber aus, welcher Erkenntnisgewinn damit verbunden ist. Damit ist nicht gemeint, dass Gespräche in der Schule häufig auch informellen Charakter haben und nicht vorrangig erkenntnisorientiert sind. Geht es darum Hindernisse und Veränderungswünsche in Bezug auf Unterricht zu identifizieren und im Dialog zu klären, so drohen auch hier Verzerrungen durch eine Reihe von systematischen Beurteilungsfehlern (bspw. der *Bestätigungsfehler* oder *Groupthink*), die in kognitiv verankerten Strukturen zu finden sind. Das (vor)schnelle Urteilen von System 1 und die zumeist zu spät erfolgende Kontrolle durch System 2 sind untrennbar damit verbunden.

Veränderungen des Unterrichts in eine bestimmte Richtung werden im Schulalltag manchmal einfach *gesetzt*, ausgehend von den Hinderniserfahrungen und Veränderungswünschen einer Person – der Lehrkraft. Motiv dafür kann mangelndes Vertrauen in die Reife und das Urteilsvermögen der Schüler/innen sein, aber auch der Wunsch, möglichst zeitnah und ohne große Umstände eine positive Veränderung herbeizuführen. Nehmen wir an, die Hinderniserfahrung der Klassenlehrerin lautet: »*In dieser Klasse beteiligt sich so gut wie niemand am Unterricht!*« Natürlich wird sie den Schüler/innen dies wiederholt mitgeteilt haben (»*Jetzt macht doch mal mit!*«). Mit einiger Sicherheit kann sie eine oder mehrere Ursachen für die vorherrschende Passivität angeben: Sie ist zu ungeduldig oder zu schnell »vorangeprescht« oder das Thema ist zu weit weg von der Lebenswelt der Schüler/innen; die

Lerngruppe ist überfordert oder nicht ausreichend motiviert oder zu müde oder grundsätzlich desinteressiert. Davon ausgehend, ändert sie ihr methodisch-didaktisches Vorgehen: Sie gibt den Schüler/innen bspw. mehr Bedenkzeit oder bereichert ihr Material durch ansprechende, schülergerechte Impulse oder führt kooperative Arbeitsphasen ein etc.

Falls man hier überhaupt von einem Dialog sprechen kann, so besteht er einzig darin, den Schüler/innen mitzuteilen, welche Veränderungen erfolgen werden. Damit lassen sich ohne Zweifel kurzfristig Erfolge erzielen, grundsätzlich sollte bei diesem Vorgehen aber klar sein, dass die Datenmenge, also die Informationen, auf der die Veränderung fußt, sehr begrenzt ist. Sie beruhen allein auf den subjektiven Eindrücken der Lehrkraft und liefern dadurch nur ein verzerrtes Bild der Wirklichkeit. Eine Anlassklärung mit der Lerngruppe könnte eine Vielzahl von wertvollen Erfahrungen ans Licht holen, die es der Lehrkraft ermöglichen, gemeinsam mit ihren Schüler/innen nach Lösungsansätzen zu suchen (s. Kapitel 2.3). Ebenso wertvoll ist natürlich auch der Austausch mit den Kolleg/innen im Klassenteam. Auch hier wird die eigene Wahrnehmung teilweise drastisch »auf den Kopf gestellt«, aber daraus erwächst viel eher das Bedürfnis, den eigenen Unterricht nicht nur »aus sich selbst heraus«, sondern gemeinsam mit anderen zu verändern.

Ohne diese Mehrperspektivität besteht die Gefahr, immer nur das zu sehen, was man sehen will. Der *Bestätigungsfehler* oder *Confirmation Bias* verleitet uns dazu, unsere Wahrnehmungen so zu filtern, dass sie zu unseren Anschauungen und Überzeugungen passen (vgl. Dörner 2003, S. 147). Die Lehrkraft, die davon überzeugt ist, dass ihre Schüler/innen aufgrund von Müdigkeit keine Beteiligung am Unterricht zeigen, wird immer einen Hinweis darauf finden, dass sie Recht hat (hoher Medienkonsum, Pubertät, Stundenplan etc.) und andere Hinweise (unbewusst) übersehen. Der Bestätigungsfehler wird uns in Kapitel 2.1 noch einmal begegnen.

Eine weitere »Falle« für Dialoge mit Schüler/innen – und natürlich auch mit Kolleg/innen – ist der falsche Konsens durch *Groupthink* (s. Abschnitt 1.3). Wenn Sie aufgrund bestehender Hinderniserfahrungen Ihrerseits oder seitens einer oder mehrerer Schüler/innen den Dialog suchen, sollte dies unter expliziten, kontrollierten Bedingungen – z. B. denen einer Anlassklärung (vgl. Kap. 2.3) – geschehen. Der informelle Dialog, womöglich noch unter Zeitdruck, errichtet häufig die Illusion einer Offenheit und Ehrlichkeit, die faktisch nicht gegeben ist. Nicht alle Schüler/innen geben bereitwillig in offener Runde – im Beisein und unter der Anleitung einer Lehrkraft – Auskunft über ihre Lernerfahrungen oder die Qualität des Unterrichts. Aus Angst, etwas Falsches zu sagen, schließen sie sich daher der Meinung der Mehrheit bzw. des Meinungsführers an – häufig ist das die Lehrkraft, die ihre impliziten Absichten, ohne es zu wollen, in den Dialog einbringt.

Damit ist nicht gemeint, dass Sie keine freundlichen, formlosen Gespräche mit Ihren Schüler/innen führen sollen – Sie sollten diese Gespräche aber nicht als ausreichende und gesicherte Datenbasis für Veränderungen im Unterricht betrachten.

Die folgenden Kapitel beschreiben konkret die einzelnen Phasen eines diagnostischen Prozesses. Diese Darstellung der einzelnen Prozessschritte mag den Eindruck erzeugen, dass schulische Diagnostik immer aufwändig und mühsam ist – und ewig dauert. In der Praxis aber durchläuft man in der Regel mehrere Phasen auf einmal, und manche Phasen entpuppen sich als weit weniger aufwändig als angenommen. Die einzelnen Schritte des Prozesses werden im Folgenden so ausführlich dargestellt, um die jeweiligen Besonderheiten aber auch »Stolpersteine« zu beleuchten.

Dennoch wollen wir auch nicht unterschlagen, dass Veränderungsprozesse in Schulen immer auch »harzig« sind – ein Adjektiv, dass der Schulentwicklungsforscher Hans-Günther Rolff gerne auf die Veränderungsbereitschaft schulischer Systeme anwendet – und nicht immer sofort in Erfolge münden. Wenn Sie sich auf der Basis des hier vorgeschlagenen prozessdiagnostischen Modells auf den Weg machen wollen, sollten Sie dies nicht im Alleingang, sondern gemeinsam mit interessierten Kollegen/innen tun.

Wir raten zudem zu stärkenorientiertem Vorgehen: Eine Lerngruppe, in der Schüler/innen ihre Lernprozesse bereits aktiv mitgestalten, ist für den Einstieg in schulische Diagnostik sicher besser geeignet als die gefürchtetste Klasse der ganzen Schule. An dieser Stelle muss klar gesagt werden: Das hier vorgestellte Modell schulischer Diagnostik ist sicher kein Mittel zur Disziplinierung von schwierigen Schüler/innen oder Lerngruppen! Scheitert es selbst an den einfachsten Regeln der Kommunikation bzw. eines respektvollen Umgangs miteinander, sollten Sie wenige klare Regeln vorgeben und konsequent durchsetzen, bevor Sie sich daran machen, herauszufinden, was die Schüler/innen daran hindert erfolgreich zu lernen.

Wer das hier vorgestellte Modell schulischer Diagnostik umsetzen möchte, macht dies am besten *in Tateinheit* mit konkreten Projekten der Unterrichtsentwicklung. So wird sichergestellt, dass sich Lehrer/innen darüber bewusst sind, dass sie ihren Unterricht verändern wollen, damit sie erfolgreicher unterrichten ihre Schüler/innen erfolgreicher lernen können. Sie können Ihren Unterricht nicht einfach anhalten, um dann in aller Ruhe nachzuschauen, wo der Schuh drückt, um danach dann die entsprechenden Maßnahmen einzuleiten. Diagnostik geht der Unterrichtsentwicklung daher nicht voraus, sondern *begleitet* diesen Veränderungsprozess, indem es ihn klärt und überprüft. Sie tun das grundsätzlich das Richtige, wenn Sie Unterricht entwickeln; schulische Diagnostik hilft Ihnen, den Grad der Richtigkeit genauer zu bestimmen.

Die Inhalte der folgenden Kapitel wurden im engen Austausch mit kritischen schulischen Praktiker/innen entwickelt – wir empfehlen daher dieses Buch vor allem für schulische Praktiker/innen, die sich kritisch mit ihrem Unterricht auseinandersetzen wollen.

- **Jede/r begreift und beurteilt Diagnostik in der Schule anders. – Tauschen Sie sich darüber aus, bevor Sie ein gemeinsames diagnostisches Konzept entwickeln.**
- **Schulische Diagnostik findet immer im *Dialog* mit Kolleg/innen und Schüler/innen statt. – Lernen Sie einander zuzuhören.**
- **Ihre Schüler/innen wissen am besten, was sie zum erfolgreichen Lernen brauchen. – Machen Sie sie zu aktiven Teilhaber/innen diagnostischen Handelns.**
- **Schulische Diagnostik vollzieht den Schritt hin zur *expliziten* Diagnostik. – Werden Sie sich Ihrer unvermeidlichen Urteilsfehler und Merkmalslinsen bewusst.**
- **Schulische Diagnostik ist Teil des Unterrichts. – Integrieren Sie diagnostisches Handeln in Ihren Unterrichtsalltag.**
- **Schulische Diagnostik dient der Weiterentwicklung des Unterrichts. – Nutzen Sie sie für lohnende Unterrichtsentwicklungsvorhaben.**

2 Vom diagnostischen Anlass zu gemeinsamen Entwicklungsbedarfen und -zielen

Explizite Diagnostik beginnt mit einer Infragestellung der eigenen Routinen bzw. Merkmalslinsen, um offen zu werden für neue Perspektiven. Dieser Perspektivwechsel ist für sich betrachtet kein methodischer »Kniff«, sondern stellt vielmehr eine Veränderung der Haltung dar: Selbst die beste Methode bleibt unwirksam, wenn die entsprechende Haltung dahinter fehlt.

Zum Wesen expliziter Diagnostik gehört allerdings auch methodisch geleitetes Vorgehen, damit allen Beteiligten zu jedem Zeitpunkt klar ist, was im Zentrum des diagnostischen Prozesses und wo man im Prozess steht. Dieses Kapitel steigt in diesen Prozess ein. Die *Anlassklärung*, d.h. die möglichst umfassende Beschreibung eines Ist-Stands bzw. einer Ausgangssituation für schulische Diagnostik, bildet den Beginn. Dabei werden individuelle Hinderniserfahrungen und Veränderungswünsche sichtbar, die zu *diagnostischen Fragen* führen: Welche Ursachen im Unterricht lassen sich ableiten? Eine Übersicht von Einflussfaktoren im Unterricht, die sich auf Lernerfolg auswirken, hilft diese Ursachenvermutungen zuzuordnen, um zu gemeinsamen *Entwicklungsbedarfen und -zielen* zu gelangen.

2.1 Grenzen der impliziten Diagnostik

Was Ihre diagnostischen Kompetenzen betrifft, können Sie sich bereits einer Tatsache gewiss sein: *Implizit* sind Sie bereits Expert/in. Auch Ihre Schüler/innen sind hier bereits gewiefte Profis. Gemeinsam führen Sie in der Regel eine Langzeitbeziehung, in der Sie einander kennen und interpretieren gelernt haben. Unterricht bedeutet insofern auch, dass sich Schüler/innen und Lehrer/innen pausenlos beobachten, um angemessen handeln zu können (vgl. Abschnitt 3.2). Die Verarbeitung des Beobachteten läuft dabei weitgehend automatisch ab, System 1 leistet Routinearbeit. Wir können diese Routinen auch als das funktionale Fundament des Unterrichts bezeichnen: Sie betreten den Klassenraum, warten darauf, dass die Gruppe ruhig wird, sammeln die Blicke der Schüler/innen, rüffeln einige mit strengem Blick, weil sie ihre Unruhe für unnötig halten; einen anderen schauen sie länger und ermutigend an, weil sie seine Unruhe für (leider) unvermeidlich halten; die Schüler/innen sehen Sie den Raum betreten, sehen Sie demonstrativ Ihre Begrüßungshaltung vor der Klasse einnehmen, halten Sie aber für offenbar gut gelaunt und führen das Gespräch mit dem Tischnachbarn ungerührt weiter; erst als Sie Ihren Drohblick aufsetzen, kehrt Ruhe ein – der Unterricht kann beginnen.

Diese ersten 20 bis 30 Sekunden einer Unterrichtsstunde brauchen eigentlich keine bewusste Kontrolle, möglicherweise haben Sie während dieser Sequenz intensiv darüber nachgedacht, ob sie das Arbeitsblatt bereits zu Beginn oder erst nach einer kurzen Wiederholungsphase austeilen – eine effiziente Arbeitsteilung zwischen System 1 und 2.

Routinen sind eine unverzichtbare Handlungsbasis, sie tragen maßgeblich dazu bei, dass Unterricht »funktioniert«. Funktion kann allerdings nicht mit Qualität gleichgesetzt werden. Implizite Diagnostik interpretiert mühelos Daten, *überprüft* sie aber nicht: »Ein/e Lehrer/in ›liest‹ aus dem Verhalten der Lerngruppe, dass sein/ihr Unterricht augenscheinlich interessant ist; Schüler/innen derselben Lerngruppe lesen zeitgleich aus dem Verhalten des/der Lehrer/in, dass sie ihre unterrichtsfernen Tätigkeiten sorglos weiter führen können« (Jansen/Meyer 2016). Ein Blick durch die Merkmalslinsen (vgl. Abb. 6) der Schüler/innen würde sofort offenbaren, dass das mutmaßliche Interesse kaum oder gar nicht vorhanden ist.

Da implizite Urteile sich jedoch gerade dadurch auszeichnen, dass sie stabil sind und bleiben – sofern nichts gravierend Neues passiert – erfolgt dieser Perspektivwechsel zumeist jedoch nicht: »Wenn die Lerngruppe *erwartet*, dass der Unterricht von Herrn/Frau X größtenteils aus Frontalinstruktion an der Tafel besteht, wird sie entsprechend passiv reagieren – was Herrn/Frau X eben *nicht* dazu motiviert, in dieser »leistungsschwachen« Klasse seinen/ihren Unterricht zu verändern« (Jansen/Meyer 2016).

Auch wenn die Lernatmosphäre für beide Seiten wenig anregend und herausfordernd, sondern eher belastend ist, auch wenn die Beiträge der Schüler/innen mager ausfallen, auch wenn Hausaufgaben nur unregelmäßig erledigt werden, auch wenn die Ergebnisse der Klassenarbeiten keinen Grund zur Freude bereiten – diese Umstände setzen nicht zwangsläufig Veränderungsprozesse in Gang, sofern Unterricht aus der impliziten Perspektive »funktioniert«. Damit ist nicht gesagt, dass man nicht *versucht* hat, etwas zu verändern. Ohne Perspektivwechsel bzw. -erweiterung wird der Blick durch die eigenen Merkmalslinsen auf die Schüler/innen jedoch unverändert bleiben wie bspw. bei der folgenden Aussage: »*Meine Schüler/innen lernen einfach nicht, weil sie nicht aufpassen – also müssen sie besser aufpassen, um zu lernen.*«

Dahinter verbirgt sich ein klassischer, systematischer Denkfehler: der Bestätigungsfehler oder »Confirmation Bias« (vgl. Kap. 1.7). Information werden unbewusst so ausgewählt, dass sie zu den eigenen Überzeugungen und Erwartungen passen und diese bestätigen. Alle abweichenden Informationen werden unbewusst abgewertet oder ganz herausgefiltert – so bspw. die Aussage eines Schülers, dass er trotz großer Anstrengung einfach nicht versteht, um was es geht. Ein bekannter Aphorismus bringt dies pointiert zum Ausdruck: »Wer als Werkzeug nur einen Hammer hat, sieht in jedem Problem einen Nagel.«

Erschwerend kommt hinzu, dass Unterrichtsentwicklung einzelner Lehrkräfte weitgehend *unsystematisch* erfolgt und die bzw. den Einzelnen *überfordert*, so eine der Grundregeln der Unterrichtsentwicklung (vgl. Rolff 2006, S. 16). Ein hohes Engagement führt zu keiner nachhaltigen Veränderung zum Besseren, sondern wird regelrecht verheizt. Gerade hier finden sich auch die entscheidenden Risikofaktoren für den schulischen Burnout wieder: hohe Verausgabungsbereitschaft bei zunehmender Resignation (vgl. Bauer 2009, S. 252).

Muss erst eine »Krise der Alltagsdiagnostik« (Jansen/Meyer 2016) eintreten, damit sich etwas verändern kann? Wir möchten Sie ermutigen, es nicht so weit kommen zu lassen. Lohnende Anlässe können und sollten Sie schon zum Handeln veranlassen, bevor allein der Leidensdruck die Bereitschaft zur Veränderung erzwingt. Der erste Schritt hin zu expliziter Diagnostik besteht darin, neben der eigenen Perspektive auch andere Wahrnehmungen des eigenen Unterrichts bzw. der betreffenden Schüler/innen zuzulassen. Dabei stehen die eigenen »Merkmalslinsen« bzw. Routinen zunächst einmal im Weg: »Je länger Lehrkräfte im Beruf sind, desto schwieriger wird es, eingefahrenen Routinen zu entkommen […] Mit der Zeit können sich die immer gleichen Fehler einschleichen, die nicht einmal von einem selbst bemerkt werden. Wenn viele Lehrkräfte diese blinden Flecken zwar unbewusst spüren, sie aber nicht bewusst wahrnehmen und somit auch nicht ändern können, hilft hier Rückspiegelung (Feedback) durch Dritte« (Horster/Rolff 2006, S. 202 f.). Machen Sie Ihren Unterricht wieder offen für Veränderung, indem Sie Ihre Praxis und die damit verbundenen Routinen in Frage stellen. Hören Sie Ihren Schüler/innen zu!

Hinderniserfahrungen und Veränderungswünsche 2.2

Sie selbst, eine Kollegin oder ein Kollege, eine Schülerin, ein Schüler oder eine Gruppe von Schüler/innen, einzelne oder mehrere Eltern sprechen es direkt oder indirekt aus: »*Das geht so nicht weiter!*« Spätestens jetzt besteht Handlungsbedarf. Ursache dafür sind Hinderniserfahrungen und damit verbundene Veränderungswünsche, die sich über längere Zeit angehäuft haben. Hinderniserfahrungen sind immer individueller Natur und stehen individuellen Zielen entgegen (vgl. Kap. 3.1).Für schulische Diagnostik ist dabei bedeutsam, dass alle Ziele in Beziehung zu Lernerfolg und Leistung stehen. Selbst augenscheinliche Lernvermeidungsziele wie *»Ich kapier gar nichts mehr. Ich will hier nur weg!«* oder *»Ich male jetzt was, damit mir nicht mehr langweilig ist!«* bringen letztlich nur zum Ausdruck, dass erfolgreiches Lernen nicht möglich ist bzw. ein Hindernis im Weg steht. Daher ist es umso wichtiger, dass Lehrende und Lernende sich darin üben, Hindernisse in Bezug auf Lernprozesse im Unterricht so klar wie möglich zu artikulieren.

Schulische Diagnostik ist bezogen auf das »Kerngeschäft« des Unterrichts

Schulische Diagnostik erfolgt aus dem Unterricht heraus und erfolgt im Unterricht, mit den Mitteln des Unterrichts. Sie sucht dabei nicht ausschließlich nach Ursachen für Hindernisse, sondern vor allem nach Lösungen, um Lernerfolge zu ermöglichen.

Als Lehrkraft im Unterricht alle Lernhindernisse zu erkennen und entsprechend zu reagieren, ist ausgeschlossen: Hinderniserfahrungen sind vielfältiger Natur und spiegeln die Individualität Ihrer Schüler/innen wieder. Deshalb ist es entscheidend, dass Ihre Schüler/innen lernen, solche Erfahrungen angstfrei zu artikulieren (Klika/Schubert 2004, S. 12). Routinierte Lehrer/innen wissen das Verhalten einer Lerngruppe zu interpretieren, indem sie mutmaßliche Hindernisse wahrnehmen. Aber ist das ausreichend?

Betrachten Sie dazu folgende Abbildung, eine Momentaufnahme einer realen Unterrichtssituation und zugleich eine Mikrosequenz unterrichtlichen Handelns von Lehrkraft und Schüler/innen: In der letzten Stunde vor der nächsten Klassenarbeit wiederholen Sie noch einmal die wichtigsten Inhalte, die im Unterricht behandelt wurden. Drei der Schüler/innen sehen dabei so aus wie in Abbildung 7 gezeigt. Was tun Sie als Nächstes? Und wie begründen Sie Ihr Handeln (vgl. MSW NRW/Bertelsmann Stiftung 2015)?

Abb. 7: Sensibilisierungsübung (Illustration: Caroline Jansen)

In einer realen Unterrichtssituation bleibt Ihnen kaum Zeit, Ihr Handeln zu planen. System 1 übernimmt hier in der Regel die Kontrolle. Sie erinnern sich: Die Bewältigung der Wirklichkeit gelingt nur über eine Selektion der Daten, die in jeder Sekunde auf uns einströmen. Unterricht ist so komplex, dass Ihr System 2 völlig überfordert wäre, alle individuellen Ziele und Hindernisse gleichzeitig zur Kenntnis zu nehmen, geschweige denn bewusst zu reflektieren. Je nach Beurteilung der Situation bzw. automatischen Selektion der Daten durch System 1 kommt es jedoch zu unterschiedlichen Reaktionen: Möglicherweise werden Sie in Ihren Erläuterungen fortfahren, da Sie denken, dass die Schüler Ihnen aufmerksam zuhören; möglicherweise werden Sie gezielt einen Schüler ansprechen, da er Ihrer Ansicht nach noch Klärungsbedarf hat; möglicherweise werden Sie aber auch alle drei Schüler ermahnen, da sie Ihrer Ansicht nach nicht bei der Sache sind. Wie Sie die Situation beurteilen, hängt dabei von den Merkmalslinsen ab, durch die Sie Ihre Schüler/innen betrachten.

Ein Mini-Modell einer Anlassklärung

Es lohnt sich, die Sensibilisierungsübung einmal mit Kolleg/innen durchzuführen! Behalten Sie Ihre Beurteilung und das daraus resultierende Handeln zunächst für sich und tauschen Sie sich erst im Anschluss daran aus. Sie werden feststellen, dass Ihre persönlichen Merkmalslinsen sehr ähnlich, aber auch sehr unterschiedlich sein können. Achten Sie darauf, die Wahrnehmung des anderen nicht zu bewerten – es gibt keine richtige oder falsche Beurteilung der Situation (vgl. MSW NRW/Bertelsmann Stiftung 2015).

Sie kennen das aus zahlreichen Gesprächen im Lehrerzimmer: Derselbe Schüler, dieselbe Schülerin scheint aus der Perspektive eines Kollegen eine völlig andere Person zu sein, während eine andere Kollegin Ihrer Beschreibung nur zustimmen kann. Viele Lehrer/innen erleben im Rahmen einer kollegialen Unterrichtshospitation Lerngruppen zum ersten Mal in einem ganz anderen Licht. Das zeigt noch einmal deutlich, dass die eigenen Urteile höchst subjektiv sind und den mehrperspektivischen Blick als Korrektiv brauchen – etwas, was nur im Team gelingen kann.

Wie kann nun aus der im Bild dargestellten Situation ein lohnender Anlass für explizite Diagnostik entstehen? Sofern Sie der Ansicht sind, dass Ihr Unterricht »funktioniert«, werden Sie kaum das Bedürfnis verspüren, etwas daran zu verändern. Anders verhält es sich, wenn sich Lernhindernisse anhäufen. Nehmen Sie einmal an, dass einer der drei Schüler Sie am Stundenende anspricht, um seine Besorgnis hinsichtlich der anstehenden Mathematikarbeit zu äußern.

Abb. 8: Ausschnitt von Abb. 7

Als Sie darauf hinweisen, dass er ja ausreichend Gelegenheit hatte, Fragen zur Arbeit zu stellen, erwidert er:

Ich bin da irgendwie blockiert im Kopf, wenn Sie das immer erst kurz vor der Arbeit erklären!

In der Aussage des Schülers drückt sich nicht nur eine Hinderniserfahrung, sondern auch ein Veränderungswunsch aus, auch wenn er zunächst nur negativ und implizit formuliert ist. Explizit formuliert könnte er lauten:

Bitte erklären Sie häufiger bzw. früher vor einer Klassenarbeit.

Auch Sie können Hindernisse und Veränderungswünsche zum Ausdruck bringen. Möglicherweise erwidern Sie im selben Gespräch mit dem Schüler:

Weißt du, ich hänge im Stoff ohnehin schon hinterher. Warum erklärt ihr euch das nicht mal gegenseitig?

Hier zeigt sich der Veränderungswunsch direkt. Damit verbunden ist aber auch eine Ursachenvermutung:

Weil ich euch immer alles erklären muss, hänge ich im Stoff hinterher.

Der Schüler könnte seine Aussage ebenfalls als Ursachenvermutung formulieren:

Weil wir den Stoff so selten wiederholen, weiß ich nicht, was ich gut kann und was nicht.

Das Beispiel zeigt, wie unterschiedlich die Hinderniserfahrungen und Veränderungswünsche hinsichtlich derselben Situation sein können. Die Lehrkraft als Ermöglicher erfolgreichen Lernens soll individuelle Bedarfe und Begabungen erkennen und berücksichtigen – ohne Kenntnis der individuellen Hinderniserfahrungen und Veränderungswünsche kann dies allerdings nicht gelingen. Entscheidend dabei ist, dass Hindernis, Veränderungswunsch und Ursachenvermutung erst einmal explizit geäußert werden können.

Das dargestellte Beispielgespräch (vgl. MSW NRW/Bertelsmann Stiftung 2015) könnte an dieser Stelle schon beendet sein, sofern der Anlass nicht weiter verfolgt wird. Sofern die bisherigen Ergebnisse der Klassenarbeiten zufriedenstellend waren, sofern der Schüler sich offenbar als Einziger Veränderung wünscht, sofern insgesamt der Eindruck besteht, dass der Unterricht doch »funktioniert«, drängt sich ein Anlass zu expliziter Diagnostik nicht gerade auf. Dies zeigt noch einmal sehr deutlich, welche Tücken darin bestehen, wenn man schulische Diagnostik vornehmlich als Individualdiagnostik begreift: Wer legt fest, in welchem Fall es sich lohnt, etwas zu diagnostizieren – und in welchem Fall nicht? Eine Veränderung des Unterrichts hin zu verbesserten Lernchancen sollte nicht erst dann erfolgen, wenn Hindernisse sowohl auf Seiten der Lernenden als auch der Lehrenden das Lernen im Unterricht quasi zum Erliegen gebracht haben; ebenso wenig sollte als Begründung für ausbleibende Veränderungen angeführt werden, dass es sich nur um Einzelfälle handelt, in denen etwas nicht funktioniert.

Eher »zu früh« als »zu spät« diagnostizieren

Lohnende Anlässe für explizite Diagnostik bzw. Veränderung des Unterrichts ergeben sich häufig aus krisenhaften Situationen heraus, d. h., Hinderniserfahrungen haben sich massiv angehäuft. Damit werden allerdings alle ebenso lohnenden Anlässe unterschlagen, die aus augenscheinlich »funktionierendem« Unterricht erwachsen können.

Explizite Diagnostik kann und soll auch *präventiv* erfolgen – seien Sie auch wachsam und offen für Hinderniserfahrungen und Veränderungswünsche von unauffälligen, vermeintlich unproblematischen Schüler/innen bzw. in Situationen, in denen scheinbar »alles funktioniert«. Wenn Sie Ihren Schüler/innen regelmäßig und möglichst fest verankert im Unterricht die Möglichkeit dazu geben, Hinderniserfahrungen und Veränderungswünsche zu artikulieren, entlasten Sie sich selbst und eröffnen ganz automatisch eine Vielzahl von Lernchancen. Dies bedeutet aber nicht, dass Sie »einfach mal eben nachfragen«. Geben Sie der Anlassklärung von Anfang an eine möglichst große Verbindlichkeit, so etwa durch die Verwendung eines entsprechenden Arbeitsblatts (vgl. KV 2) und ausreichende zeitliche Ressourcen. Denken Sie daran: Schulische Diagnostik soll kein Additum sein, dass Sie dann zum Einsatz bringen, wenn es Ihr »normaler« Unterricht zulässt; vielmehr ist sie integraler Bestandteil des Unterrichts, mit dem Ziel individuelles Lernen systematisch verbessern.

Anlassklärung als Abbildung von Heterogenität 2.3

In der Anlassklärung geht es darum, die beiden folgenden Fragen zu beantworten:

Was hindert dich daran, erfolgreich zu lernen?
Welche Veränderungen wünschst du dir im Unterricht?

Wie in Kapitel 1.3 bereits beschrieben ist die Anlassklärung, d. h. die genaue Beschreibung dessen, *wer was wozu* verändern will, immer ein gemeinsames Tun. Im obigen Beispiel könnte die Lehrperson ihre alleinige Beurteilung der Situation zum Anlass nehmen, zukünftig *weniger* zu erklären bzw. zu wiederholen, damit der Fortschritt im Lernstoff gesichert wird. Zusätzlich würde sie die Schüler/innen auffordern sich vor einer Klassenarbeit die relevanten Lerninhalte gegenseitig zu erklären, um bspw. Fragen daraus zu entwickeln, die im Unterricht gezielt behandelt werden können. Dies würde nicht nur Zeit sparen, sondern auch die Selbsttätigkeit der Schüler/innen anregen. Aus der Perspektive der Lehrperson ist dies ein schlüssiges Vorgehen. Fraglich dabei ist allerdings, ob diese Veränderung des Unterrichts auch den Bedürfnissen der Schüler/innen entspricht. Beim Schüler aus dem Beispiel würde ein solches Vorgehen seine Blockade wahrscheinlich noch verstärken, da nun noch weniger im Unterricht erklärt und wiederholt werden würde. Dem Wunsch nach Selbsttätigkeit der Lernenden steht der Wunsch nach Unterstützung bzw. Instruktion durch die Lehrperson entgegen.

Die Klärung des Anlasses setzt voraus, dass die unterschiedlichen Sichtweisen erst einmal eingeholt und abgebildet werden (vgl. Jansen/Meyer 2016): Alle Beteiligten erfahren unterschiedliche Hindernisse und haben unterschiedliche Veränderungswünsche. Die Beteiligten, das sind hauptsächlich Ihre Schüler/innen – *sie* sind es, die Ihren Unterricht in- und auswendig kennen; Ihre Kolleg/innen bekommen Ihren »Live-Unterricht« nur selten zu Gesicht. Daher bezieht die Anlassklärung im Team vor allem die Schüler/innen einer Lerngruppe mit ein. Aber genauso gehören auch Fachlehrer/innen dazu, die in dieser Lerngruppe unterrichten.

Als »Kernteam« der Unterrichtsentwicklung hat sich das Klassenteam – Schüler/innen und Lehrer/innen einer Lerngruppe – bewährt. Ausgangspunkt sind immer Hindernisse und Veränderungswünsche, die von einzelnen oder mehreren Schüler/innen bzw. von Lehrer/innen geäußert werden (*»In der 7a lässt so gut wie niemand den anderen ausreden!«; »Wir nehmen immer so uninteressante Sachen durch!«*).

Es gibt aber auch Anlässe, die über ein Klassenteam hinausgehen, so z. B. lerngruppenübergreifende Hinderniserfahrungen von Lehrer/innen und Schüler/innen, z. B.: *»Viele Fünftklässler/innen haben große Schwierigkeiten, wenige Sätze in einer angemessenen Zeit richtig von der Tafel abzuschreiben.«; »Die Neuner sind im Augenblick so unmotiviert – die machen nur das Allernötigste.«; »Ich kann mich nach der Mittagspause kaum noch auf den Unterricht konzentrieren.«; »Bei Frau D. schreiben wir immer einen Übungstest vor der Klassenarbeit.«* Hier kann der Anlass in einem Jahrgangsteam oder Fachteam geklärt werden. Da Kollegien zunächst einmal in Fachschaften organisiert sind, ist die Arbeit in Fachteams für viele Lehrer/innen häufig die erste – weil gewohnte – Wahl. Abgesehen davon, dass der Blick durch die Brille der Fachlehrkraft nicht jedem Anlass gerecht werden kann – vor allem, wenn es sich um Hinderniserfahrungen innerhalb einer Lerngruppe handelt – sind Fachschaften nicht automatisch gute Teams: »Die Entwicklung zur Lerngemeinschaft ist keineswegs garantiert, handelt es sich bei Fachschaften zunächst einmal um Pflichtgemeinschaften« (Jansen/Meyer 2016). Wir empfehlen Ihnen, im *Klassenteam* zu beginnen. Damit müssen nicht alle Lehrkräfte, die in einer Lerngruppe unterrichten, involviert sein: Ein Team von drei bis vier Kolleg/innen ist eine günstige Größe.

Klassenteams bieten den Vorteil einer überschaubaren Stichprobe (die ausgewählte Teilmenge einer Grundgesamtheit, also die Schüler/innen und Lehrer/innen, über die diagnostische Daten gesammelt werden) und die Möglichkeit, über den fachlichen Tellerrand hinweg auf den Unterricht zu schauen. Natürlich findet jeder Unterricht immer in einem fachbezogenen inhaltlichen Rahmen statt; die lernerfolgswirksamen Einflussfaktoren gehen jedoch u. E. über das einzelne Unterrichtsfach hinaus und lassen sich überfachlich viel nachhaltiger verändern bzw. entwickeln. Jahrgangs- und Fachteams bringen zudem einen erhöhten organisatorischen Aufwand mit sich, denn hier müssen mehrere Lerngruppen berücksichtigt werden.

Wie kann eine solche Anlassklärung also nun praktisch erfolgen? Sofern eine Anlassklärung noch nicht fest im Unterricht integriert ist, genügt es zunächst offen zu sein für die die Hindernisse, die Sie empfinden bzw. die Ihre Schüler/innen äußern. Wenn Sie denken, dass es sich lohnt, ein Hindernis *explizit* zu betrachten, dann werden Sie aktiv! Sprechen Sie mit Ihren Schüler/innen und Ihren Kollegen/innen. Denken sie daran, dass es nicht nur ein Hindernis bzw. *das* Hindernis gibt – die Anlassklärung zeigt das »auslösende« Hindernis im größeren, heterogenen Zusammenhang.

Wen Sie konkret ansprechen, hängt maßgeblich davon ab, wie Teamarbeit an Ihrer Schule organisiert und entwickelt ist. Gibt es fest eingerichtete Teams, dann sind die Adressaten klar. Gibt es – abgesehen von den Fachschaften – überhaupt keine festen Teams, sollte die Machbarkeit für Sie ausschlaggebend sein: Werden die von Ihnen dargestellten Erfahrungen geteilt oder *nicht* geteilt (*»Das habe ich auch schon genau so/so ähnlich erlebt/noch nicht erlebt«*)? Auch bei ganz gegenteiligen Erfahrungen (*»Bei mir hat er da überhaupt keine Schwierigkeiten/große Schwierigkeiten«*) kann gemeinsames Interesse daran bestehen, mit Ihnen nach Lösungen für die beschriebenen Hindernisse zu suchen, die den Unterricht aller beteiligten Lehrer/innen bzw. das Lernen aller beteiligten Schüler/innen erfolgreicher machen können, denn möglicherweise tritt das dargestellte Problem für Ihre Kolleg/innen an anderer Stelle auf.

Anlass und Teamstruktur

Die Struktur eines Teams sollte der Größenordnung des Anlasses entsprechen. Wenn Klassen-, Jahrgangs- oder Fachteams bereits fest eingerichtet sind, sollten Sie genau erwägen, ob der Anlass zur Teamstruktur passt. Achten Sie darauf, dass der Anlass, explizit zu diagnostizieren, um Unterricht und Lernchancen zu verbessern, von *allen* getragen wird.

Geht man vom Klassenteam aus, geht es zunächst darum, sich mit den Schüler/innen einer Lerngruppe bzw. den beteiligten Lehrer/innen einen Überblick zu verschaffen: Eine Schülerin oder ein Schüler, mehrere Schüler/innen oder eine Kollegin/ein Kollege oder Sie selbst werden hartnäckig durch etwas daran gehindert, erfolgreich zu lernen bzw. Lernerfolge zu ermöglichen – wie verhält es sich mit den Veränderungswünschen und Hinderniserfahrungen der *anderen*?

Stellen Sie – im Sinne des in Kapitel 1.7 beschriebenen offenen Dialogs – Transparenz her. Informieren Sie alle Beteiligten voneinander, d.h. Ihre Schüler/innen von den Lehrer/innen, die an der Anlassklärung beteiligt sind. Vermeiden Sie eine konfrontative Ausgangslage (»Schüler vs. Lehrer«), indem Sie das gemeinsame Ziel der Anlassklärung verdeutlichen (s. u.) und darauf hinweisen, dass es auf *jede* Hinderniserfahrung und *jeden* Veränderungswunsch ankommt.

KV 3+4

Sofern Sie die Anlassklärung initiieren, tauschen Sie sich zunächst mit Ihren Kolleg/innen aus: Welche Hinderniserfahrungen und Veränderungswünsche haben sie gemacht? Geben Sie sich und Ihren Kolleg/innen zunächst genügend Zeit, ihre individuellen Erfahrungen zu reflektieren und möglichst präzise zu verschriftlichen (KV 3). Halten Sie Ihre unterschiedlichen Hinderniserfahrungen und Veränderungswünsche sowie die Erfahrungen, die Ihnen *gemeinsam* besonders bedeutsam erscheinen, schriftlich auf einem Sammelbogen fest (KV 4) – ohne dass Sie sich hier schon auf ein Hindernis bzw. einen Veränderungsansatz einigen müssen! Besteht allerdings große Ähnlichkeit in den geäußerten Erfahrungen, lohnt es sich schon hier, mögliche, erfolgversprechende Maßnahmen zur Veränderung des Unterrichts zu überlegen und festzuhalten. Diese Veränderungsvorschläge können ggf. mit Maßnahmevorschlägen der Schüler/innen verbunden werden (s. u.). Gleichzeitig dokumentieren Sie den Klärungsprozess und die Teamstruktur als Basis für das weitere Vorgehen.

Falls Sie schon regelmäßig mit Ihren Kolleg/innen und Schüler/innen diagnostizieren und darin schon geübt sind, können Sie an dieser Stelle ggf. auch schon einen Fokus setzen in Bezug auf einen bestimmten Diagnosebereich, der Ihnen z. B. aus zurückliegenden Anlässen relevant erscheint (z. B. bezogen auf Lernstrategien, Unterrichtsklima etc.). Achten Sie aber anfangs darauf, dass Sie sich bei der Anlassklärung nicht zu schnell festlegen, wodurch andere, womöglich ebenso relevante Hinderniserfahrungen und Veränderungswünsche gar nicht erst genannt werden können, weil Sie schon einen bestimmten Fokus gesetzt haben.

Offenheit für Hinderniserfahrungen und Veränderungswünsche bewahren

Machen Sie Ihre Vermutung – Ihren Blick durch Ihre Merkmalslinse – nicht zum alleinigen Fokus! Erst wenn sich aus den genannten Hindernissen Fragen zu bestimmten Diagnosebereichen ableiten lassen, können Sie aus negativen Hinderniserfahrungen positive Entwicklungsziele gewinnen (vgl. Kap. 3.1).

Thematisieren Sie nun in der Lerngruppe bestehende Hinderniserfahrungen und Veränderungswünsche. Dies sollte, um eine vertrauensvolle Atmosphäre herzustellen und niemanden bloßzustellen, sachbezogen und nicht personenbezogen erfolgen. Im Beispiel des Schülers aus dem obigen Beispiel (s. Abb. 8) könnte dies so erfolgen:

> *»Bei der Vorbereitung zur letzten Mathematikarbeit ist mir bewusst geworden, das ihr euch möglicherweise einen anderen Unterricht wünscht – z. B. einen anderen Ablauf oder andere Methoden oder Aufgaben, weil euch etwas im Unterricht daran hindert, erfolgreich zu lernen. Mich interessiert sehr, was euch – besonders oder immer wieder – daran hindert, erfolgreich zu lernen und welche Veränderungswünsche ihr für den Unterricht habt. Dabei geht es aber nicht um die Vorbereitung einer Klassenarbeit.«*

KV 5

Geben Sie dann den Schüler/innen Gelegenheit, ihre *eigenen* Hinderniserfahrungen und Veränderungswünsche schriftlich zu äußern (KV 5). Diese sollen immer auf das erfolgreiche Lernen im Unterricht bezogen sein – stellen Sie das deutlich heraus. Ermutigen Sie die Schüler/innen, sich so präzise und konkret wie möglich auszudrücken und betonen Sie dabei, dass es keine »richtigen« oder »falschen« Hindernisse gibt. Auch können Sie niemanden zwingen, etwas zu verschriftlichen. Gehen Sie davon aus, dass einige Schüler/innen zu Beginn leere Bögen abgeben werden bzw. nur Stichwörter formulieren.

Damit regen Sie die Schüler/innen an, ihre eigenen Lernprozesse zu reflektieren und entwickeln damit eine wesentliche Voraussetzung für selbstständiges Lernen. Des Weiteren können Sie so blinde Flecken Ihrer eigenen Wahrnehmung durch den vielfältigen Blick auf Unterricht auffüllen. Der Umgang mit Heterogenität beginnt nicht erst bei individuellen Fördermaßnahmen, sondern schon mit der vielfältigen Rückmeldung der Schüler/innen zu Ihrem Unterricht! Dies unterstreicht noch einmal, wie wichtig die Beteiligung der Lernenden in der schulischen Diagnostik ist.

Wie schon in der Instruktion betont, bleibt der Fokus zu Beginn *weit*. Eine Beschränkung auf nur einen Unterrichtsaspekt (bspw. »Vorbereitung auf eine Klassenarbeit«) schließt alle Hinderniserfahrungen und Veränderungswünsche von vornherein aus, die darüber hinausgehen bzw. nicht direkt damit zusammen hängen. Vergessen Sie nicht: Es geht darum, *individuelle* Hinderniserfahrungen und Veränderungswünsche abzubilden – nicht darum, die Sichtweisen der Schüler/innen zu einem von Ihnen als »problematisch« eingestuften Aspekt des Unterrichts einzuholen.

Gute Bedingungen für Anlassklärung in einer Lerngruppe

Unterrichtszeit ist kostbar! Achten Sie dabei daher auf
- einen geeigneten Raum (z. B. Klassenraum),
- einen geeigneten Zeitpunkt (es muss genügend Zeit sein, und nichts anderes darf im Weg stehen),
- eine klare Struktur (nennen Sie das Ziel des Gesprächs),
- die Teilnahme aller wichtigen Personen (entweder die gesamte Klasse oder einzelne Schüler/innen).

Je nach Anlass kann die Klärung während des Unterrichts erfolgen – zu Beginn oder am Ende einer Stunde – oder bspw. in extra dafür vorgesehenen »Lern-Check-Stunden«.

Mit großer Wahrscheinlichkeit besteht beim ersten Mal Klärungsbedarf, »was das Ganze soll«. Erklären Sie es Ihren Schüler/innen bspw. so: *»Ich brauche eure Mithilfe, um den Unterricht zu verbessern. Ihr wisst viel besser als ich, was euch beim Lernen hindert und welche Veränderungen ihr euch wünscht.«*

Das wird sicherlich nicht sofort jede/n begeistern, zumal ein neues Verfahren zunächst immer auch als Erschwernis empfunden wird. Nicht alle Schüler/innen werden sich zu Beginn äußern, weil sie sich nicht trauen oder weil ihnen das Verfahren nicht vertraut ist. Somit ist es umso wichtiger, die Befragung schriftlich durchzuführen. Manche Hindernisse sind sensibler Art *(»Ich habe Angst, dass die anderen mich auslachen«; »Ich ärgere mich darüber, dass die anderen über mich bestimmen«)*, daher sollte die Befragung einem geschützten Rahmen stattfinden. Machen Sie deutlich, dass Sie Vertraulichkeit wahren, wenn es erwünscht ist.

Andere Schüler/innen werden sich die Gelegenheit nicht nehmen lassen, ihr Erleben des Unterrichts und die damit verbundenen Hinderniserfahrungen zu äußern. Drängen Sie die Schüler/innen nicht und werten Sie die Äußerungen nicht – aber stellen immer Sie klar, dass es um Erfahrungen geht, die *erfolgreiches Lernen im Unterricht* behindern.

Unterschiedliche Methoden der Anlassklärung

Um möglichst viele Hinderniserfahrungen einzufangen, lohnt es sich, die ganze Lerngruppe zu befragen. Lassen Sie die Schüler/innen ihre Veränderungswünsche und Hinderniserfahrungen nennen. Dabei bieten sich unterschiedliche Vorgehensweisen an:

Vor allem bei
- **jüngeren Schüler/innen,**
- **Lerngruppen, in denen Sie wiederholt soziale Spannungen beobachten,**
- **Lerngruppen, denen das Verfahren noch unvertraut ist,**

können Sie die ausgefüllten Kopiervorlagen einsammeln. Machen Sie dabei deutlich, dass es sich nicht um einen Leistungstest handelt! Nutzen Sie den Sammelbogen (s. KV 6), um bei einer Durchsicht der Äußerungen Ihrer Schüler/innen zum einen unterschiedliche, zum anderen ähnliche Hinderniserfahrungen und Veränderungswünsche festzuhalten. Sofern dies in derselben Unterrichtsstunde erfolgt ist (während die Lerngruppe eine Aufgabe ihrer Wahl erledigt), kann im Anschluss das Ergebnis den Schüler/innen mitgeteilt werden.

KV 6

Da dieses Verfahren stark durch die Lehrkraft geleitet wird, ist es nicht ausgeschlossen, dass es zu Verzerrungen kommt: Bestimmte Äußerungen werden (unbewusst) stärker gewichtet als andere, da sie den eigenen Absichten entgegenkommen (s. *Bestätigungsfehler*). Machen Sie sich dies unbedingt bewusst und gehen Sie sensibel mit den Angaben der Schüler/innen um, indem Sie die Formulierungen möglichst originalgetreu übernehmen.

Bei Lerngruppen,
- **in denen ein gutes Sozialklima herrscht,**
- **die das Verfahren schon kennen,**

empfiehlt es sich, die Verschriftlichungen bei den Schüler/innen zu lassen. Im Anschluss tragen sie ihre Ergebnisse vor, wobei Freiwilligkeit oberstes Prinzip sein sollte: Nicht jede/r muss vortragen. Ziel ist hier ein erster Überblick, um zum einen die Unterschiedlichkeit der Hinderniserfahrungen und Veränderungswünsche abzubilden, zum anderen aber auch Ähnlichkeiten sichtbar zu machen. Machen Sie sich dazu Notizen auf dem Sammelbogen (KV 6), bedanken Sie sich für jede Äußerung, aber kommentieren Sie nicht (bspw. »*Ist das wirklich ein Hindernis?*«; »*Das war ein sehr guter Veränderungswunsch!*«).

Bei Lerngruppen,
- **die geübt im Verfahren sind,**
- **die offen und vertraut miteinander kommunizieren können,**

ist die Abfrage per Moderationskarten eine Alternative zur Nutzung der Kopiervorlage 5. Hier notieren die Schüler/innen ihre Hinderniserfahrungen und Veränderungswünsche auf farbigen Karten (z. B. rot/blau) und befestigen sie offen an einer Wand oder Tafel. Mit diesem Verfahren lassen sich *ähnliche* Erfahrungen (z. B. Konzentrationsschwierigkeiten, hinderliche akustische Bedingungen etc.) und Wünsche (z. B. mehr und länger gemeinsam üben, mehr Beispielaufgaben etc.) sehr gut abbilden und durch die Schüler/innen clustern. Dokumentieren Sie auch hier das Ergebnis auf dem Sammelbogen (KV 6), aber kommentieren oder bewerten Sie die Äußerungen der Schüler/innen nicht. Auch ein Foto – per Smartphone heute sofort möglich – bietet sich als Dokumentationsform an.

In allen drei Verfahrensweisen dient die Dokumentation als Grundlage für die nächsten Schritte: Zum einen lassen sich *schon hier* erfolgversprechende Veränderungen des Unterrichts ableiten (s. u.); zum anderen dient sie als Grundlage für den nächsten diagnostischen Prozessschritt, der im folgenden Abschnitt beschrieben wird: Mit welchen lernerfolgswirksamen Faktoren des Unterrichts stehen meine Hinderniserfahrungen und Veränderungswünsche meiner Meinung nach in Beziehung?

Explizites Vorgehen ist aufwändig (vgl. Kap. 1.5), und dieser Aufwand muss vom Nutzen her gedacht werden. Konkret heißt dies, schon bei der Anlassklärung zu überprüfen, ob nicht bereits hier erfolgversprechende Veränderungen des Unterrichts möglich sind.

Eine Anlassklärung muss keineswegs immer einen diagnostischen Prozess, d. h. eine hypothesengeleitete Überprüfung (vgl. Kap. 3) nach sich ziehen. Im Rahmen des gesamten diagnostischen Prozesses (s. Abb. 2) soll die Anlassklärung nur explizit darstellen, welche Hinderniserfahrungen und Veränderungswünsche es gibt. Sind diese allerdings

- stark heterogen bzw. divergierend (sowohl aus Schüler/innen- und Lehrer/innenperspektive),
- nur unzureichend beschreibbar (es liegen keine oder nur ungenaue Informationen vor, etwa zu Kompetenzen, Begabungen oder Interessen),
- unbekannt (es gibt keine erfolgversprechenden Maßnahmen, die in einem ähnlichen Kontext bereits zur Anwendung gekommen sind),

so besteht definitiv Bedarf, den unklaren Ist-Stand mithilfe diagnostischer Datengewinnung soweit zu klären, dass eine Entwicklung von konkreten Maßnahmen möglich wird.

Sofern Sie auf dem Sammelbogen (KV 6) eine große Ähnlichkeit in den formulierten Hinderniserfahrungen bzw. Änderungswünschen festgestellt haben, bietet sich schon hier die Chance, Maßnahmen zu ergreifen. Nehmen wir an, Ihre Schüler/innen haben viele ähnliche Hinderniserfahrungen wie »*zu wenig Zeit abzuschreiben*«, »*Ich komme nicht mit*«, »*Sie schreiben so viel*« angegeben bzw. ähnliche Veränderungswünsche wie »*Bitte langsamer*«, »*Weniger, aber klare Beispiele*«, »*Mehr Zeit, um Fragen zu stellen*«. Die ähnlichen Äußerungen deuten darauf hin, dass ein Zusammenhang zur *Qualität des Unterrichts*, unter den Aspekten *Klarheit und Verständlichkeit* bzw. *Methoden und Medien* (s. Abschnitt 2.4) besteht. Gibt es hier bekannte und erfolgversprechende Maßnahmen, die den Unterricht positiv verändern können? Lassen Sie Ihre Schüler/innen Vorschläge machen und gemeinsam diskutieren. Ergänzen Sie eigene Ideen und Vorschläge. Einigen Sie sich auf wenige und einfach umzusetzende Maßnahmen, die u. U. ab der nächsten Unterrichtsstunde gelten – so bspw. die Verringerung des Tafeltextes, die Zugabe von Abschreibzeit (während die schnelleren Schüler/innen bereits im Arbeitsbuch selbständig weiterarbeiten) oder die Einrichtung einer Fragenbox, in der Schüler/innen am Ende der Stunde offen gebliebene Fragen schriftlich einwerfen können, damit sie in der Folgestunde thematisiert werden.

Was Sie hier tun, ist ein *verkürztes* Modell der schulischen Diagnostik anzuwenden: Sie reflektieren mit Ihren Schüler/innen den Unterricht, indem Sie Hinderniserfahrungen und Veränderungswünsche sichtbar machen; dies halten Sie in diesem Fall für eine ausreichende Datengrundlage, auf deren Basis Sie dann Entscheidungen treffen, die zu einer Veränderung des Unterrichts führen. Dabei gehen Sie explizit vor – ohne dabei auf bewährte Routinen (erfolgversprechende Maßnahmen) verzichten zu müssen – und befinden sich im Dialog mit den am Unterricht Beteiligten. Allerdings verzichten Sie dabei auch auf die Bildung von Hypothesen und das Erheben von entsprechenden Daten.

Kehren wir zu unserem Beispiel aus Abschnitt 2.2 zurück. Nehmen wir an, dass während der Anlassklärung zutage tritt, dass nicht nur einer, sondern mehrere Schüler/innen sich angesichts der kurz bevorstehenden Klassenarbeit »blockiert« bzw. nicht dazu in der Lage fühlen, die notwendigen Lerninhalte abzurufen. Es gibt keine Informationen darüber, was zu der Blockade führt. Was Ihren Wunsch betrifft, die Wiederholung der Inhalte in die Hände der Schüler/innen zu legen, so gibt es nur unklare Informationen darüber, welche dafür in Frage kommenden Kompetenzen auf Seiten der Schüler/innen vorliegen. Es besteht also in zweierlei Hinsicht Klärungsbedarf! Mit welchen Ursachen im Unterricht kann dieser Anlass zusammenhängen – und wie können wir den Unterricht verändern, damit alle erfolgreicher lernen können?

Einflussfaktoren auf Lernerfolg und Leistung 2.4

Individuelle Hinderniserfahrungen und Veränderungswünsche sind für die Anlassklärung relevant, da sie in Beziehung zu Lernerfolg und Leistung stehen. Damit sind nicht nur (benotbare) schulische Leistungen im engeren Sinne der jeweiligen rechtlichen Vorgaben bzw. curricularen Standards gemeint, sondern ganz allgemein Lernerfolge, die zu verstehen sind als »Ergebnisse persönlicher Exzellenz« (vgl. Reich 2014, S. 81): Schüler/innen sollten die Möglichkeit haben, ihre jeweils vielfältigen Begabungen in der Schule und im Unterricht einbringen und (weiter)entwickeln zu können.

Deshalb ist schulische Diagnostik als Suche nach Möglichkeiten des erfolgreichen Lernens immer auf Lernerfolge und Leistungen ausgerichtet, setzt sich damit aber auch ihre Grenzen. Dafür muss allerdings geklärt sein, *wovon* Lernerfolge und Leistungen in der Schule beeinflusst werden und *wie direkt* dieser Einfluss ist.

Einflussfaktoren auf Lernerfolg und Leistung

Ausgehend von einem »Schichtenmodell der Schulleistung« (Hesse/Latzko 2009, S. 95) lassen sich drei unterschiedlich direkt wirkende Einflussfaktoren voneinander abgrenzen:

1. individuelle Lernvoraussetzungen
2. Unterrichtsqualität
3. Lernkontext

Diese Einflussfaktoren sind nicht zu verwechseln mit sogenannten lernwirksamen Faktoren. Hattie unterscheidet bspw. letztere voneinander, um herauszufinden, ab welchem Umschlagpunkt statistisch von einem Effekt auf Lernleistung gesprochen werden kann, sodass »wir in der realen Welt Unterschiede beobachten können« (vgl. Hattie 2014a, S. 21). Hattie geht es um die Frage, wie *stark* der Effekt bestimmter Faktoren im statistischen Sinn ist.

Alle drei Einflussfaktoren wirken sich auf Lernerfolg und Leistung aus, aber nicht mit der gleichen Unmittelbarkeit. Individuelle Lernvoraussetzungen und Unterrichtsqualität wirken sich bspw. *direkter* auf Lernerfolg und Leistung aus als der Lernkontext, der zwar allgemein nicht weniger bedeutsam ist, aber keinen unmittelbaren Einfluss ausübt. Natürlich weisen bspw. wissenschaftliche Studien darauf hin, dass der sozioökonomische Status auf der Ebene der Schule und für Eltern ein wichtiger Faktor sei (vgl. Hattie 2014a, S. 75); dennoch lassen sich Hinderniserfahrungen im Unterricht nicht *direkt* über den sozioökonomischen Status des Haushalts erklären, in dem die Schüler/innen leben, sondern viel eher über Faktoren, die Unterrichtsqualität und individuelle Lernvoraussetzungen betreffen. Konkret bedeutet dies, dass eine Hinderniserfahrung *wie »Ich verstehe die Lehrer oft nicht«* zwar mit der konkreten Migrationsgeschichte des Kindes, bspw. einem fremdsprachigen Elternhaus (einem maßgeblichen Teil seines Lernkontexts) zusammenhängt, aber viel direkter von Erfahrungen aus dem Unterricht geprägt ist bzw. viel *direkter* durch Maßnahmen im Unterricht beseitigt werden kann.

Für schulische Diagnostik sind daher vor allem die individuellen Lernvoraussetzungen und die Unterrichtsqualität relevant. In diesen *Diagnosebereichen* lassen sich am ehesten Veränderungen durch Lehrkräfte und Schüler/innen gemeinsam bewirken. Deshalb ist es auch wichtig, die verschiedenen Bereiche sprachlich sowohl aus der Perspektive der Lehrer/innen als auch aus der Perspektive der Schüler/innen zu formulieren:

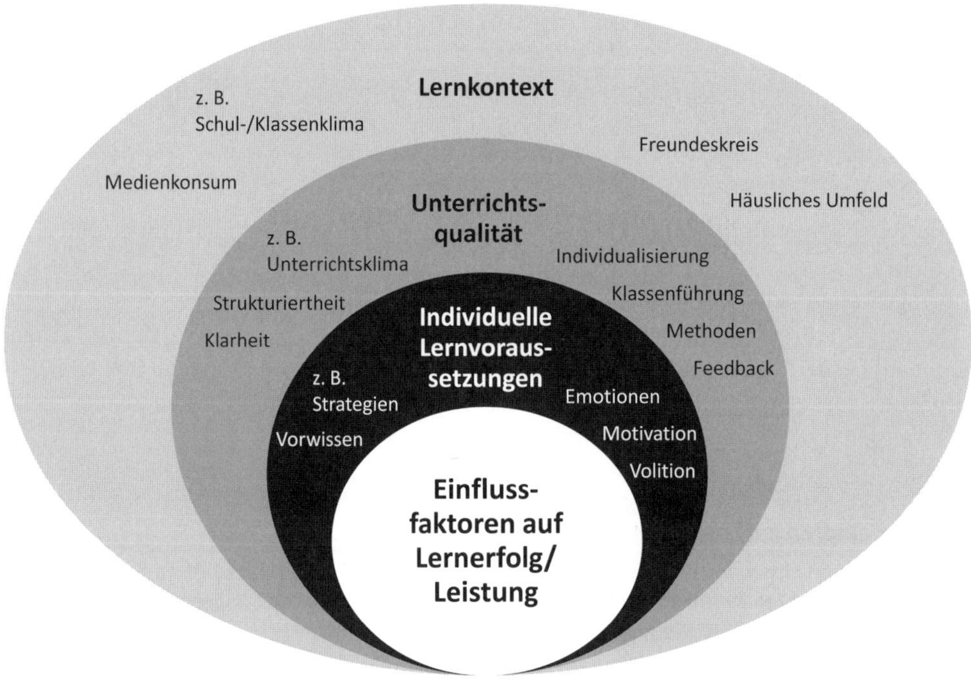

Abb. 9: Die Diagnosebereiche aus Lehrer/innen-perspektive ... (MSW NRW/Bertelsmann Stiftung 2015)

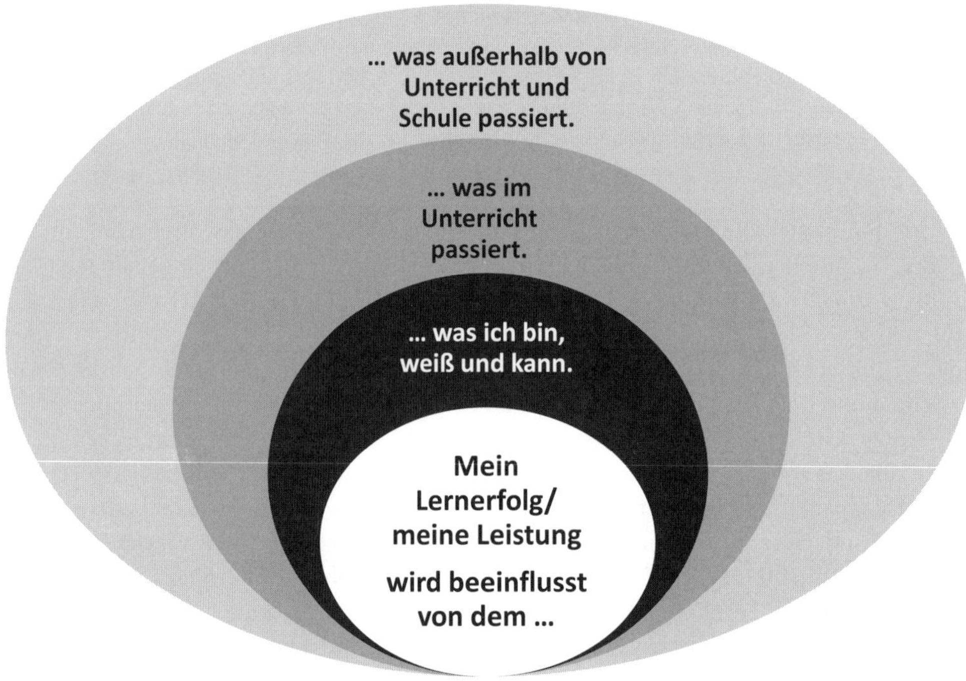

Abb. 10: ... und aus Schüler/innen-perspektive (MSW NRW/Bertelsmann Stiftung 2015)

2.5 Diagnostische Fragen

Um mutmaßliche *Ursachen* zu benennen, brauchen Sie diagnostische Fragen. Somit wird deutlich, dass es sich um eine Ursachenvermutung handelt. Aus den Hinderniserfahrungen und Veränderungswünschen diagnostische Fragen abzuleiten

- stellt zum einen den Bezug zwischen individuellen Sichtweisen und allgemeinen Einflussfaktoren auf Lernerfolg und Leistung her
- und schafft die Grundlage für den Abgleich der unterschiedlichen Perspektiven, um gemeinsame Entwicklungsbedarfe und -ziele zu bestimmen.

Diagnostische Fragen sind der Form nach »*Kann es sein, dass …?*«-Fragen. Sie zielen auf mögliche Ursachen, ohne sich auf bestimmte Ursachen festzulegen. Daher lässt sich jede diagnostische Frage mit dem Zusatz »*… oder ist es etwas anderes?*« beenden. Entscheidend ist die Beziehung, die sich zu Einflussfaktoren auf Lernerfolg und Leistung herstellen lässt.

So kann bspw. die Hinderniserfahrung eines Schülers

Ich weiß nicht, warum wir das immer so ausführlich machen sollen.

möglicherweise zu folgenden Fragen führen:

Kann es sein, dass zu wenig oder nicht berücksichtigt wird, was mich interessiert? (1)
Kann es sein, dass ich meinen Arbeitsaufwand für völlig ausreichend halte? (2)

Demgegenüber führt die Hinderniserfahrung der Lehrkraft

Viele Schüler/innen in der 9c erledigen Arbeitsaufträge nur oberflächlich oder unvollständig.

möglicherweise zu folgenden diagnostischen Fragen:

Kann es sein, dass meine Instruktionen und Erwartungen nicht klar genug sind? (3)
Kann es sein, dass ich zu wenig Unterstützung gebe? (4)

Die Fragen (1) und (2) beziehen sich auf individuelle Lernvoraussetzungen, wobei Interessen, Motivation (Streben nach Zielen) und Volition (willentliche Umsetzung von Zielen) im Vordergrund stehen.

Frage (3) hat hingegen mit der Klarheit von Arbeitsanweisungen zu tun, (4) mit der Unterstützung und Aktivierung im Lernprozess. In beiden Fällen bezieht sich dies auf die Qualität des Unterrichts. Die Ursachenvermutungen stehen dabei nicht nur in Beziehung zu Einflussfaktoren auf Lernerfolg und Leistung, sondern sie stehen auch in Beziehung *zueinander* aus den jeweiligen Perspektiven der Lehrenden und Lernenden: So fallen die Arbeitsergebnisse – aus der Perspektive der Lehrkraft – vielleicht deshalb so dürftig aus, weil die Schüler/innen nur wenig interessiert und motiviert gearbeitet haben. Andererseits empfinden die Schüler/innen ihre Arbeitsergebnisse vielleicht deshalb als ausreichend, weil das Thema für sie bspw. in seiner Vielfältigkeit nicht klar geworden ist. Diese Beziehungen der Einflussfaktoren spielt bei der Hypothesenbildung (vgl. 3.1) eine wichtige Rolle.

Kommen wir auf unser Beispiel aus Abschnitt 2.2 zurück. Die Hinderniserfahrung und der Veränderungswunsch des Schülers lauteten hier

Ich bin da irgendwie blockiert im Kopf, wenn Sie das immer erst kurz vor der Arbeit erklären.
Bitte erklären Sie häufiger bzw. früher vor einer Klassenarbeit.

Daraus bildet er folgende diagnostische Frage:

Kann es sein, dass wir zu wenig üben im Unterricht? (5)

Hinderniserfahrung und Veränderungswunsch der Lehrkraft

Ich hänge im Stoff hinterher.
Erklärt euch auch mal etwas gegenseitig.

führen demgegenüber zur diagnostischen Frage

Kann es sein, dass sich die Schüler/innen zu wenig gegenseitig erklären? (6)

Zwar sind beide Fragen bezogen auf Unterrichtsqualität; jedoch spricht Frage (5) den Aspekt der Strukturiertheit bzw. Phasierung des Unterrichts an, während Frage (6) auf die Aktivierung und Motivierung der Schüler/innen zielt. Wir greifen das Beispiel in Kapitel 3.1 wieder auf und setzen es dort fort.

Die hier genannten Bereiche des Unterrichts (Qualität des Unterrichts, individuelle Lernvoraussetzungen) sowie die damit verbundenen Aspekte (z. B. Volition, Strukturiertheit) gehören zu einer Übersicht der Einflussfaktoren auf Lernleistung und -erfolg, die wir im folgenden Abschnitt genau beschreiben werden. Die diagnostischen Fragen stellen dabei die Verbindung dar, die es zwischen diesen allgemeinen Einflussfaktoren und den individuellen Hinderniserfahrungen und Veränderungswünschen zu herzustellen gilt – um so zu gemeinsamen Entwicklungszielen und -bedarfen zu gelangen.

2.6 Die drei diagnostischen Bereiche

Im Folgenden sollen die drei Einflussfaktoren näher vorgestellt werden, wobei die unterschiedlichen Aspekte des jeweiligen Faktors sichtbar gemacht werden. Für jeden Faktor wurde eine beispielhafte Beschreibung in Form einer Frage formuliert. So soll deutlich werden, was jeder einzelne Faktor bedeuten kann. Sie dient der Orientierung für Lehrer/innen und Schüler/innen unter den folgenden Aspekten:

- Hier sehe ich einen ursächlichen Zusammenhang mit meinen Hinderniserfahrungen und Veränderungswünschen.
- Hier sehe ich einen besonderen Entwicklungsbedarf.
- Hier sehe ich einen Ansatz bzw. eine Chance zur Veränderung des Unterrichts.

Wie kann man diese Zuordnungen nun nutzbar machen für die Bestimmung von Entwicklungsbedarfen und Entwicklungszielen? Lehrende und Lernende brauchen einen Orientierungsrahmen, in dem sie ihre eigenen diagnostischen Fragen verorten können: »*Hier sehe ich den Hauptgrund für mein Hindernis bzw. den Ansatzpunkt für meinen Veränderungswunsch*«. Dafür muss dieser Rahmen sprachlich für Schüler/innen geeignet sein. Im Folgenden finden Sie daher eine »doppelte« Übersicht der drei Diagnosebereiche *Individuelle Lernvoraussetzungen*, *Unterrichtsqualität* und *Lernkontext*.

Für den Diagnosebereich »Individuelle Lernvoraussetzungen« lässt sich folgende Doppel-Übersicht ableiten (Abb. 11 und 12):

Diagnosebereich: Individuelle Lernvoraussetzungen (ILV)

Beschreibung (Auswahl)	Aspekt	Einflussfaktor/ beeinflusste Größe
Wird an das individuelle Vorwissen angeknüpft?	**Vorwissen**	**Individuelle Lernvoraussetzungen**
Werden unterschiedliche besondere Begabungen, Potenziale und Kompetenzen erkannt und berücksichtigt?	**Begabungen, Potenziale, Kompetenzen**	
Werden unterschiedliche Interessen sowie Motivationslagen (intrinsisch-extrinsisch, Lern- und Leistungsmotivation) erkannt und berücksichtigt?	**Interessen und Motivation**	
Werden der Grad des Vertrauens in die eigenen Kompetenzen sowie individuelle Lösungsstrategien erkannt und berücksichtigt?	**Volition**	
Werden individuelle Lernstrategien (Informationsverarbeitungsstrategien, metakognitive Lernstrategien und Ressourcenstrategien) erkannt und berücksichtigt?	**Lernstrategien**	
Werden Emotionen und emotionale Kompetenzen erkannt und berücksichtigt?	**Emotionen**	
Sind besondere körperliche Voraussetzungen bekannt und werden berücksichtigt?	**Gesundheit**	
Sind besondere Lernentwicklungsbedarfe bekannt und werden berücksichtigt?	**Lernentwicklung**	
Sind die Sprachkompetenzen bekannt und werden berücksichtigt?	**Sprachkompetenz**	

(in Anlehnung an: Hesse/Latzko 2011, S. 97ff.)

Abb. 11: Diagnosebereich »Individuelle Lernvoraussetzungen aus Lehrer/innenperspektive« (MSW NRW/Bertelsmann Stiftung 2015)

Diagnosebereich: Was ich bin, weiß und kann

Beschreibung (Auswahl)	Aspekt	Einflussfaktor/ beeinflusste Größe
Wird berücksichtigt, was ich schon weiß?	**Vorwissen**	**Individuelle Lernvoraussetzungen**
Wird berücksichtigt, was ich schon (besonders gut) kann?	**Begabungen, Potenziale, Kompetenzen**	
Wird berücksichtigt, was mich interessiert und wie sehr ich Lust und Freude daran habe, zu arbeiten?	**Interessen und Motivation**	
Wird berücksichtigt, wie sehr ich mir und meinem Können vertraue? Wird berücksichtigt, wie ich mit Schwierigkeiten umgehe?	**Volition**	
Wird berücksichtigt, wie ich lerne?	**Lernstrategien**	
Wird berücksichtigt, wie ich mich fühle?	**Emotionen**	
Wird berücksichtigt, was ich körperlich kann?	**Gesundheit**	
Wird berücksichtigt, was ich noch lernen muss?	**Lernentwicklung**	
Wird berücksichtigt, wie gut ich mich sprachlich ausdrücken kann (im Schreiben und Sprechen)?	**Sprachkompetenz**	

(in Anlehnung an: Hesse/Latzko 2011, S. 97ff.)

Abb. 12: Diagnosebereich »Individuelle Lernvoraussetzungen aus Schüler/innenperspektive« (MSW NRW/Bertelsmann Stiftung 2015)

Für den Diagnosebereich »Unterrichtsqualität« lässt sich folgende Doppel-Übersicht ableiten (Abb. 13 und 14):

Diagnosebereich: Unterrichtsqualität (UQ)

Beschreibung (Auswahl)	Aspekt	Einflussfaktor/ beeinflusste Größe
Sind Erklärungen, Aufgaben und Anweisungen der Lehrkraft klar und verständlich?	Klarheit, Verständlichkeit	
Sind Methoden und Medien angemessen und vielfältig? Ist klar, warum sie eingesetzt werden?	Unterschiedliche Methoden und Medien	
Ermöglichen Sitz- und Tischordnung konzentriertes und effektives Arbeiten? Gibt es einen Wechsel von Einzel-, Partner- und Gruppen-/Teamarbeit?	Unterschiedliche Sozialformen	
Ermöglichen gute Beziehungen zwischen Schüler/innen und Lehrkraft bzw. der Schüler/innen untereinander eine angenehme und anregende Lernatmosphäre?	Unterrichtsklima	
Sind Phasen und Schritte im Unterricht klar erkennbar?	Strukturiertheit	
Sind Lernziele, Leistungs- und Kompetenzerwartungen bekannt? Werden unterschiedliche Formen der Überprüfung eingesetzt?	Ziel- und Kompetenzorientierung	Qualität des Unterrichts
Gibt es vielfältige Unterstützung im Lernprozess?	Unterstützung	
Gibt es regelmäßiges Feedback zum individuellen Kompetenz- und Lern-/Leistungsstand sowie zum Unterrichtsprozess?	Feedback	
Gibt es feste Regeln und Rituale, die ich konsequent einfordere?	Klassenführung	
Gibt es individuelle Zugänge? Wird selbständiges Lernen ermöglicht?	Aktivierung, Motivierung	
Werden individuelle Lernvoraussetzungen und -strategien im Unterricht berücksichtigt, genutzt und entwickelt?	Individualisierung	
Werden sprachliche Kompetenzen fachspezifisch und -übergreifend gefördert?	Sprachbildung und -sensibilisierung	

(in Anlehnung an: Hesse/Latzko 2011, S. 168ff., Reich 2014, S. 347)

Abb. 13: Diagnosebereich »Unterrichtqualität aus Lehrer/innenperspektive« (MSW NRW/Bertelsmann Stiftung 2015)

Diagnosebereich: Was im Unterricht passiert

Beschreibung (Auswahl)	Aspekt	Einflussfaktor/ beeinfl. Größe
Sind Erklärungen, Aufgaben und Anweisungen der Lehrkraft für mich klar und verständlich?	Klarheit, Verständlichkeit	
Sind Methoden und Medien im Unterricht für mich passend und vielfältig? Ist mir klar, warum sie eingesetzt werden?	Unterschiedliche Methoden und Medien	
Ermöglichen mir Sitz- und Tischordnung konzentriertes und effektives Arbeiten? Gibt es einen Wechsel von Einzel-, Partner- und Gruppen-/Teamarbeit?	Unterschiedliche Sozialformen	
Ist die Beziehung zur Lehrkraft und anderen Schüler/innen so gut, dass für mich eine angenehme und anregende Lernatmosphäre entsteht?	Unterrichtsklima	
Sind für mich Phasen und Schritte im Unterricht klar erkennbar?	Strukturiertheit	
Sind mir Lernziele, Leistungs- und Kompetenzerwartungen bekannt? Werden unterschiedliche Formen der Überprüfung meiner Leistungen eingesetzt?	Ziel- und Kompetenzorientierung	Qualität des Unterrichts
Gibt es für mich vielfältige Unterstützung im Lernprozess?	Unterstützung	
Gibt es für mich regelmäßiges Feedback zu meinem Kompetenz- und Lern-/Leistungsstand sowie zum Unterrichtsprozess?	Feedback	
Gibt es feste Regeln und Rituale, die konsequent eingefordert werden?	Klassenführung	
Kann ich mir meine eigenen Lernzugänge schaffen? Wird selbständiges Lernen ermöglicht?	Aktivierung, Motivierung	
Werden meine Lernvoraussetzungen und -strategien im Unterricht berücksichtigt, genutzt und entwickelt?	Individualisierung	
Werden meine sprachlichen Kompetenzen fachspezifisch und -übergreifend gefördert?	Sprachbildung und -sensibilisierung	

(in Anlehnung an: Hesse/Latzko 2011, S. 168ff., Reich 2014, S. 347)

Abb. 14: Diagnosebereich »Unterrichtqualität aus Schüler/innenperspektive« (MSW NRW/Bertelsmann Stiftung 2015)

Für den Diagnosebereich »Lernkontext« lässt sich folgende Doppel-Übersicht ableiten (Abb. 15 und 16):

Diagnosebereich: Lernkontexte (LK)

Beschreibung (Auswahl)	Aspekt	Einflussfaktor/ beeinflusste Größe
Ist das soziale Klima in der Klasse und in der Schule über den Unterricht hinaus bekannt?	Klassen- und Schulklima	Lernkontext
Ist Art und Ausmaß des Medienkonsums außerhalb der Schule bekannt?	Medienkonsum	
Gibt es Informationen zum häuslichen Anregungsniveau?	Häusliches Umfeld	
Welche Kommunikation besteht zwischen Lehrkraft, Schüler/in und Erziehungsberechtigten?		
Gibt es Unterstützung durch Erziehungsberechtigte außerhalb des Unterrichts?		
Gibt es Informationen zum sozio-ökonomischen Status oder zur Migrationsgeschichte?		
Gibt es Informationen zur Lern- und Leistungsmotivation innerhalb des Freundeskreises?	Freundeskreis	

(in Anlehnung an: Hesse/Latzko 2011, S. 97ff., Hattie 2014, S. 73ff.)

Abb. 15: Diagnosebereich »Lernkontext aus Lehrer/innenperspektive« (MSW NRW/Bertelsmann Stiftung 2015)

Diagnosebereich: Was über den Unterricht und Schule hinaus passiert

Beschreibung (Auswahl)	Aspekt	Einflussfaktor/ beeinflusste Größe
Ist das Klima in meiner Klasse und in der Schule insgesamt gut?	Klassen- und Schulklima	Lernkontext
Welche Medien nutze ich außerhalb des Unterrichts und wie oft?	Medienkonsum	
Kann ich zuhause gut arbeiten für die Schule?	Häusliches Umfeld	
Ist der Kontakt zwischen meinen Eltern, den Lehrer/innen und der Schule gut?		
Unterstützen mich meine Eltern in Bezug auf Schule und mein Lernen?		
Wie wichtig ist es meinen Freund/innen, etwas für die Schule zu tun?	Freundeskreis	

(in Anlehnung an: Hesse/Latzko 2011, S. 97ff., Hattie 2014, S. 73ff.)

Abb. 16: Diagnosebereich »Lernkontext aus Schüler/innenperspektive« (MSW NRW/Bertelsmann Stiftung 2015)

Während Sie bei der Sammlung von Hinderniserfahrungen und Veränderungswünschen in einer Lerngruppe im Rahmen der Anlassklärung den Fokus möglichst weit öffnen, geht es nun darum, den Fokus auf bestimmte Entwicklungsbedarfe und Entwicklungsziele hin zu verengen. Allerdings legen Sie den Fokus nicht einfach fest, sondern nutzen die Diagnosebereiche zur *Einigung auf gemeinsame Bedarfe und Ziele*. Auch in der expliziten Diagnostik muss die Komplexität des Unterrichts bzw. individueller Lernprozesse reduziert werden, um begreifbar und veränderbar zu werden. Allerdings wird – im Gegensatz zur impliziten Diagnostik – der Prozess in jeder Phase kontrollierbar: Wir *bestimmen gemeinsam*, welche Bereiche der Wirklichkeit erhellt werden sollen.

KV 7

Lassen Sie die Schüler/innen zu Ihren schriftlich fixierten Hinderniserfahrungen und Veränderungswünschen diagnostische Fragen formulieren. Dies kann direkt im Anschluss an die Anlassklärung oder zeitnah danach erfolgen (KV 7). Die schriftlich festgehaltenen Hinderniserfahrungen und Veränderungswünsche sollten daher nicht entsorgt werden!

> Welche Ursache(n) – im Unterricht und außerhalb des Unterrichts – kannst du für deine Hinderniserfahrungen und Veränderungswünsche nennen?
> Schreibe deine Ursache(n) als »Kann es sein, dass ...?«-Frage« auf.

Auch hier soll möglichst genau und konkret beschrieben werden. Die Hindernisse sollen nicht in anderer Form wiederholt werden. Lautet das Hindernis etwa *»Ich werde immer abgelenkt«*, so ist die Ursachenformulierung *»Kann es sein, dass die anderen mich immer zum Lachen bringen wollen?«* zirkulär. Es geht vielmehr darum, eine Vermutung darüber zu äußern, was im Unterricht das Hindernis entstehen lässt. Helfen Sie ggf. bei Formulierungen, aber geben Sie die Formulierungen nicht vor.

KV 8+9

Sind die Fragen fertig, kann die Zuordnung zu den Diagnosebereichen erfolgen. Die Schüler/innen erhalten dazu eine Kopie der drei Diagnosebereiche aus der Perspektive der Schüler/innen, die in Kopiervorlage 8 noch einmal für den diagnostischen Einsatz aufbereitet wurden. Zu Beginn müssen Sie damit rechnen, dass Sie die Bedeutung der einzelnen Aspekte anschaulich erklären müssen. In Einzelarbeit ordnen die Schüler/innen nun ihre diagnostischen Fragen den Aspekten zu. Verwenden Sie für Ihr kollegiales Team einen Sammelbogen aus Lehrer/innenperspektive, um die Zuordnungen vorzunehmen (KV9).

KV 10+11

Anschließend werden die Zuordnungen auf zwei Sammelbögen übertragen (KV 10 und 11), wobei ein Sammelbogen die Hinderniserfahrungen, der andere die Veränderungswünsche abbildet. Eine Vergrößerung der Kopiervorlagen auf DIN-A3-Format sollte dabei genügen; alternativ kann die Kopie auch projiziert werden (OHP oder elektronische Tafel). In beiden Fällen kommen die Schüler/innen nacheinander oder in kleinen Gruppen zum Sammelbogen und markieren die entsprechende Nummer in den Tabellen – je nach Sammelbogen mit »H« oder »V«. Dafür brauchen die Schüler/innen noch einmal ihre ausgefüllten Tabellen bzw. diagnostischen Fragen (KV 7 und 8), denn auf den Sammelbögen sind nur noch die Nummern der Bedingungen angegeben. Weisen Sie nochmals darauf hin, dass das Auswahlverfahren abgeschlossen ist und nun nur noch der *Übertrag* in den Sammelbogen erfolgt. Haben alle Schüler/innen ihre Angaben gemacht, ergänzen Sie die Sammelbögen noch durch die Angaben Ihrer Teamkolleg/innen (KV 9). Dabei gibt es keine unterschiedliche Gewichtung von Lehrer- und Schülernennungen. Die Auswertung und Interpretation des Sammelbögen erfolgt im Anschluss gemeinsam (vgl. Kap. 3.1).

Betrachten Sie nun das Gesamtbild: Bei welchen Bedingungen Unterrichts lassen sich *Cluster* von Entwicklungsbedarfen und Entwicklungszielen feststellen? Diskutieren Sie mit Ihren Schüler/innen die Zuordnungen. Sind die Nennungen Ihrer gemeinsamen Ansicht nach ausreichend? Dabei eine Mindestanzahl von Nennungen anzuführen, wäre wenig sinnvoll. Ist die Streuung sehr hoch, genügen möglicherweise wenige Nennungen, um einen Bedarf auszumachen. Hier lohnt es sich dann, Prioritäten in Form einer Rangliste setzen zu lassen: Mit welchem Ziel bzw. Bedarf wollen wir uns *zuerst* beschäftigen, welcher ist der zweitwichtigste? Vor allem dann, wenn die Hypothesenüberprüfung zeigt, dass ein vermuteter Lösungsweg nicht oder wenig erfolgversprechend ist, ist eine Rangliste hilfreich. Auch wenn sich gleich mehrere Cluster identifizieren lassen, kann mit der Priorisierung per Rangfolge gearbeitet werden.

Die Konsensbildung wird letztlich vorstrukturiert und im besten Falle vereinfacht. Dennoch gilt auch hier besondere Achtsamkeit für die »impliziten« Gefahren der Konsensbildung (vgl. Kap. 1.7). Bedenken Sie auch dabei, dass Sie an dieser Stelle noch keine Unterrichtsentwicklungsmaßnahmen festlegen, sondern nur bestimmen, welche Einflussfaktoren auf Lernerfolg und Leistung für das weitere Vorgehen im Zentrum stehen sollen.

Ein letztes Wort zur Dimension der hier beschriebenen Anlassklärung bzw. Bedarfs- und Zielklärung. Wir plädieren für die gemeinsame (Weiter-)Entwicklung des Unterrichts durch Lehrer/innen und Schüler/innen. Der Einstieg in schulische Diagnostik kann aber in unterschiedlichen Größenordnungen erfolgen (vgl. dazu die *Reichweite* diagnostischer Zyklen in Kap. 5): Sie können das hier vorgestellte Verfahren auch in kleineren Gruppen oder mit einzelnen Schüler/innen durchlaufen, Sie können es auch nur im kollegialen Team ausprobieren; in allen Fällen wird bereits Mehrperspektivität hergestellt!

- »Funktionierender« Unterricht aus der Perspektive von Lehrer/innen ist kein Garant für guten Unterricht. – Betrachten Sie Ihren Unterricht einmal durch die Augen der Lernenden.
- Diagnostisches Handeln von Lehrkräften bezieht sich auf das Kerngeschäft des Unterrichtens. – Bedenken Sie, dass Sie erfolgreiches Lernen maßgeblich über Ihren Unterricht ermöglichen können.
- Es gibt viel mehr diagnostische Einstiegsmöglichkeiten als nur die »Härtefälle«. – Warten Sie nicht, bis sich Lernhindernisse angehäuft haben! Auch »kleine« Anlässe können sich lohnen.
- Der Anlass bestimmt das Team. – Suchen Sie sich Kolleg/innen, die Ihren Anlass teilen.
- Anlassklärung braucht die Zeit, die sie braucht. – Geben Sie Ihren Schüler/innen Zeit, um ihre Hinderniserfahrungen und Veränderungswünsche zu formulieren.
- Es gibt klar beschreibbare Einflussfaktoren auf Lernerfolg. – Geben Sie sich, Ihrem Team und Ihren Schüler/innen ausreichend Gelegenheit dazu, diese Faktoren – mit Hilfe von diagnostischen Fragen – kennen und verstehen zu lernen.

3 Daten gewinnen – Ist-Stände untersuchen

In diesem Kapitel zeigen wir Ihnen, wie Sie Hypothesen formulieren können, auf deren Basis Sie dann Daten erheben, auswerten und interpretieren. Wir stellen Ihnen dazu verschiedene Methoden und entsprechende Diagnoseinstrumente vor.

Wir werden Ihnen außerdem zeigen, wie Sie auf der Grundlage von Hinderniserfahrungen und Veränderungswünschen Entwicklungsbedarfe und Entwicklungsziele in Hypothesen formuliert können.

3.1 Hypothesen formulieren

Kehren wir zu unserem Beispiel der drei Schüler zurück (vgl. Abb. 6): Sie haben ausgehend von der Besprechung dieser Lernsituation die folgenden diagnostischen Fragen formuliert, bei denen Sie die Übersicht über die Diagnosebereiche genutzt haben (vgl. MSW NRW/Bertelsmann Stiftung 2015):

Kann es sein, dass sich die Schüler/innen zu wenig gegenseitig erklären?
(aus Ihrer Perspektive als Lehrer/in)

Kann es sein, dass wir zu wenig üben im Unterricht?
(aus der Perspektive der Schüler/innen)

In den Abbildungen 17 und 18 wird sichtbar gemacht, welchen Bedingungen des Unterrichts aus Schüler- bzw. Lehrersicht mit den eigenen Hinderniserfahrungen bzw. Veränderungs-

Diagnosebereich: Was im Unterricht passiert

Beschreibung (Auswahl)	Aspekt	Einflussfaktor/ beeinfl. Größe
Sind Erklärungen, Aufgaben und Anweisungen der Lehrkraft für mich klar und verständlich?	Klarheit, Verständlichkeit	Qualität des Unterrichts
Sind Methoden und Medien im Unterricht für mich passend und vielfältig? Ist mir klar, warum sie eingesetzt werden?	Unterschiedliche Methoden und Medien	
Ermöglichen mir Sitz- und Tischordnung konzentriertes und effektives Arbeiten? Gibt es einen Wechsel von Einzel-, Partner- und Gruppen-/Teamarbeit?	Unterschiedliche Sozialformen	
Ist die Beziehung zur Lehrkraft und anderen Schüler/innen so gut, dass für mich eine angenehme und anregende Lernatmosphäre entsteht?	Unterrichtsklima	
Sind für mich Phasen und Schritte im Unterricht klar erkennbar?	Strukturiertheit	
Sind mir Lernziele, Leistungs- und Kompetenzerwartungen bekannt? Werden unterschiedliche Formen der Überprüfung meiner Leistungen eingesetzt?	Ziel- und Kompetenzorientierung	
Gibt es für mich vielfältige Unterstützung im Lernprozess?	Unterstützung	
Gibt es für mich regelmäßiges Feedback zu meinem Kompetenz- und Lern-/Leistungsstand sowie zum Unterrichtsprozess?	Feedback	
Gibt es feste Regeln und Rituale, die konsequent eingefordert werden?	Klassenführung	
Kann ich mir meine eigenen Lernzugänge schaffen? Wird selbständiges Lernen ermöglicht?	Aktivierung, Motivierung	
Werden meine Lernvoraussetzungen und -strategien im Unterricht berücksichtigt, genutzt und entwickelt?	Individualisierung	
Werden meine sprachlichen Kompetenzen fachspezifisch und -übergreifend gefördert?	Sprachbildung und -sensibilisierung	

(in Anlehnung an: Hesse/Latzko 2011, S. 168ff., Reich 2014, S. 347)

Abb. 17: Ausgewählter Aspekt aus dem Diagnosebereich »Unterrichtsqualität« (Schüler/innenperspektive) (MSW NRW/Bertelsmann Stiftung 2015)

Diagnosebereich: Unterrichtsqualität (UQ)

Beschreibung (Auswahl)	Aspekt	Einflussfaktor/ beeinflusste Größe
Sind Erklärungen, Aufgaben und Anweisungen der Lehrkraft klar und verständlich?	**Klarheit, Verständlichkeit**	**Qualität des Unterrichts**
Sind Methoden und Medien angemessen und vielfältig? Ist klar, warum sie eingesetzt werden?	**Unterschiedliche Methoden und Medien**	
Ermöglichen Sitz- und Tischordnung konzentriertes und effektives Arbeiten? Gibt es einen Wechsel von Einzel-, Partner- und Gruppen-/Teamarbeit?	**Unterschiedliche Sozialformen**	
Ermöglichen gute Beziehungen zwischen Schüler/innen und Lehrkraft bzw. der Schüler/innen untereinander eine angenehme und anregende Lernatmosphäre?	**Unterrichtsklima**	
Sind Phasen und Schritte im Unterricht klar erkennbar?	**Strukturiertheit**	
Sind Lernziele, Leistungs- und Kompetenzerwartungen bekannt? Werden unterschiedliche Formen der Überprüfung eingesetzt?	**Ziel- und Kompetenzorientierung**	
Gibt es vielfältige Unterstützung im Lernprozess?	**Unterstützung**	
Gibt es regelmäßiges Feedback zum individuellen Kompetenz- und Lern-/Leistungsstand sowie zum Unterrichtsprozess?	**Feedback**	
Gibt es feste Regeln und Rituale, die konsequent eingefordert werden?	**Klassenführung**	
Gibt es individuelle Zugänge? Wird selbständiges Lernen ermöglicht?	**Aktivierung, Motivierung**	
Werden individuelle Lernvoraussetzungen und -strategien im Unterricht berücksichtigt, genutzt und entwickelt?	**Individualisierung**	
Werden sprachliche Kompetenzen fachspezifisch und -übergreifend gefördert?	**Sprachbildung und -sensibilisierung**	

(in Anlehnung an: Hesse/Latzko 2011, S. 168ff., Reich 2014, S. 347)

Abb. 18: Ausgewählter Aspekt aus dem Diagnosebereich »Unterrichtsqualität« (Lehrer/innenperspektive) (MSW NRW/Bertelsmann Stiftung 2015)

wünschen zusammenhängen. In Abbildung 17 liegt der Fokus auf *Strukturiertheit*, da für die Schüler/innen Phasen des Übens nicht deutlich erkennbar sind. Damit wird ein *Veränderungswunsch* eingegrenzt (Denkbar wäre in diesem Falle auch die Nennung von *Unterstützung* als Bedingung, wenn der Fokus der Schüler/innen eher auf dem Unterstützungsaspekt des Übens liegen würde!). Abbildung 18 stellt den Aspekt der *Aktivierung* bzw. *Motivierung* ins Zentrum, da es aus der Perspektive der Lehrkraft es an Motivation aufseiten der Schüler/innen mangelt, sich gegenseitig etwas zu erklären. Hier wird eine *Hinderniserfahrung* eingegrenzt.

Diagnostische Fragen gewinnen Sie aus den Veränderungswünschen, die Sie und Ihre Schüler/innen formuliert haben (KV 11). Die artikulierten Veränderungswünsche stellen *Entwicklungsbedarfe* dar. Die möglichst genaue Formulierung von Entwicklungsbedarfen ist notwendige Voraussetzung dafür, dass Sie sich – davon ausgehend – gemeinsam *Entwicklungsziele* setzen können.

Hinderniserfahrungen, die Sie und Ihre Schüler/innen formuliert haben, weisen auf *Entwicklungsziele* hin. Entscheidend für erfolgreiches Lernen ist, *negative* Hinderniserfahrungen in *positive* Entwicklungsziele zu verwandeln. Nur so können Sie Ihre Schüler/innen für eine gemeinsame Weiterentwicklung Ihres Unterrichts gewinnen!

Wenn Sie in Unterrichtsentwicklungsvorhaben Entwicklungsbedarfe erfüllen, ermöglichen Sie damit die Verwirklichung von Entwicklungszielen, die davon abhängig sind. Nur so lassen sich Chancen erfolgreichen Lernens eröffnen.

Mit Entwicklungsbedarfen und Entwicklungszielen wählen Sie allerdings nur bestimmte Aspekte aus: Auch wenn Sie um die Vielzahl der Einflussfaktoren erfolgreichen Lernens wissen – in einzelnen Unterrichtsentwicklungsvorhaben lassen sich immer nur einzelne Faktoren in den Blick nehmen. Nur so schützen Sie sich und Ihre Schüler/innen vor Misserfolgen und unrealistischen Erwartungen! Sowohl Entwicklungsbedarfe als auch Entwicklungsziele lassen sich – wie bereits gezeigt – Diagnosebereichen zuordnen und sind immer bezogen auf Lernleistung und Lernerfolg bzw. »Ergebnisse[n] persönlicher Exzellenz« (Reich 2014, S. 81): *»Ich befürchte, die Schüler werden die Leistungsziele des Halbjahres nicht erreichen.«*, *»Ich befürchte, meine Leistung in der nächsten Arbeit wird schwach sein.«*

Mehrere Schüler/innen haben als Hinderniserfahrung angegeben, dass sie sich *blockiert* gefühlt haben in der in Abschnitt 2.3 dargestellten Situation und sich nicht richtig konzentrieren konnten. Hierin liegt das Entwicklungsziel verborgen. Sie können ausgehend von der formulierten diagnostischen Frage die Ursache für die Hinderniserfahrung vermuten:

Weil wir so wenig geübt haben, fühle ich mich nun so kurz vor der Klassenarbeit blockiert.

Als Lehrer/in können Sie ausgehend von Ihrer Frage die Ursache vermuten:

Weil sich die Schüler/innen so wenig gegenseitig erklären (und *ich* das deshalb übernehmen muss), komme ich mit meinem Stoff nicht weiter.

Ein solcher Blick auf Ursachen mag für den Augenblick hilfreich sein, doch wenden Sie sich damit in die Vergangenheit und nicht in die Zukunft. Halten Sie sich aber nicht lange mit der Ursachenforschung auf, sondern versuchen Sie, Lösungen für die Zukunft finden, um Lernchancen zu eröffnen. Der »Blick zurück« dient allein dazu, um in Hinderniserfahrungen Ansatzpunkte für erfolgreiches Lernen in der Zukunft entdecken zu können. Für eine umfassende Klärung der Ursachen fehlen Ihnen im Alltag die Ressourcen.

Deshalb ist es wichtig, Vermutungen über mögliche Ursachen, die zugleich Lösungswege anzeigen, in Form von *Hypothesen* zu formulieren. Eine Hypothese zeigt an, wie sich Hindernisse aus dem Weg schaffen und vermeiden lassen, das heißt, wie sich Entwicklungsbedarfe erfüllen und damit Entwicklungsziele verwirklichen lassen.

Hypothesen tauchen im Schulalltag häufiger auf, als Sie denken. Lehrer/innen verwenden sie bspw., um mutmaßliche Ursachen für das Verhalten von Schüler/innen oder Lerngruppen zu benennen bzw. um ein bestimmtes Verhalten zu prognostizieren. Folgende, oder ähnliche sogenannte Alltagshypothesen – als Ausdruck impliziter Diagnostik – werden unter Kollegen/innen geäußert: »*Wenn B. nicht so faul wäre, könnte er in Deutsch problemlos die Note 3 erreichen.*«; »*Je klarer ich meine Arbeitsaufträge in der 6c gebe, desto konzentrierter arbeiten die Schüler/innen.*«

Sie finden sich aber auch in Gesprächen mit Schüler/innen oder Erziehungsberechtigten: »*Wenn du dich aktiver am Unterricht beteiligen würdest, wären auch deine schriftlichen Leistungen besser.*«; »*Je mehr Aufmerksamkeit ich G. schenke, desto weniger wird sie aus eigenem Antrieb arbeiten.*«

Dabei werden sie allerdings in der Regel nicht wie Ursachen*vermutungen,* sondern wie faktische Erklärungen von Ursache-Wirkung-Beziehungen gehandhabt. Ob die Hypothesen tatsächlich zutreffen – also ob z. B. die schwachen Deutschleistungen des Schülers tatsächlich mit mangelndem Arbeitseifer zusammenhängen, ob die Konzentration der Lerngruppe durch die Klarheit der Arbeitsaufträge gesteigert wird etc. – soll zumeist gar nicht explizit überprüft werden. Es geht vielmehr um eine Einordnung in einen funktionalen Zusammenhang: Mein Unterricht funktioniert meiner Ansicht nach gut, daher kann ich die schwachen Leistungen des Schülers nur durch mangelnden Fleiß erklären; die Lerngruppe verhält sich konzentriert (keine Störungen, Blicke ruhen auf dem Buch etc.), meine Arbeitsaufträge sind augenscheinlich allen klar. Was *für mich* »faul« und »konzentriert« im beobachtbaren Verhalten von Schüler/innen ausmacht, wird durch meine Merkmalslinsen bzw. das automatische Urteil von System 1 bestimmt.

Es soll hier nicht behauptet werden, dass Alltagshypothesen grundsätzlich falsch sind. Sie basieren auf Alltagserfahrung und können durchaus positiven Einfluss auf den Lernerfolg von Schüler/innen haben, und sei es nur, weil der/die angesprochene Schüler/in sich wahrgenommen, ernst genommen und unterstützt fühlt oder weil Eltern sich nach einem Beratungsgespräch intensiver für den schulischen Erfolg ihres Kindes einsetzen. Dann ist ein solches Vorgehen Ausdruck der oben genannten »pädagogisch günstigen Voreingenommenheit« (vgl. Abschnitt 1.4).

Da eine gewissenhafte Überprüfung der Hypothese aber in der Regel ausbleibt, besteht sie als monokausale Erklärung weiter, ebenso wie die damit verbundenen Urteile weiter bestehen bleiben: Der »faule« Schüler, dessen Deutschleistungen sich nicht verbessern, hat die schlechte Zeugnisnote mangelndem Fleiß zu verdanken – auch wenn er sich in Wirklichkeit ganz anderen Hindernissen als fehlender Motivation und Volition ausgesetzt sah.

Erschwerend kommt die begriffliche Unschärfe von Alltagshypothesen hinzu: Bspw. wird das Merkmal »Faulheit« für Schüler/innen zwar oftmals verwendet, ist aber sowohl eine sehr stark abwertende als auch sehr ungenaue Beschreibung von Verhalten. Pädagogisch tragfähiger, aber ebenso unscharf sind oftmals Beschreibungen sogenannten »konzentrierten« Verhaltens. Konzentration als Handlungen absichtsvoll zu steuern und ihre Ausführung zu kontrollieren (vgl. Westhoff/Hagemeister 2014) ist im Unterricht von außen nicht zweifelsfrei wahrnehmbar – so kann u. U. auch intensives Tagträumen als konzentriertes Arbeiten interpretiert werden. Diese Unsicherheit in der Bestimmung zieht eine freizügige Handhabung nach sich: Schüler/innen arbeiten nach Ansicht von Lehrer/innen konzentriert, wenn sie bspw. schweigend über einer Aufgabe sitzen, begeistert an einer Aufgabe arbeiten, eine Aufgabe zu Ende bringen oder eine Aufgabe richtig lösen.

Auch dies macht deutlich, warum Heterogenität in der Schule nicht erst im Klassenzimmer, sondern bereits im Lehrerzimmer beginnt – wenn Lehrkräfte bspw. darüber reden, wie (un)konzentriert ihre Schüler/innen arbeiten. Aber nicht das Reden *über* Unterricht, sondern erst die Reflexion gemeinsam geplanten (und erlebten) Unterrichts kann gemeinsame handlungsleitende Werte und Ziele schaffen.

Der entscheidende Nachteil von Alltagshypothesen besteht allerdings in ihrer Funktion, Unterricht *nicht* zu verändern. Wenn Lehrer/innen Entwicklungsbedarfe und Entwicklungsziele für Schüler/innen präjudizieren, schließen sie eine gemeinsame Suche nach Lösungsansätzen nicht nur von vornherein aus, sondern bestätigen auch den Status quo des eigenen Unterrichts.

Es ist daher umso wichtiger, genau zu klären, was Alltagshypothesen von expliziten Hypothesen unterscheidet:

Was ist eine Hypothese?

Eine Hypothese ist eine Ursachenvermutung. Sie zeigt aber gleichzeitig an, wie sich Hindernisse aus dem Weg schaffen und vermeiden lassen, das heißt, wie sich Entwicklungsbedarfe erfüllen und damit Entwicklungsziele verwirklichen lassen. In Hypothesen werden Zusammenhänge oder Unterschiede zwischen Entwicklungsbedarfen und Entwicklungszielen formuliert. Hypothesen werden mittels der Datenerhebung überprüft.

Wie formuliere ich gute Hypothesen?

1. Hypothesen werden positiv formuliert – vermeiden Sie Negativausdrücke wie *kein* oder *nicht*!
2. Hypothesen sollten in einer klaren Sprache und so genau formuliert sein, dass sowohl für Sie als auch für die Schüler/innen erkennbar ist, worum es geht. Sonst können Sie die Hypothese auch nicht überprüfen!
3. Hypothesen enthalten im ersten Teil einen Entwicklungsbedarf und im zweiten Teil ein Entwicklungsziel.
4. Hypothesen sollten allgemein formuliert sein, weil sie sich immer auf allgemeine Überzeugungen und Annahmen beziehen, die sich im schulischen Alltag für Sie und Ihre Schüler/innen als hilfreiche Erklärungen erwiesen haben.
5. Mit Hypothesen untersuchen wir Zusammenhänge oder Unterschiede, je nach Ausrichtung des Unterrichtsentwicklungsvorhabens. Dafür eignen sich Formulierungen wie »*Wenn ..., dann ...*« oder »*Je ..., desto ...*«.

(vgl. MSW NRW/Bertelsmann Stiftung 2015)

Wenn solche Hypothesen dazu dienen sollen, Lernchancen zu eröffnen, sollten sie also immer positiv formuliert werden. Eine Formulierung wie bspw. »Wenn Schüler/innen nicht miteinander sprechen« nennt nicht den positiven Bedarf, nämlich dass es darum geht, sich gegenseitig etwas erklären zu können. Dieses Beispiel zeigt auch, wie wichtig es ist, sprachlich sehr genau zu sein: »miteinander sprechen« kann Vieles bedeuten. Der Bedarf in diesem Fall ist aber, dass sich Schüler/innen etwas erklären können. Und das muss so auch in der Hypothese formuliert werden.

Helfen Sie nicht nur Ihren Schüler/innen dabei, sprachlich genau zu sein – versuchen auch Sie selbst, eine passende Formulierung zu wählen. Denn auch als Lehrer/innen neigen wir im schulischen Alltag dazu, ungenaue Aussagen zu treffen wie »der stört« oder »die kommt nicht auf den Punkt«.

Wichtig ist des Weiteren, dass Hypothesen möglichst allgemein formuliert sind. Dies kann entweder bedeuten, Zusammenhänge oder Unterschiede unabhängig von einzelnen Schüler/innen bzw. Lehrer/innen n zu formulieren; oder aber in Bezug auf einzelne Personen Hypothesen so zu formulieren, dass sie nicht bloß auf eine einzige Lernsituation zutreffen.

Wenden wir diese Empfehlungen auf unser Beispiel an, so könnten Sie als Lehrer/in folgende Hypothese formulieren:

Wenn sich die Schüler/innen gegenseitig etwas erklären, dann stärkt dies die Sicherheit in der Beherrschung des Unterrichtsstoffs.

Die Schüler könnten folgende Hypothese aufstellen:

Wenn wir regelmäßig üben, dann arbeiten wir auch vor Klassenarbeiten konzentriert am Unterrichtsstoff weiter.

In beiden Hypothesen wird im ersten Teil der Entwicklungsbedarf genannt. In beiden Fällen gehen wir allgemein davon aus, dass dies unabhängig von bestimmten Lerngruppen und Fächern zutreffend ist. Es geht dabei allein darum, ob sich dies ausgehend von unseren Überzeugungen und Annahmen als Lehrer/innen und Schüler/innen als beste Erklärung anbietet.[1]

KV 12

Die Kopierlage 12 greift die Hinderniserfahrungen und Veränderungswünsche auf, die bereits in der Anlassklärung gesammelt wurden, und überführt sie in die Formulierung von Fragen und Hypothesen. Bearbeiten Sie diese Kopiervorlage gemeinsam mit Ihren Schüler/innen. Lassen Sie sie zunächst *eigene* Hypothesen formulieren und einigen Sie sich auf die Hypothesen, die Sie gemeinsam überprüfen wollen. Dies können ggf. auf mehrere sein, die nacheinander geprüft werden.

Der in der Hypothese genannte Entwicklungsbedarf kann nun – wie bereits bei der Formulierung der diagnostischen Frage geschehen – dem Faktor »Unterrichtsqualität« und den Aspekten »Aktivierung« (selbstständiges Lernen in Form von gegenseitigen Erklären) sowie »Strukturiertheit« (es wird erkennbar regelmäßig geübt) zugeordnet werden.

Als zusammenhängend mit diesen Entwicklungsbedarfen werden in den beiden Hypothesen die Entwicklungsziele »Sicherheit in der Beherrschung des Unterrichtsstoffs« und »konzentriertes Arbeiten am Unterrichtstoff« genannt. Diese lassen sich nun dem Faktor »individuelle Lernvoraussetzungen« und den Aspekten »Volition« (Vertrauen in die eigene Beherrschung des Unterrichtsstoffs) sowie »Lernstrategien: Ressourcenstrategien« (in Arbeitsphasen konzentriert arbeiten) zuordnen (vgl. Hesse/Latzko 2011, S. 121 ff.). Auch bei dieser Zuordnung gilt, wie bereits im letzten Kapitel erläutert: Es gibt keine richtige oder falsche Zuordnung, sondern nur eine jeweils den eigenen Bedarfen am besten entsprechende. Es ist bspw. ebenso vorstellbar, dass die Beschreibung lautet »in Arbeitsphasen motiviert

1 Ob sich dies auch in der empirischen Unterrichtsforschung bestätigen lässt, ist eine Frage, die sich nicht in unserem Unterrichtsalltag stellt, weil wir für eine explizit wissenschaftliche Überprüfung weder über die zeitlichen noch die personellen Ressourcen verfügen – und dies ebenfalls im Normalfall nicht Teil unserer Profession ist. Bei Bedarf und Interesse können Forschungsergebnisse, wie z. B. die vieldiskutierte Studie von John Hattie (vgl. Hattie 2014a), in Teambesprechungen hinzugezogen werden, um Anlässe zu klären, Fragen und Hypothesen zu formulieren.

arbeiten« und die Zuordnung also zu dem Aspekt »Motivation« erfolgt. Sie nehmen eine Zuordnung gemeinsam mit Ihren Kolleg/innen und Schüler/innen nicht als Wissenschaftler/innen vor, sondern als Expert/innen für Lehren und Lernen – nur diesem Anspruch sollte eine Zuordnung genügen und entsprechend gerechtfertigt sein.

Hypothesen wie die oben formulierten nennen wir *Zusammenhangshypothesen* (vgl. Abb. 19): Wir wollen untersuchen, ob ein Zusammenhang zwischen einem bestimmten Entwicklungsbedarf und einem davon abhängigen Entwicklungsziel besteht. Können wir unsere Hypothese bestätigen, dann ist die Verwirklichung eines bestimmten Entwicklungsziels abhängig von der Erfüllung eines bestimmten Entwicklungsbedarfs.

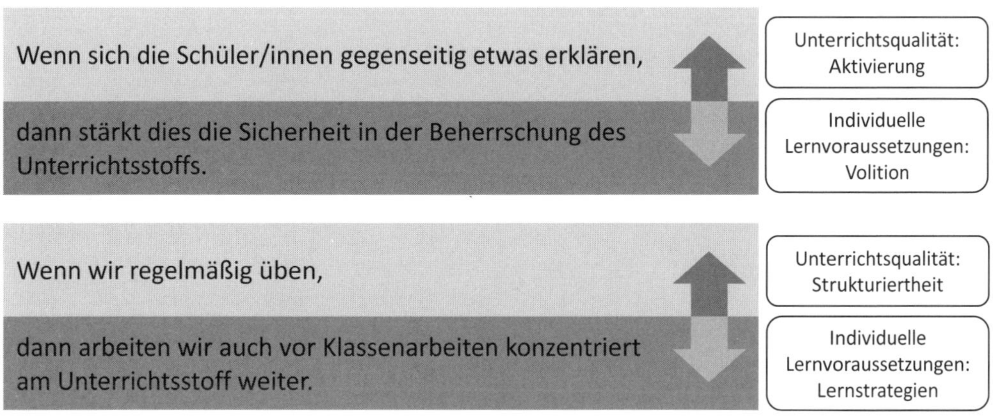

Abb. 19: Beispiele für Zusammenhangshypothesen

Wir behaupten dann keine eindeutige Abhängigkeit: denn natürlich können auch hier weitere Entwicklungsbedarfe relevant sein, die wir nicht in den Blick genommen haben. So könnte es bspw. sein, dass der Grad der Konzentration auch davon abhängig ist, ob das jeweils eigene Vorwissen oder ob Begabungen und Kompetenzen berücksichtigt werden. Diese Aspekte wurden aber nicht benannt bei der Artikulation der Hinderniserfahrungen. Dies zeigt noch einmal deutlich: In der Schule testen wir nicht als Wissenschaftler statistische Hypothesen, sondern wollen als Teilhaber von Lernprozessen untersuchen, wie wir erfolgreiches Lernen ermöglichen können. Dabei gehen wir immer von denjenigen Erfahrungen aus, die in bestimmten Situationen tatsächlich als Hindernisse erlebt werden.

Werden davon ausgehend im weiteren Verlauf Maßnahmen im Rahmen von Unterrichtsentwicklungsvorhaben geplant (vgl. Kap. 4), so haben wir schon jetzt einen Schwerpunkt gelegt: Wir gehen davon aus, dass bestimmte Formen der Aktivierung bzw. bestimmte Strukturierungen im Unterricht in Zusammenhang mit bestimmten individuellen Lernvoraussetzungen stehen, nämlich Volition und Lernstrategien. Wir berücksichtigen also nur eine einzige Art von Aktivierung und Strukturierung, ohne sie mit anderen vergleichen zu wollen.

Wir könnten die genannten Hypothesen aber auch so formulieren, dass *Unterschiede* in den Vordergrund rücken:

Wenn sich die Schüler/innen gegenseitig etwas erklären, dann stärkt dies die Sicherheit in der Beherrschung des Unterrichtsstoffs, im Unterschied dazu, wenn sich die Schüler/innen nicht gegenseitig etwas erklären.

Wenn wir regelmäßig üben, dann arbeiten wir auch vor Klassenarbeiten konzentriert am Unterrichtsstoff weiter, im Unterschied dazu, wenn wir nicht regelmäßig üben.

Die *Verwirklichung* der Entwicklungsziele – »Sicherheit in der Beherrschung des Unterrichtsstoffs« und »konzentriertes Arbeiten am Unterrichtstoff« – soll also abhängig sein von der *Erfüllung* der Entwicklungsbedarfe – »sich gegenseitig etwas Erklären« und »regelmäßiges Üben« – im Unterschied zur fehlenden Erfüllung dieser Bedarfe.

Wir haben diese Entwicklungsbedarfe bereits dem Faktor »Unterrichtsqualität« und den Aspekten »Aktivierung« (selbstständiges Lernen in Form von gegenseitigem Erklären) sowie »Strukturiertheit« (es wird erkennbar regelmäßig geübt) zugeordnet. Auch die Entwicklungsziele haben wir schon dem Faktor »individuelle Lernvoraussetzungen« und den Aspekten »Volition« (Vertrauen in eigene Beherrschung des Unterrichtsstoffs) sowie »Lernstrategien: Ressourcenstrategien« (in Arbeitsphasen konzentriert arbeiten) zugeordnet.

Solche Hypothesen nennen wir *Unterschiedshypothesen*: Wir gehen davon aus, dass sich Unterschiede in der Erfüllung der Entwicklungsbedarfe auswirken auf die davon abhängige Verwirklichung der Entwicklungsziele.

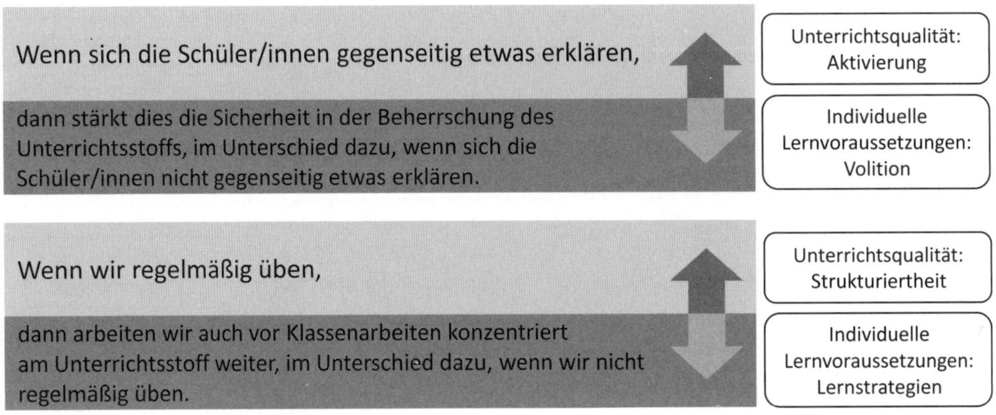

Abb. 20: Beispiele für Unterschiedshypothesen

Werden davon ausgehend Maßnahmen im Rahmen von Unterrichtsentwicklungsvorhaben geplant (vgl. Kap. 4), so haben wir schon jetzt einen *anderen* Schwerpunkt als bei einer Zusammenhangshypothese gelegt: Wir gehen jetzt nämlich davon aus, dass unterschiedliche Formen der Strukturierung bzw. der Aktivierung im Unterricht unterschiedlich stark bestimmte individuelle Lernvoraussetzungen beeinflussen. Wir möchten jetzt also verschiedene Merkmale des Unterrichts in ihrem Einfluss auf individuelle Lernvoraussetzungen prüfen. Auch hier wissen wir, dass möglicherweise noch die Erfüllung anderer Entwicklungsbedarfe relevant sein könnte, dies aber in diesem Fall nicht untersucht wird.

Unterschiedshypothesen formulieren wir immer dann, wenn wir nicht sicher sind, ob und wie ein bestimmter Bedarf erfüllt werden sollte. Dies kann bspw. der Fall sein, wenn wir den Unterricht in verschiedenen Klassen vergleichen. Nehmen wir also an, dass Sie in Ihrem Unterricht tatsächlich regelmäßig üben, ein anderer Kollege aber nicht (oder deutlich weniger). Hat dies erkennbare Auswirkungen auf das konzentrierte Arbeiten der Schülerinnen und Schüler? Es kann auch sein, dass Sie sich noch unsicher sind, wie ein bestimmter Bedarf erfüllt werden kann. So gibt es sehr unterschiedliche (methodische) Möglichkeiten, dass sich Schüler/innen gegenseitig etwas erklären. Sie möchten nun verschiedene Methoden miteinander vergleichen und formulieren eine entsprechende Unterschiedshypothese (vgl. unten).

Die beispielhaften Hypothesen zeigen, dass sich Zusammenhänge und Unterschiede meist in die folgende Richtung untersuchen lassen: Lernkontexte beeinflussen (Lernerfolg über) Unterrichtsqualität; Unterrichtsqualität beeinflusst (Lernerfolg über) individuelle Lernvoraussetzungen; individuelle Lernvoraussetzungen beeinflussen den Lernerfolg und die Lernleistung (Abb. 21).

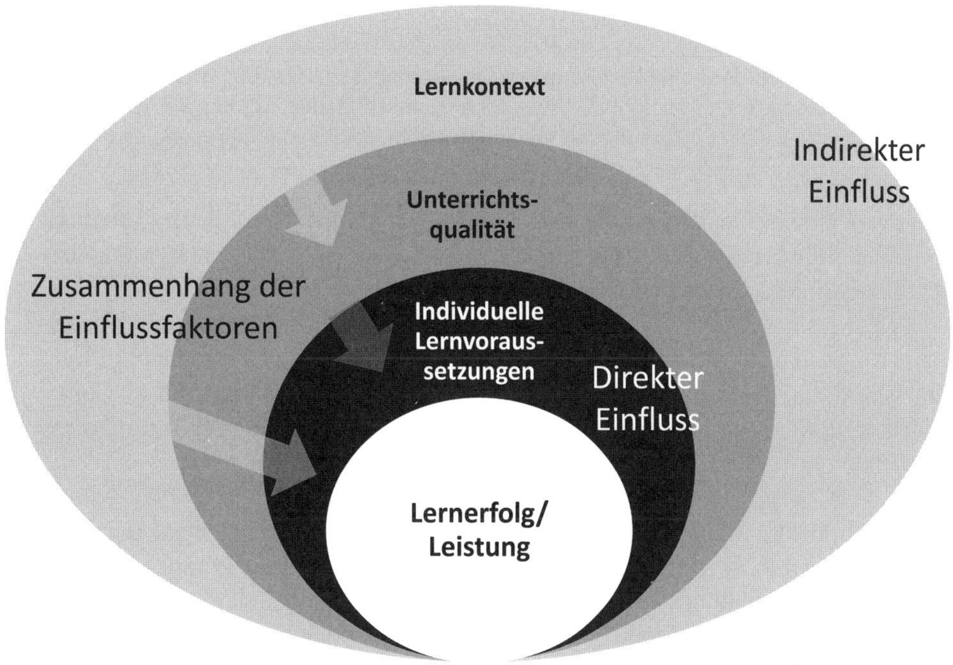

Abb. 21: Einflussfaktoren auf Lernerfolg und Leistung (MSW NRW/Bertelsmann Stiftung 2015)

Meistens formulieren wir Hypothesen, die den Einfluss der Unterrichtsqualität auf individuelle Lernvoraussetzungen und damit auf Lernerfolg und Lernleistung untersuchen.

Wenn Hinderniserfahrungen direkt auf Lernerfolge bzw. Lernleistungen bezogen sind, können Sie auch entsprechend direkte Hypothesen formulieren, also z. B.:

Wenn sich die Schüler/innen gegenseitig etwas erklären, dann verbessern sich dadurch die Noten in den Klassenarbeiten.

Wenn wir regelmäßig üben, dann erzielen wir bessere Noten in den Klassenarbeiten.

Wenden wir uns nun der Frage zu, mit der wir die Überprüfung von Hypothesen im folgenden Abschnitt vorbereiten: Sind die oben genannten, gemeinsam schriftlich festgehaltenen Hypothesen (KV 12) in den gewählten Formulierungen überprüfbar?

Schauen wir uns dazu noch einmal die Formulierung der Entwicklungsbedarfe und Entwicklungsziele an. Sie wissen aus Ihrer Unterrichtspraxis, dass es eine Vielzahl von Methoden des sich gegenseitigen Erklärens gibt. Es wäre also sinnvoll, hier *genauer* festzuhalten, von welchen Methoden Sie annehmen, dass diese in Zusammenhang mit der »Sicherheit in der Beherrschung des Unterrichtsstoffs« stehen.

Gleiches gilt für das »regelmäßige Üben« – auch hier kennen Sie und Ihre Schüler/innen Methoden, von denen Sie gemeinsam annehmen, dass sie zu einem »konzentrierten Arbeiten am Unterrichtstoff« führen. Es könnte nun sein, dass Sie sich gemeinsam darauf einigenden Entwicklungsbedarf möglichst präzise zu benennen und bspw. die Methode des Peer-Tutorings in den Fokus zu nehmen. Bei dieser Methode arbeiten Schüler/innen jeweils zu zweit wechselseitig in der Rolle des Lehrenden und des Lernenden (vgl. z. B. Büttner et al. 2012). Die Methode könnte entweder von einzelnen Schüler/innen ins Spiel gebracht werden, weil sie diese Methode schon kennen gelernt haben. Oder Sie stellen gemeinsam fest, dass sich ein bestimmter Bedarf – sich gegenseitig etwas erklären – am besten mit dieser Methode erfüllen lässt.

Entwicklungsbedarfe stärkenorientiert konkretisieren

Beziehen Sie sich bei der Konkretisierung von Entwicklungsbedarfen möglichst auf gelungene Erfahrungen, die Sie oder Ihre Schüler/innen schon gemacht haben. Stärken Sie dabei das Vertrauen der Schüler/innen in ihre eigenen Einschätzungen, positiven Erfahrungen und Gefühle.

Falls Sie eine Unterschiedshypothese formuliert haben, können Sie auch diese Methode mit anderen, ggf. nur bei wenigen Schüler/innen oder Kolleg/innen bekannten Methoden vergleichen, z. B. mit der Team-Methode des Modells DREI.

Wenn wir jeweils zu dritt mit Hilfe der Methode des Modells DREI regelmäßig üben, dann stärkt dies die Sicherheit in der Beherrschung des Unterrichtsstoffs, im Unterschied dazu, wenn wir jeweils zu zweit mit Hilfe der Methode des Peer-Tutorings regelmäßig üben.

Bei der Methode des Modells DREI erledigen jeweils drei Schüler/innen aus unterschiedlichen Perspektiven unterschiedliche Aufgaben zu einem gemeinsam formulierten Ziel. Der Dialog ist in dieser Methode immer ein Trialog, in dem eine Schülerin/ein Schüler etwas präsentiert – z. B. die Darstellung von bestimmten Lerninhalten –, eine andere Schülerin/ein anderer Schüler darauf reagiert und das Gesagte in eigenen Worten zusammenfasst – also z. B. die dargestellten Lerninhalte – und eine dritte Schülerin/ein dritter Schüler vermittelnd und reflektierend dazu Stellung nimmt – also z. B. beurteilt, welche Lerninhalte genannt wurden bzw. welche nicht, oder wie gut bestimmte Lerninhalte beschrieben wurden (vgl. Meyer/Oleśniewicz 2015b):

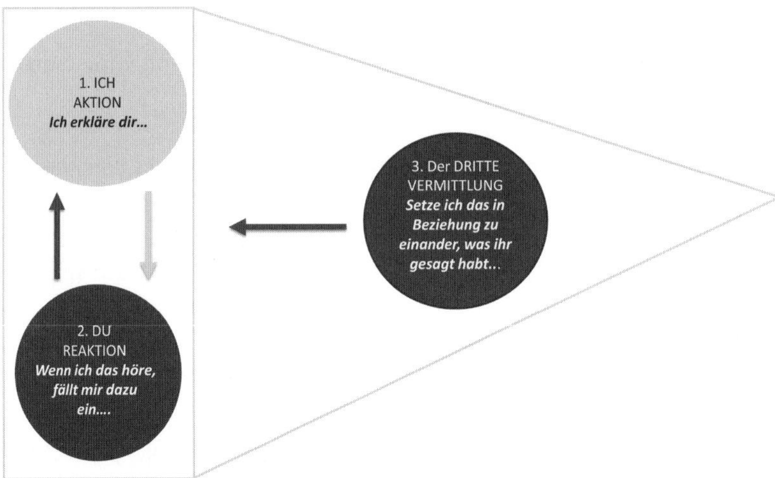

Abb. 22: Zu dritt üben nach Modell DREI (vgl. MSW NRW/Bertelsmann Stiftung 2015 auf der Grundlage von Meyer/Oleśniewicz 2015a)

Abb. 23: Zu dritt Üben nach Modell DREI (Illustration: Caroline Jansen)

Wie können Sie nun weiterhin die Erfüllung der beiden Entwicklungsziele »Sicherheit in der Beherrschung des Unterrichtsstoffs« und »konzentriertes Arbeiten am Unterrichtstoff« überprüfen? Die beiden ausgewählten Aspekte – Volition und Lernstrategien – deuten schon darauf hin, dass das Erreichen dieser Entwicklungsziele *direkt* nur in Form von Selbsteinschätzungen erkennbar ist und *indirekt* in sich daraus ergebenen Lernleistungen. In Bezug auf das Ziel »konzentriertes Arbeiten am Unterrichtstoff« ist zu beachten, dass es ausgehend von der Hinderniserfahrung der Schüler/innen formuliert wurde. Deshalb wäre die Formulierung »*Ich sehe die Schüler/innen in ihren Heften die Aufgaben bearbeiten*« auch keine passende Präzisierung: Sie kann weder Ihnen noch Ihren Schüler/innen Auskunft darüber geben, ob diese selbst der Ressourcenstrategie folgen, konzentriert zu arbeiten (vgl. oben). Hilfreich kann hier zu einer möglichen genaueren Formulierung einzig und allein sein, die Schüler/innen dazu zu befragen – etwa in der Form: Beschreibe, was es heißt, konzentriert zu sein!

Vielleicht gelingt es Ihnen also in einem Gespräch, beide Entwicklungsziele genauer zu formulieren. So könnte das erste Ziel genauer formuliert werden als »*Vertrauen die Schüler/innen ihrer Fähigkeit, Lerninhalte beschreiben und erklären zu können*«.

Formulieren wir also die Hypothesen präziser:

Wenn die Schüler/innen Methoden des Peer-Tutorings beherrschen, dann vertrauen sie ihrer Fähigkeit, Lerninhalte beschreiben und erklären zu können.

Möglicherweise stellen Sie nun fest, dass sich eine sogenannte gerichtete Hypothese in einer »Je-desto«-Formulierung besser eignet, um den Zusammenhang von Entwicklungsbedarf und Entwicklungsziel zu untersuchen (vgl. Bortz/Döring 2006, S. 8):

Je besser die Schüler/innen Methoden des Peer-Tutorings beherrschen, desto mehr vertrauen sie ihrer Fähigkeit, Lerninhalte beschreiben und erklären zu können.

Auch die andere Hypothese könnte präziser gefasst werden, ausgehend von Beschreibungen der Schüler/innen, die etwa lauten könnten: »Wenn ich konzentriert arbeite, dann bin ich ganz aufmerksam bei Aufgaben dabei.«

Wenn wir mit Hilfe der Methoden des Peer-Tutorings regelmäßig üben, dann bearbeiten wir auch vor Klassenarbeiten unsere Aufgaben aufmerksam.

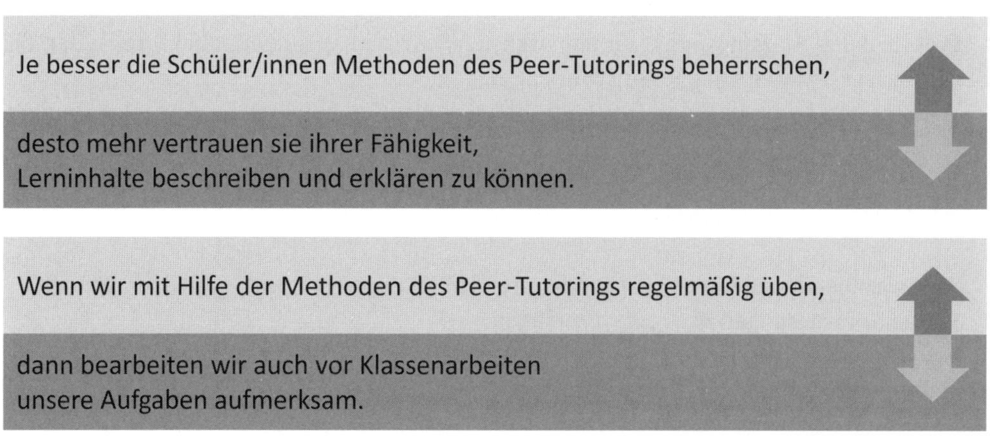

Abb. 24: Beispiele für gerichtete und ungerichtete Hypothesen

In beiden Hypothesen wurde nun dieselbe, konkretere Formulierung benutzt. Eine solche Übereinkunft kann im Rahmen von gemeinsamen Gesprächen mit Schüler/innen und Lehrer/innen erzielt werden. Wichtig dabei ist allein, dass alle am Gespräch Beteiligten die Überzeugung teilen, dass sich durch die möglichen Ursachen der Hinderniserfahrungen auch Chancen für erfolgreiches Lernen aufdecken lassen. Sprachlich ist nun für die Entwicklungsbedarfe und die Entwicklungsziele *eine für alle Beteiligten* ausreichend genaue Formulierung gefunden. An dieser Stelle wird noch einmal deutlich, dass Hypothesen in der Formulierung von Entwicklungsbedarfen und Entwicklungszielen immer auch einen gemeinsam erarbeiteten Konsens darstellen.

In dem bisher dargestellten Prozess sollte allen Beteiligten die Chance eingeräumt werden, nicht nur Hinderniserfahrungen und Veränderungswünsche zu artikulieren, sondern auch Vermutungen darüber zu äußern, wie diese aus dem Weg geräumt werden könnten und sich neue Lernchancen ermöglichen lassen, indem Hypothesen formuliert werden.

Nicht immer ist es dabei möglich, sich auf eine oder zwei Formulierungen zu einigen – nicht immer lassen sich die unterschiedlichen Perspektiven miteinander vereinbaren.

Sie können dazu auch mit hilfreichen Werkzeugen arbeiten, die es erleichtern, gemeinsam zu entscheiden, welche Hypothesen überprüft werden sollen. Erstellen Sie dazu also bspw. einen Fragebogen, in dem alle möglichen Hypothesen genannt werden. Geben Sie nun als mögliche Werte z. B. vor »Sollten wir als Erstes untersuchen«/«Sollten wir später untersuchen«/«Sollten wir gar nicht untersuchen«.

Stellen Sie sich also vor, dass Sie nicht nur die beiden genannten Hypothesen haben, sondern die folgenden Zusammenhangshypothesen:

Hypothesen	Als Erstes untersuchen	Später untersuchen	Gar nicht untersuchen
H1: *Je* besser die Schüler/innen Methoden des Peer-Tutorings beherrschen, *desto* mehr vertrauen sie ihrer Fähigkeit, Lerninhalte beschreiben und erklären zu können.			
H2: *Je* besser die Schüler/innen Methoden des Peer-Tutorings beherrschen, *desto* mehr sind sie motiviert, Lerninhalte zu beschreiben und zu erklären.			
H3: *Wenn* wir mit Hilfe der Methoden des Peer-Tutorings regelmäßig üben, *dann* bearbeiten wir auch vor Klassenarbeiten unsere Aufgaben aufmerksam.			
H4: *Je* mehr wir mit Hilfe der Methoden des Peer-Tutorings regelmäßig üben, *desto* motivierter sind wir auch vor Klassenarbeiten, unsere Aufgaben zu bearbeiten.			

Tab. 1: Priorisierung von Hypothesen

Nach der Auswertung einer solchen Befragung könnte sich nun herausstellen, dass die Hypothese H2 die meisten Nennungen des Wertes »Als Erstes untersuchen« bekommen hat.

Dies stellt den Ausgangspunkt für den nächsten Schritt im diagnostischen Prozess dar: die Suche nach geeigneten Diagnoseinstrumenten.

Wie eingangs bemerkt, kann dieser Schritt bei von außen festgesetzten Datenerhebungen bereits vorgegeben sein. So lässt sich etwa bei der Durchführung von Lernstandserhebungen folgende Hypothese annehmen, die nicht von Ihnen und Ihren Schüler/innen formuliert wurde (vgl. MSW NRW/Bertelsmann Stiftung 2015):

Wenn Schüler/innen über einen bestimmten Fähigkeitswert F verfügen, dann können Sie die Anforderungen A_1, A_2, A_3, ... erfüllen.
(vgl. http://www.schulentwicklung.nrw.de/lernstand8/lehrerinformationen/hintergrundinformationen/kompetenzniveaus/index.html)

Eine solche Hypothese wurde ebenfalls bezogen auf die von außen gesetzte diagnostische Frage formuliert:

Über welche Kompetenzen verfügen die Schülerinnen und Schüler meiner Klasse? bzw. Was gelingt in der Klasse noch nicht?
(vgl. http://www.schulentwicklung.nrw.de/lernstand8/lehrerinformationen/hintergrundinformationen/ziele/ziele-der-lernstandserhebungen.html)

Entscheidend in solchen Fällen ist für gelungene diagnostische Prozesse, dass diese von außen gesetzten Schritte für Ihre Schüler/innen transparent gemacht werden. Es reicht allerdings nicht, zu diesem Zweck Ihre Schüler/innen bloß zu informieren: Wenn Sie auch nicht Subjekte dieser Prozessschritte sind, so ist doch eine *aktive Teilhabe* für die weiteren Prozessschritte möglich, indem sich bspw. jede(r) Schüler/in auf den Weg macht mittels der Datenerhebung herauszufinden,

- über welche Kompetenzen *ich* in ausgewählten Lernbereichen verfüge und
- wie *ich* daraus Ansätze für *mein* erfolgreiches Weiterlernen entwickeln kann.

Dies zeigt, dass auch hier eine gemeinsame Anlassklärung erfolgen kann, auch wenn diese ihren Ausgangspunkt in Setzungen von außen nimmt. Nur wenn Sie sich selbst und Ihren Schüler/innen die Möglichkeit geben, die von außen gesetzte diagnostische Frage zu einer für Sie selbst bedeutsamen Frage zu machen, wird die Datenerhebung für Sie von Gewinn sein.

Ebenso können Sie dies als Lehrkraft zum Anlass nehmen, gemeinsam im weiteren Verlauf des Prozesses darüber nachzudenken, wie sichtbar die Kompetenzerwartungen für Ihre Schüler/innen im Unterricht sind, die sich aus den curricularen Vorgaben ergeben: In Lernstandserhebungen wird ja nicht getestet, *warum* Schüler/innen über bestimmte Kompetenzen verfügen – oder nicht (vgl. dazu Abschnitt 3.2 zur Dateninterpretation).

Gemeinsam beobachten, befragen und testen im Lernprozess 3.2

In diesem Abschnitt werden die drei Methoden des Beobachtens, Befragens und Testens vorgestellt, sowie ausgewählte Instrumente, die sich im schulischen Alltag als hilfreich erwiesen haben, um schnell und ohne großen Aufwand Daten zu erheben. Davon ausgehend werden Hinweise zur Auswertung von Daten sowie Prinzipien der Interpretation vorgestellt.

Aus Ihrer alltäglichen Unterrichtspraxis sind Ihnen die Tätigkeiten des Beobachtens, Befragens und Testens vertraut. Gleiches gilt für Ihre Schüler/innen. Wenn Sie an die Ausgangssituation in unserem Fallbeispiel aus Abschnitt 2.2 zurückdenken, so haben Sie im Unterricht bestimmte Beobachtungen gemacht; ebenfalls haben auch die Schüler/innen an sich selbst etwas beobachtet, das den Ausgangspunkt für den diagnostischen Anlass bildete. Unter Umständen haben Sie in dieser Unterrichtssituation die drei Schüler befragt, um Informationen darüber zu erhalten, wie aufmerksam sie Ihren Erklärungen folgen oder wie hilfreich Ihre Erklärungen sind. Schließlich haben Sie bereits Klassenarbeiten schreiben lassen, um die Kompetenzstände Ihrer Schüler/innen insgesamt zu testen – was wiederum einige Ihrer Schüler/innen zum Anlass nehmen, sich vor der nun kommenden Klassenarbeit blockiert zu fühlen.

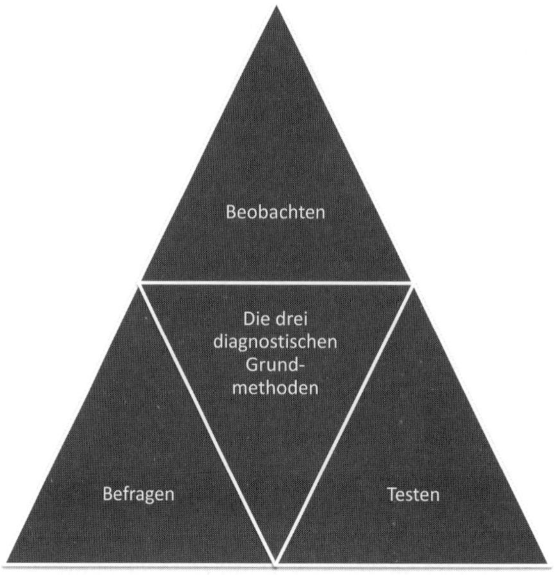

Abb. 25: Die drei diagnostischen Grundmethoden (vgl. MSW NRW/Bertelsmann Stiftung 2015)

Die Methodik der schulischen Diagnostik nimmt ihren Ausgangspunkt in diesen drei zunächst vertrauten Tätigkeiten: Beobachten, Befragen, Testen. Allerdings werden an sie – anders als in vielen Unterrichtssituationen – besondere Anforderungen gestellt: Sie sollen nicht nur

1. *zielgerichtet* sein, insofern es um die Prüfung von Hypothesen geht; sondern sie sollen auch
2. *kontrolliert ausgeführt* werden, d. h. bestimmte Kriterien, die Sie im Folgenden kennenlernen, sollen erfüllt sein.

Dies sind die wesentlichen Erfolgskriterien dafür, dass Sie bei der Anwendung dieser drei Methoden auch tatsächlich Ihre Hypothesen überprüfen können, indem Sie Daten erheben, auswerten und interpretieren.

Hier einige Beispiele für verschiedene Arten von Daten:

1. Christian ist männlich.
2. Richards Leistung in der Mathematikarbeit entspricht der Note 1.
3. Der Altersunterschied zwischen Markus und Christian ist genauso groß wie der zwischen Richard und Alexander.
4. Der Gewichtsunterschied zwischen dem roten und schwarzen Medizinball ist genauso groß wie der zwischen dem grauen und blauen Medizinball.

Was sind Daten?

Daten sind, ganz allgemein gesprochen, gemessene qualitative und quantitative Ausprägungen von Merkmalen von Objekten (Personen, Gegenstände). Merkmale können

1. *kategoriale Gleichheit* betreffen, wie z. B. das Geschlecht von Schülerinnen und Schülern,
2. ein *Dominanzverhältnis*, d. h. einen Rang betreffen, z. B. bei der Vergabe von Noten,
3. *die Gleichheit von Unterschieden* betreffen, z. B. bezüglich der Altersunterschiede der Schüler/innen in einer Klasse,
4. *die Gleichheit von Verhältnissen* betreffen, z. B. in Bezug auf das unterschiedliche Gewicht von Medizinbällen im Sportunterricht.

Um Merkmalsausprägungen feststellen zu können, müssen sie also *gemessen*, d. h. als qualitative oder quantitative Daten erhoben werden. Je nach Merkmalsarten kommen unterschiedliche Maßskalen zum Einsatz:

1. **Nominalskala**, z. B. mit den Messwerten »weiblich«, »männlich«
2. **Ordinalskala**, z. B. mit den Messwerten »1«, »2«, »3«, »4«, »5«, »6«
3. **Intervallskala**, z. B. Geburtsjahre der Schüler/innen
4. **Verhältnisskala**, z. B. Gewicht in Kilogramm

In der schulischen Diagnostik arbeiten wir – auch aus Gründen der einfacheren Auswertung – meist mit Nominal- oder Ordinalskalen.

Zurück zu unserem Beispiel: Sie erheben eine bestimmte Sorte von Daten, werten diese aus und können dann in Form von Interpretationen Schlüsse mit Blick auf Ihre Hypothese(n) ziehen.

Beobachtungen, Befragungen und Testungen sollen also Daten liefern, die unsere ausgewählte Hypothese H2 entweder bestätigen oder widerlegen:

> ***H2:* Je besser die Schüler/innen Methoden des Peer-Tutorings beherrschen, desto mehr sind die Schüler/innen motiviert, Lerninhalte zu beschreiben und zu erklären.**

Da wir in der Schule Hypothesen nicht als Wissenschaftler/innen prüfen, legen wir auch keine engen statistischen und testtheoretischen Maßstäbe an. Für uns wird es in der Interpretation allein darauf ankommen, die Daten vor dem Hintergrund unseres Erfahrungs- und Professionswissens als Lehrkräfte zu deuten. Wir werden Ihnen am Ende dieses Kapitels zeigen, wie Sie dabei vorgehen können. Zunächst aber stellen wir Ihnen die drei Methoden des Diagnostizierens vor.

Beobachten

Die Tätigkeit des Beobachtens ist uns aus dem schulischen Alltag so vertraut, dass es gar nicht einfach ist, sie zu einer *Methode* zu machen, der wir *zielgerichtet und kontrolliert* folgen.

Dies liegt zunächst daran, dass wir im Unterricht als Lehrkraft oder Lernender Vieles beobachten, aber nicht immer gezielt unsere Aufmerksamkeit auf *etwas Bestimmtes* richten. Dies aber ist das erste Kriterium der Methode des Beobachtens:

1. Festlegung des **Gegenstands der Beobachtung**: Was soll beobachtet werden?

Wenn Sie Schüler/innen beobachten wollen, dann um bestimmte Tätigkeiten zu beobachten, wie z. B. das schriftliche Lösen einer Aufgabe oder die Beantwortung von Fragen. Schüler/innen können bspw. beobachten, wie anschaulich Sie etwas an der Tafel erklären. Es können aber auch willkürliche Verhaltensweisen sein, wie z. B. die Art körperlichen Verhaltens während einer stillen Einzelarbeit oder eines Vortrags durch Sie. Für eine methodisch geleitete Beobachtung ist entscheidend, dass die Merkmale der Objekte (in der Regel Tätigkeiten und Verhaltensweisen von Personen) genau bestimmt werden, deren Ausprägung gemessen werden soll. Es reicht also nicht, als Gegenstand bloß Personen festzulegen (z. B.: »die Schüler/innen in der letzten Reihe« oder »der Lehrer«). So könnte also eine Lehrerin als Merkmal bestimmen: »Länge der Antworten von Schüler/innen«. Schüler/innen könnten als Merkmal bestimmen: »Umfang der visualisierten Elemente von Erklärungen an der Tafel«. Es ist auch möglich, mehrere Merkmale und deren Ausprägungen zu beobachten und zu einem Bündel zusammenzufassen. So wäre es bspw. möglich, die Anschaulichkeit von Erklärungen an der Tafel in Bezug auf mehrere Merkmale zu beobachten: 1) Art der visualisierten Elemente von Erklärungen an der Tafel, 2) Umfang der visualisierten Elemente von Erklärungen an der Tafel, 3) Verhältnis von Text und diagrammatischen Elementen.

Damit zusammen hängt eine weitere Entscheidung:

2. Festlegung der **Art der Beobachtung**: Wie soll beobachtet werden?

Auch hier gehen wir im Alltag nicht kontrolliert vor: manchmal stehen wir als Lehrkraft hinter Schüler/innen und beobachten, wie sie Aufgaben bearbeiten. Es handelt sich um eine *offene* Beobachtung, weil Sie für die Schüler/innen, soweit sie es bemerken, als Beobachtende/r erkennbar bzw. sichtbar sind. Andererseits kann es auch unerkannt bleiben, weil Sie nur kurz beobachten – dann scheint es quasi eine *verdeckte* Beobachtung zu sein. Entscheidend ist: erstens *wissen* die Beobachteten nichts davon, dass sie und warum sie beobachtet werden. Zweitens *nehmen* Sie als Lehrkraft *nicht* an der Bearbeitung der Aufgaben *teil*. In anderen Situationen *nehmen* Sie an Diskussionen *teil*, die von Schüler/innen moderiert werden, und beobachten *offen*, wer sich wie an der Diskussion beteiligt. Auch Schüler/innen können eine solche Diskussion *teilnehmend und offen* beobachten und dabei ihre Aufmerksamkeit auf Ihr Handeln richten oder das ihrer Mitschüler/innen (vgl. Bortz/Döring 2006, S. 267).

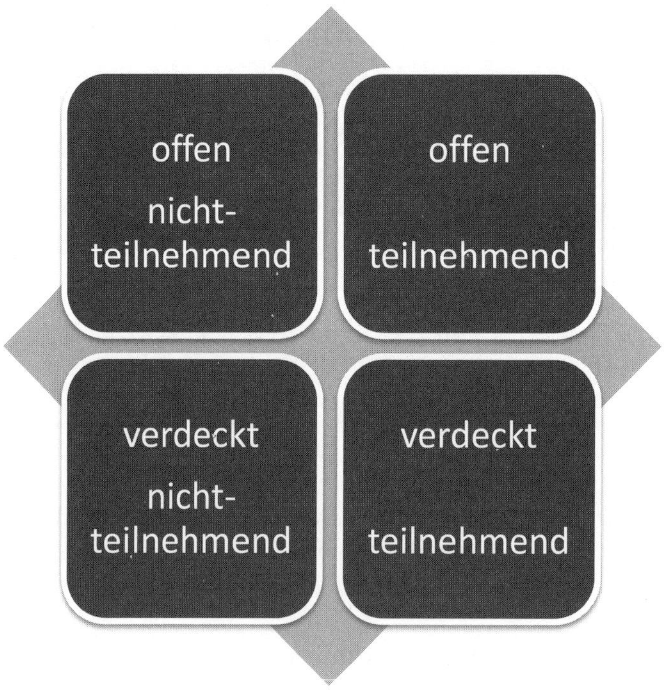

Abb. 26: Formen der Beobachtung

Kontrolliert und zielgerichtet wird die Art der Beobachtung erst dadurch, dass Sie sich bewusst für eine bestimmte Vorgehensweise entscheiden, ggf. die an der Situation Beteiligten darüber informieren und mit einem bestimmten Ziel beobachten, das sich aus unserer Hypothese ergibt.

3. Festlegung der **Teilnehmenden**: Wer soll wen beobachten?

Im Alltag legen wir meist vorher nicht fest, ob wir eine(n) bestimmte(n) Schüler/in oder eine Gruppe von Schüler/innen beobachten wollen. Unsere Aufmerksamkeit ist oftmals gelenkt durch auffälliges Verhalten. Gleiches gilt für Ihre Schüler/innen, die sich nicht nur gegenseitig beobachten, sondern auch Sie beobachten. Die Aufmerksamkeit wechselt dabei sehr oft und schnell, ohne dass diese Prozesse bewusst und zielgerichtet kontrolliert und gesteuert werden (vgl. System 1 und 2 in Kap. 1). Problematisch ist auch für Ihre Schüler/innen, dass ihre Aufmerksamkeit durch Vorerfahrungen gesteuert ist und Ihnen dadurch mit großer Wahrscheinlichkeit Vieles entgeht, das für erfolgreiches Weiterlernen bedeutsam sein könnte.

Überfordert können wir in unserer Aufmerksamkeit sein, wenn die Gruppe *zu groß* ist – z. B. für Sie als Lehrkraft eine ganze Klasse in einem sehr langen Unterrichtsgespräch – oder das zu Beobachtende *zu komplex* – z. B. in einer plenaren Instruktionsphase, in der die einzelnen Schüler/innen nicht nur Sie beobachten müssen, sondern auch noch beobachten sollen, was andere und vor allem ihre Sitznachbarn tun.

Entlastend kann deshalb Folgendes wirken:

4. Festlegung des **zeitlichen Rahmens**: Wann, wie lange und wie oft soll beobachtet werden?

Die Beobachtung erfolgt im Alltag meist willkürlich. Soll die Beobachtung methodisch geleitet sein, sollten Sie mit Ihren Schüler/innen festlegen, zu welchem Zeitpunkt sie *wie lange* beobachten wollen und *wie oft* sie beobachten wollen. Auch dies hängt von Ihrer bzw. Ihren Hypothesen ab.

Manchmal kann es sinnvoll sein, mehrmals zu bestimmten Zeitpunkten zu beobachten – z. B. immer zu Beginn einer Unterrichtsstunde – oder sogar über einen längeren Zeitraum permanent zu beobachten – z. B. in einem bestimmten Fach eine Woche lang oder nur zu Beginn und Ende von langen Plenarphasen. So können Sie den Schwerpunkt entweder auf Merkmale einer bestimmten Situation legen – eine einzige, sehr lange Beobachtung – oder auf den Vergleich von ähnlichen oder unterschiedlichen Situationen – viele, kürzere Beobachtungen.

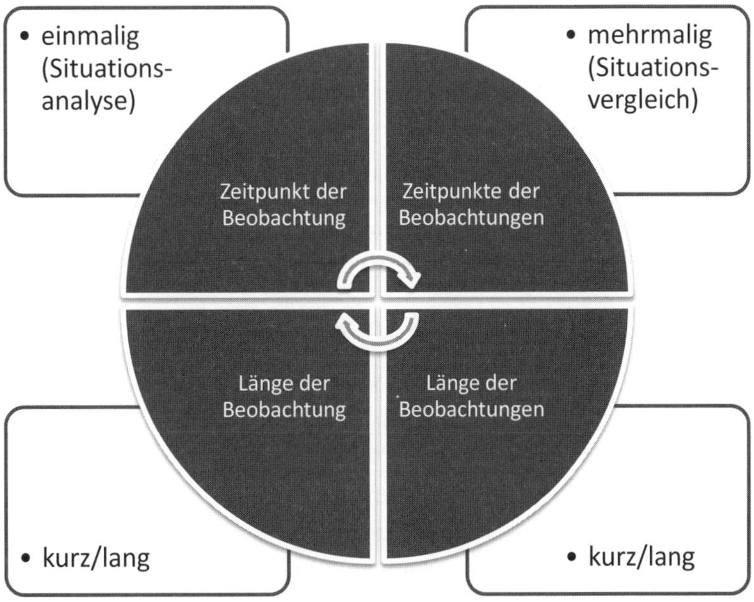

Abb. 27: Zeitliche Aspekte von Beobachtungen

Damit Sie Ihre Beobachtungen im weiteren Verlauf auch nutzen können, müssen Sie ebenfalls Folgendes bedenken:

5. Festlegung der **Dokumentationsform**: Wie soll die Beobachtung dokumentiert werden?

Entscheidend für ein methodisch geleitetes Beobachten ist die Dokumentation. Größtenteils verzichten wir im Alltag darauf: Als Schüler/innen immer; als Lehrkraft meistens. Ausnahmen sind bspw. das Notieren von mündlichen Leistungen während oder nach Unterrichtsgesprächen. Festgelegt werden sollte dabei, wie die Beobachtungen dokumentiert werden sollen. Meist ist es sinnvoll, während des Beobachtens bereits Notizen zu machen. Hilfreich kann dabei die Arbeit mit vorher festgelegten Zeichen sein in Bezug auf bestimmte Kategorien So können bspw. Symbole für unterschiedliche Beiträge in Diskussionen vereinbart werden oder für Tätigkeiten während einer Einzelarbeitsphase.

Beobachtungsbogen: Wie aufmerksam bearbeiten die Schüler/innen ihre individuellen Aufgaben?

Klasse: _____ **Beobachtungszeitraum:** ______________ **Beteil. Lehrkräfte:** ________________

Indikatoren:
1. ...liest die Aufgabenstellung genau und stellt ggf. Verständnisfragen.
2. ...legt die benötigten Arbeitsmittel (Bücher, Heft, Stifte, Lineal etc.) bereit.
3. ...bearbeitet Schritt für Schritt die Aufgabe.
4. ...spricht während der Bearbeitungsphase nur über die Aufgabe.

Name		Mo	Di	Mi	Do	Fr	Mo	Di	Mi	Do	Fr	Mo	Di	Mi	Do	Fr	Mo	Di	Mi	Do	Fr
	1																				
	2																				
	3																				
	4																				
	1																				
	2																				
	3																				
	4																				
	1																				
	2																				
	3																				
	4																				
	1																				
	2																				
	3																				
	4																				

Abb. 28: Beispiel für ein Beobachtungsinstrument (vgl. MSW NRW/Bertelsmann Stiftung 2015)

KV 13

Kopiervorlage 13 dient Ihnen als Schema, um Beobachtungen zu protokollieren: als Lehrer/in oder als Schüler/in.

Beobachtungsdaten

Zusammenfassend können wir also festhalten: Beobachtungsdaten sind schriftlich dokumentierte Beobachtungen, die wir aufgrund der methodischen Gewinnung auch anderen zugänglich machen können.

Beobachtungsdaten können beobachtete Merkmalsausprägungen in ihrer Stärke kennzeichnen, dann handelt es sich um quantitative Daten. Wenn beobachtete Merkmale nur beschrieben werden, handelt es sich um qualitative Daten.

Befragen

Das Befragen ist uns aus dem schulischen Alltag vor allem aus Rückmelde- und Prüfungsgesprächen vertraut: eine Schülerin oder ein Schüler möchte etwas über ihren bzw. seinen Leistungsstand erfahren; Sie prüfen Schüler/innen schriftlich oder mündlich, um etwas über ihren Kompetenz- und Leistungsstand zu erfahren.

Auch hier gelten wieder in die oben genannten fünf Kriterien, um aus alltäglichen Befragungen methodisch geleitete zu machen:

1. Festlegung des **Gegenstands der Befragung**: Was soll gefragt werden?

Bei der Festlegung des Gegenstands geht es darum, die Art des Ziels der Befragung zu bestimmen: Geht es allein um die *Gewinnung von Informationen* (z. B. über den eigenen oder einen fremden Wissensstand) oder um einen *gemeinsamen Erkenntnisprozess* (z. B. die Erarbeitung eines gemeinsamen Arbeitsziel oder einer passenden, individuellen Aufgabe; vgl. Meyer/Oleśniewicz 2015b)? Oftmals wird dies im schulischen Alltag vermischt wie z. B. in Elterngesprächen an Sprechtagen.

Je nach Art des Ziels sollte weiterhin vorher festgelegt werden, ob mit *vorbereiteten Fragen* gearbeitet wird – was sich bei der Gewinnung von Informationen anbietet – oder ob die *Fragen* im Verlauf der Befragung *entwickelt* werden – was sich bei einem Prozess der gemeinsamen Erkenntnisgewinnung anbietet.

Abb. 29: Arten von Fragen und mögliche Ziele von Befragungen

Damit verbunden ist auch die folgende Entscheidung:

2. Festlegung der **Art der Befragung**: Wie soll befragt werden?

Grundsätzlich sollte festgelegt werden, welche Daten bei einer Befragung gewonnen werden sollen. Davon abhängig ist dann die Entscheidung darüber, ob mit *offenen oder geschlossenen Fragen* gearbeitet wird: Je offener gefragt wird, desto komplexer und umfangreicher werden die Antworten sein.

Wichtig ist ebenfalls eine Entscheidung darüber, ob die *Reihenfolge der Fragen* festgelegt sein soll. Dies kann bedeutsam sein, wenn davon auszugehen ist, dass sich die Reihenfolge auf die Antworten auswirkt oder sich bestimmte Fragen eher für den Beginn oder das Ende einer Befragung anbieten.

Schließlich müssen Sie bzw. Ihre Schüler/innen entscheiden, ob die Befragung *mündlich oder schriftlich* durchgeführt werden soll. Eine mündliche Befragung ermöglicht sehr viel mehr Spontaneität und das Eingehen auf die bzw. den Befragten. Eine schriftliche Befragung – per Fragebogen – hat den Vorteil, dass Daten direkt erhoben werden und nicht während einer mündlichen Befragung oder im Nachhinein zusätzlich verschriftlicht werden müssen.

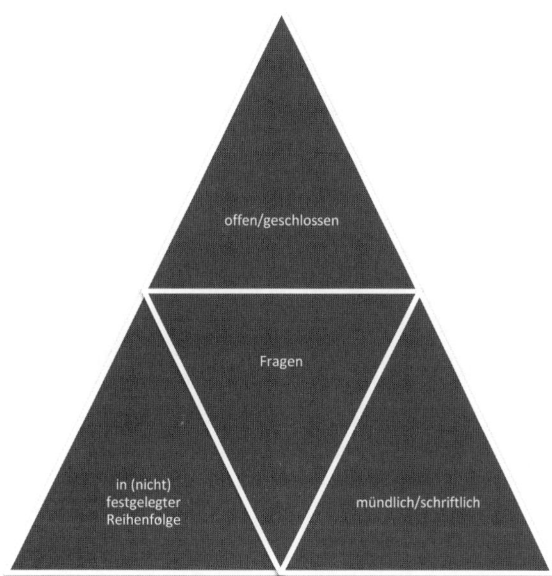

Abb. 30: Arten der Befragung

Diese drei Aspekte in Bezug auf die Art der Befragung sind entscheidend für den Erfolg von Befragungen: Sie werden im schulischen Alltag meist nicht beachtet oder zumindest meist nicht bewusst gesteuert.

3. Festlegung der **Teilnehmenden**: Wer soll wen befragen?

Auch für Befragungen gilt: Es können *Einzelne oder Gruppen* befragt werden. Die Zielgerichtetheit ergibt sich hier durch den Hypothesenbezug: Von wem brauche ich welche Informationen bzw. mit wem muss ich welchen Erkenntnisprozess durchlaufen, um meine Hypothese überprüfen zu können?

Eine solche Entscheidung ist uns aus dem Alltag vertraut, sowohl Ihnen als Lehrkraft als auch Ihren Schüler/innen. Dies ist bedingt durch die vielen Erfahrungen, die Sie und Ihre Schüler/innen in der Schule gesammelt haben: in Bezug darauf, welche und wie viele Personen befragt werden müssen, um bestimmte Informationen zu erhalten. So wissen Sie bspw., welche (und damit wie viele) Kolleg/innen Sie befragen müssen, um *präzise* Informationen über die sozialen Kompetenzen Ihrer Schüler/innen zu erhalten. Ihre Schüler/innen wissen dagegen bspw., welche Lehrer/innen sie befragen müssen, um *verbindliche* Aussagen zu ihrem aktuellen Leistungsstand zur erhalten.

4. Festlegung des **zeitlichen Rahmens**: Wann, wie lange und wie oft soll befragt werden?

Auch für Befragungen gilt, dass festgelegt werden muss, wann Befragungen stattfinden sollen. Hier ist besonders zu beachten, welche Zeitpunkte dafür günstig sind. Bspw. ist eine Befragung zu eigenen Interessen in der letzten Stunde einer Unterrichtsreihe wenig sinnvoll.

Ebenfalls muss berücksichtigt werden, wie viel Zeit notwendig ist, um den Prozess der Informations- bzw. Erkenntnisgewinnung erfolgreich abzuschließen. Ist dies vorher allen teilnehmenden Personen nicht bekannt, ist die Wahrscheinlichkeit groß, dass am Ende Unzufriedenheit oder Enttäuschung herrscht und nicht alle notwenigen Daten gewonnen werden konnten.

Schließlich muss auch festgelegt werden, *wie oft* eine Befragung durchgeführt werden soll. Auch hier geht es darum, ob eine einzelne Situation untersucht werden soll oder verschiedene unterschiedliche oder ähnliche Situationen verglichen werden sollen. Auch hier gilt: je mehr Datenpunkte gewählt werden, d. h., je häufiger befragt wird, desto besser lassen sich ganze Prozesse über einen bestimmten Zeitraum hin untersuchen.

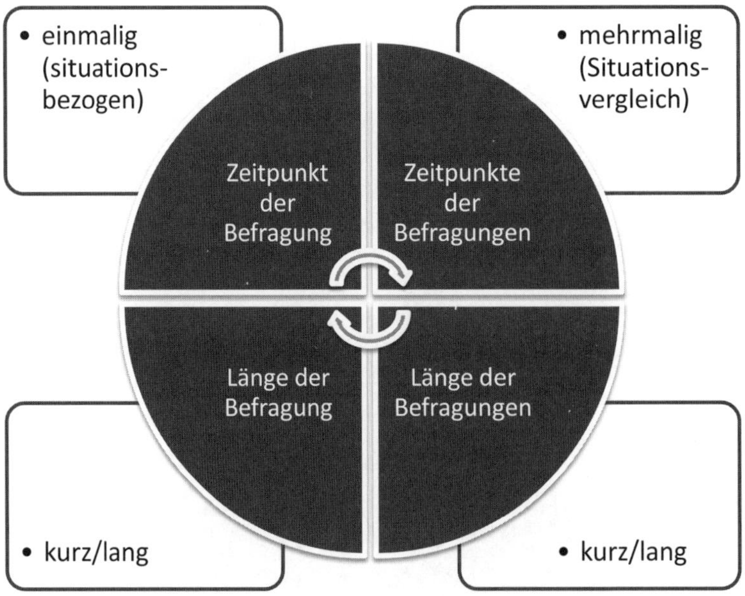

Abb. 31: Zeitliche Aspekte von Befragungen

Für bestimmte Formen der Befragung, wie etwa formative Feedbackgespräche, spielen sowohl Zeitpunkt als auch Häufigkeit eine entscheidende Rolle: Feedback sollte »Informationen bieten, die sich speziell auf die Aufgaben oder den Prozess des Lernens beziehen, die die Lücken zwischen dem füllen, was verstanden wurde und was verstanden werden soll« (Hattie 2014, S. 207). Es erfolgt also idealerweise sowohl zeitnah zu abgeschlossenen Aufgaben als auch so häufig, wie es nötig ist, um erfolgreiches Weiterlernen nach abgeschlossenen Aufgaben zu ermöglichen. Wenn Sie Ihre Schüler/innen als aktive Teilhaber diagnostischer Prozesse gewinnen, können diese Feedbackgespräche auch untereinander führen (vgl. Meyer/Oleśniewicz 2015b, S. 8) Im individualisierten Unterricht stellen Feedbackgespräche die wichtigste Form der Befragung dar. Erfolgreiches (Weiter-)Lernen wird vor allem dadurch ermöglicht, dass Schüler/innen bspw. nach der Lösung von Aufgaben oder der Präsentation von Arbeitsergebnissen gezielt ein Feedback durch entsprechende Fragen von Mitschüler/innen und/oder Lehrkräften einfordern.

5. Festlegung der **Dokumentationsform**: Wie soll die Befragung dokumentiert werden?

Auch für Befragungen gilt, dass die Form der Dokumentation festgelegt wird. Bei schriftlichen Befragungen ist dies bereits vorgegeben durch die Vorbereitung der Fragen und die Art der Antwortmöglichkeiten, wie das folgende Beispiel zeigt:

Fragebogen zur Gruppenarbeit

Name des Schülers/der Schülerin: ______________________
Datum: ________________

1. Ich verstehe die Arbeitsanweisungen zur Gruppenarbeit.

☐ immer ☐ meistens ☐ selten ☐ nie

2. Zu Beginn einer Gruppenarbeitsphase weiß ich, was ich tun soll.

☐ immer ☐ meistens ☐ selten ☐ nie

3. Ich weiß, was ich in *jeder* Phase der Gruppenarbeit tun soll.

☐ immer ☐ meistens ☐ selten ☐ nie

Abb. 32: Beispiel für ein Befragungsinstrument (vgl. MSW NRW/Bertelsmann Stiftung 2015)

KV 14

Bei mündlichen Befragungen ist es sinnvoll, sich vorher zu überlegen, ob während oder nach der Befragung dokumentiert werden soll. Wenn dies *während* der Befragung geschehen soll, ist dies unbedingt den bzw. der/dem Befragten mitzuteilen und ggf. sein Einverständnis einzuholen, damit eine vertrauensvolle Gesprächssituation entstehen kann. Wenn dies *nach* der Befragung geschehen soll, sollte vorher festgelegt werden, was wie dokumentiert werden soll. Auch hier können Festlegungen über bestimmte Symbole getroffen werden. Die Kopiervorlage 14 dient Ihnen als Schema, um Befragungen zu protokollieren: als Lehrer/in oder als Schüler/in.

Befragungsdaten

Zusammenfassend können wir also festhalten: Befragungsdaten sind schriftlich dokumentierte Antworten auf mündliche oder schriftliche Fragen, die wir aufgrund der methodischen Gewinnung auch anderen zugänglich machen können.

Befragungsdaten können Merkmalsausprägungen in ihrer Stärke kennzeichnen, dann handelt es sich um quantitative Daten. Wenn Merkmale in Antworten nur beschrieben werden, handelt es sich um qualitative Daten.

Testen

Das Testen ist uns aus dem schulischen Alltag vor allem aus Klassenarbeiten vertraut, seltener aus Tests zur Erhebung von Merkmalen und Fähigkeiten z. B. in Bezug auf die Lese- oder Schreibfähigkeit oder die Motivation.

Auch hier gelten wieder in die oben genannten fünf Kriterien, allerdings in strengerer Form:

1. Festlegung des **Gegenstands des Tests**: Was soll getestet werden?

Für Tests gilt allgemein, dass der Gegenstand sehr genau angegeben werden muss (vgl. Maier 2015): Solange nicht geklärt ist, *was* genau getestet werden soll, kann auch kein Test entworfen werden. Dazu ist es streng genommen notwendig, in einem ersten Schritt Modelle anzunehmen, bspw. des deklarativen Wissens oder der Kompetenzen. Wenn sich an dieser Stelle bereits herausstellen sollte, dass solche Modelle entweder noch nicht vorliegen oder noch nicht umfassend oder genau genug sind, ist es auch schwierig entsprechende Gegenstände für Tests festzulegen. Dies gilt bspw. für die bisher entwickelten Kompetenzstruktur- und Kompetenzentwicklungsmodelle (vgl. Maier 2015, S. 194 ff.).

Vertraut sind Ihnen solche Modelle und entsprechende Gegenstandsbeschreibungen vielleicht aus Lernstandserhebungen oder zentralen Prüfungen, z. B. in Bezug auf die Lesefähigkeit von Schüler/innen.

Im Allgemeinen erfordert dies sehr viel Mühe und Genauigkeit – die wir im schulischen Alltag, gerade in Bezug auf Klassenarbeiten, nicht immer aufbringen. Dies ist insofern problematisch, als dadurch nicht mehr garantiert ist, dass der Test – in diesem Fall die Klassenarbeit – auch wirklich das misst, was er messen soll (sog. Validität). So werden z. B. bestimmte Kompetenzerwartungen für einzelne Fächer und Unterrichtsreihen vereinbart, die aus den jeweiligen Curricula gewonnen werden, um auf dieser Grundlage dann Klassenarbeiten zu erstellen, wie im unten gezeigten Beispiel. Liegt dem aber ein Modell zugrunde, welches nicht nur die *Struktur* der Kompetenzen im Fach Deutsch in ihrem Zusammenhang darstellt, sondern auch zeigt, wie sich der *Aufbau dieser Kompetenzen* in ihrem Zusammenhang entwickelt? An dieser Stelle zeigen sich erneut die Grenzen schulischer Diagnostik: Wir entwerfen Klassenarbeiten nicht als Wissenschaftler/innen. Wir sind deshalb weder mit der entsprechenden umfassenden Methodik vertraut, noch mit den relevanten Modellen. Schon gar nicht sind wir in der Lage, solche Modelle selbst zu entwickeln. Deshalb ist es ratsam, im schulischen Alltag vor allem auf alternative Gütekriterien zu setzen, die sich im schulischen Alltag auch realistisch umsetzen lassen.

Hilfreiche Gütekriterien für die Erstellung von Klassenarbeiten

Bei der Konstruktion von Klassenarbeiten sollten Sie folgenden Gütekriterien in Bezug die Festlegung des Gegenstands folgen:

1. Achten Sie darauf, dass sich die Aufgaben möglichst genau auf abgegrenzte Inhalte bzw. Kompetenzerwartungen, ggf. auf unterschiedlichen Anforderungsniveaus, bezieht (sog. curriculare Validität).
2. Achten Sie davon ausgehend darauf, ob sich Lernverläufe bei Ihren Schüler/innen in Bezug auf die jeweiligen Kompetenzen tatsächlich wie prognostiziert gestalten: Entsprechen mittel- und langfristige zukünftige Lernerfolge und Lernschwierigkeiten den jeweiligen Testergebnissen? (sog. prognostische bzw. klassifikatorische Validität) (vgl. dazu Maier 2015: 62 f.).

Falls Sie mit standardisierten Tests arbeiten wollen, sollten Sie immer die besonderen Bedingungen berücksichtigen, die die Verwendung solcher Tests mit sich bringt. Auch wenn die Testmaterialien fertig zur Verfügung stehen, stellen die Vorbereitung, Durchführung, Auswertung und Interpretation mitunter eine große Herausforderung dar. Mithilfe alternativer Gütekriterien – denn die wissenschaftlichen Gütekriterien der Objektivität, Reliabilität und Validität sind im schulischen Kontext nur bedingt bedeutsam (vgl. Hesse/Latzko 2011, S. 70) – können Sie bei der Sichtung von standardisierten Tests genauer erfragen, ob der in Frage kommende Test Ihrem Bedarf und Ihren Ressourcen entspricht. Die Kriterien lauten:

- **Fairness:** Die Durchführung, Auswertung und Interpretation ist für alle Beteiligten verständlich.
- **Effektivität**: Wir klären mit Hilfe des Instruments den Ist-Stand.
- **Praktikabilität:** Das ausgewählte Instrument ist uns vertraut.
- **Ökonomie:** Der zeitliche Aufwand ist nicht zu hoch.
- **Effizienz:** Der Aufwand zur Erstellung, Anwendung und Auswertung des Instruments steht im Verhältnis zum Erkenntnisgewinn.
  (vgl. Maier 2015, S. 106 f.)

Bei der Auswahl hilft Ihnen auch die Kopiervorlage 15, eine Checkliste für standardisierte Tests.

KV 15

2. Festlegung der Art von Tests: Wie soll getestet werden?

In einem weiteren Schritt müssen nun sogenannte Test-Items festgelegt werden, die als Aufgaben oder Aussagen im Idealfall ausgehend von dem jeweils zu Grunde gelegten Modell und den entsprechenden Gegenstandsbeschreibungen entwickelt werden. Im schulischen Alltag jedoch orientieren wir uns im besten Fall jedoch nur an Curricula und für uns bedeutsame oder zugängliche Ausschnitte aus der Fachliteratur.

So kann ich mich also bspw. fragen, welche Aufgaben dazu geeignet sind, Daten darüber zu gewinnen, ob und wie gut bei meinen Schüler/innen die fachspezifischen Kompetenzen ausgebildet sind, argumentative Texte zu analysieren, zu gestalten und zu beurteilen. Selbst wenn dabei kein Bezug genommen wird auf wissenschaftliche Kompetenzmodelle, sondern nur auf Fachcurricula, erfordert dies viel Sorgfalt. Im Folgenden sehen Sie ein Beispiel für Aufgaben einer entsprechenden Klassenarbeit. Die zu Beginn einer Unterrichtsreihe vorgestellten und für den Lernprozess leitenden Kompetenzerwartungen sind für die Schüler/innen sichtbar. Ihnen werden Aufgaben auf drei verschiedenen Anforderungsniveaus zugeordnet:

Art und Anzahl der Test-Items entscheiden darüber, ob auch wirklich das gemessen wird,

Anforderungsbereich (gemäß Kompetenzübersicht)	**Aufgaben** (Kompetenzen sind in *Kursiven* gedruckt)	
Anforderungsbereich Basis *Ich kenne den typischen Aufbau eines argumentierenden Textes und kann ihn in einer verständlichen Form beschreiben.*	Nr. 1: (a) *Nenne* die wichtigsten Thesen, die Thomas Thieringer in dem Zeitungsartikel über das Leben der Aborigines aufstellt! (b) *Stelle* in eigenen Worten *dar*, mit welchen Argumenten er seine These unterstützt! Zu welcher Schlussfolgerung kommt er am Ende? Achte darauf, dass du in deinen Antworten *die Regeln der Wortschreibung und der Zeichensetzung beachtest!* (Sprachliche Leistung: **korrektes Schreiben**)	15 25 10
Anforderungsbereich Fortgeschritten *Ich kann argumentative Texte problemangemessen gestalten (unter Verwendung unterschiedlicher Formen schriftlicher Erörterung).*	Nr. 2: Sollten Geschichts-Schulbücher in Australien von Aborigines verfasst werden, um über ihre Geschichte zu informieren – oder muss so etwas von Wissenschaftler/innen, egal welcher Herkunft verfasst werden? *Schreibe einen argumentativen Text!* Achte darauf, dass du deine Antworten *in eigenen Worten formulierst und dich dabei genau und verständlich ausdrückst!* (Sprachliche Leistung: **Sprachwissen**)	20 5
Anforderungsbereich Exzellenz *Ich kann beurteilen,* *– ob und wie gut Argumente problembezogen sind oder nicht,* *– ob Pro- und Kontra-Argumente problembezogen abgewogen werden,* *– ob und warum Folgerungen berechtigt sind oder nicht.*	Nr. 3: *Bewerte* die Argumente, die Thomas Thieringer verwendet, um auf die Lebensumstände der Aborigines hinzuweisen – sind sie gut gewählt oder fallen dir noch weitere (bessere) ein? *Begründe* deinen Standpunkt, indem du dich auf Beispiele aus dem Text beziehst! Achte darauf, dass du deine Antwort *gut gliederst, indem du deine Sätze korrekt und sinnvoll sowie deinen Text zusammenhängend aufbaust!* (Sprachliche Leistung: **Schreibstrategie**)	20 5

Abb. 33: Beispiel für ein Testinstrument (Meyer, Europaschule Troisdorf, Klasse 9)

was gemessen werden soll und wie genau dies gemessen wird. Damit verbunden ist eine Entscheidung darüber, welche Antwortmöglichkeiten gegeben werden: Entweder können längere schriftliche Antworten gegeben werden, dann gewinnen Sie dadurch qualitative Daten. Oder Sie geben Antwortmöglichkeiten in Form bestimmter Skalen und Skalenwerte vor, dann erhalten Sie quantitative Daten. Sie können in Tests auch quantitative *und* qualitative Daten erheben, wenn das für Ihre Hypothese sinnvoll und nützlich erscheint. So werden bspw. in standardisierten Datenerhebungen zu Lernständen oftmals Multiple-Choice-Aufgaben mit Aufgaben kombiniert, bei denen (längere) Texte geschrieben werden müssen.

Auch in Bezug auf Tests müssen die beiden folgenden Entscheidungen getroffen werden; die Entscheidung ist dabei wie auch bei den anderen Methoden abhängig von der Hypothese, die geprüft werden soll:

3. Festlegung der **Teilnehmenden**: Wer soll wen testen?

In der Schule sind Sie meist in der Rolle, Ihre Schüler/innen zu testen. Schüler/innen können sich aber auch gegenseitig testen, wenn entsprechend für sie aufbereitetes Material vorliegt, z. B. in Schulbüchern oder zusätzlichem Material in einzelnen Fächern.

Auch Sie können jedoch in der Rolle des Teilnehmenden sein, etwa wenn die Wirksamkeit von Lehrer/innenfortbildungen getestet werden soll. Die oft anzutreffenden großen Vorbehalte von Lehrer/innen in Bezug auf die Teilnahme an Datenerhebungen zeigt, wie wichtig es ist, ein transparentes und – falls möglich – persönlich vertrauensvolles Verhältnis herzustellen zwischen dem- bzw. denjenigen, die testen und dem- bzw. denjenigen, die getestet werden. Im Dialog zu diagnostizieren bedeutet aber genau dies: transparent zu machen, *warum* zu bestimmten Zeitpunkten bestimmte Tests durchgeführt werden oder werden müssen, oder aber gemeinsam zu vereinbaren, *dass* zu bestimmten Zeitpunkten bestimmte Tests durchgeführt werden.

So lange kein für alle Beteiligten bedeutsamer Anlass geschaffen bzw. identifiziert wird, wird der Gewinnung gerade von Daten mittels standardisierter Tests oftmals mit Skepsis begegnet. Schaffen Sie also solche Anlässe, entweder mit Ihren Kolleg/innen oder mit Ihren Schüler/innen! Zu einem solchen transparenten und vertrauensvollen Verhältnis gehört, vor allem bei Daten, die mittels standardisierter Tests erhoben werden, Vereinbarungen über den Schutz der Daten zu treffen (vgl. unten).

4. Festlegung des **zeitlichen Rahmens**: Wann, wie lange und wie oft soll getestet werden?

In Bezug auf die Frage, wann, wie lange und wie oft getestet wird, stellt sich in noch stärkerer Weise als bei Befragungen das Problem des Transfers: »Je weiter eine Leistungsdiagnose vom Unterricht bzw. Lernprozess entfernt ist, desto mehr Transfer ist erforderlich« (vgl. Maier 2015, S. 31). Je direkter Sie also bestimmte Tests durchführen, desto weniger Transferleistung ist erforderlich. Je häufiger Sie testen, desto mehr Daten gewinnen Sie, um bestimmte Prozessverläufe darstellen zu können. Ob ein solcher Transfer erwünscht oder gerade vermieden werden soll, ob sie bestimmte Prozessverläufe darstellen wollen oder nicht, sollte Teil der Anlassklärung und Hypothesenbildung sein.

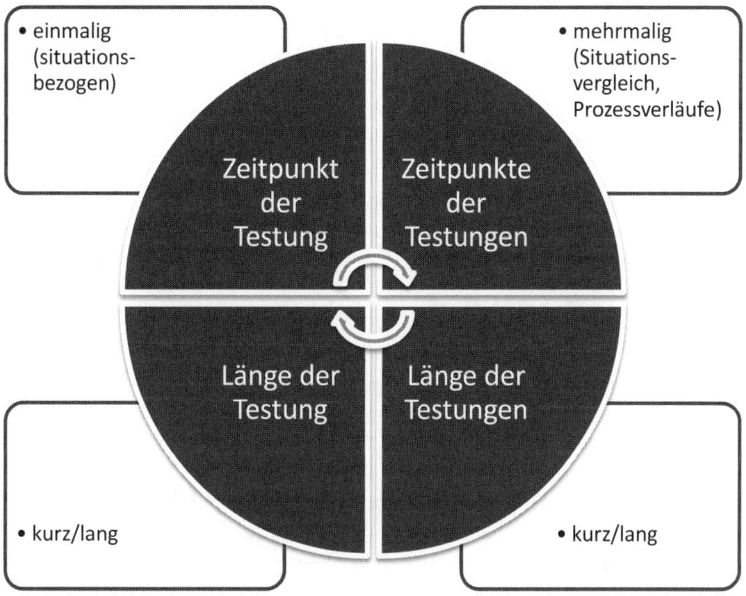

Abb. 34: Zeitliche Aspekte von Tests

5. Festlegung der **Dokumentationsform**: Wie soll die Testung dokumentiert werden?

Die Dokumentation ist bei Tests durch ihre Anlage bereits entschieden. Herausforderungen ergeben sich dann erst bei der Aufbereitung, Auswertung und Interpretation der Testdaten.

Testdaten

Zusammenfassend können wir also festhalten: Testdaten sind schriftlich dokumentierte Antworten auf einzelne Testitems, die wir aufgrund der methodisches Gewinnung auch anderen zugänglich machen können.

Testdaten können Merkmalsausprägungen in ihrer Stärke kennzeichnen, dann handelt es sich um quantitative Daten. Wenn Merkmale in Antworten nur beschrieben werden, handelt es sich um qualitative Daten.

Diagnose-Instrumente und Diagnosebereiche

Im schulischen Alltag erweist es sich als hilfreich, Diagnose-Instrumente mit den bereits vorgestellten Diagnosebereichen zu verknüpfen. Auf diese Weise wird es sowohl Ihnen als auch Ihren Schüler/innen leichter fallen, Instrumente auswählen, da Sie bereits bei der Formulierung von diagnostischen Fragen relevante Diagnosebereiche identifiziert haben.

Die folgenden Übersichten sollen Ihnen im Alltag eine erste Orientierung bieten, welche Diagnose-Instrumente in den zwei wichtigsten Diagnosebereichen – individuelle Lernvoraussetzungen und Unterrichtsqualität – bedeutsam bzw. hilfreich sind:

Diagnose-Instrumente im Bereich Lernvoraussetzungen

Abb. 35: Diagnose-Instrumente im Bereich individuelle Lernvoraussetzungen (vgl. MSW NRW/Bertelsmann Stiftung 2015)

Aspekt	Beobachtung	Befragung	Test	Instrument	Link
Vorwissen		X		• Lernlandkarte (Oleśniewicz/Meyer 2013)	
Kompetenzen		X		• Kompetenzmatrizen (Hartmann-Kurz 2012)	http://www.ls-bw.de/Handreichungen/pub_online/NL04_Mit_Kompetenzrastern_dem_Lernen_auf_der_Spur.pdf
Interessen und Motivation			X	• Lern- und Arbeitsverhaltensinventar (LAVI) (Keller/Thiel 1998) • Anstrengungsvermeidungstest (AVT) (Rollett/Bartram 1998) • Fragebogen zur Leistungsmotivation für Schüler, 7.–13. (FLM) (Petermann/Winkel 2007)	www.testzentrale.de/programm/tests
Lernstrategien			X	• Wie lernen Sie? (WLS) (Souvignier/Gold 2004) • Wie lerne ich (WLI) (Metzger 2010) • Lern- und Arbeitsverhaltensinventar (LAVI) (Keller/Thiel 1998) • Aufmerksamkeits-Belastungs-Test (D2) (Brickenkamp 2002) • Frankfurter Aufmerksamkeits-Inventar 2 (FAIR) (Moosbrugger/Ölschlägel 1996)	www.testzentrale.de/programm/tests

Diagnose-Instrumente im Bereich Unterrichtsqualität

Abb. 36: Diagnose-Instrumente im Bereich Unterrichtsqualität (vgl. MSW NRW/Bertelsmann Stiftung 2015)

Aspekt	Beobachtung	Befragung	Test	Instrument	Link
allgemein (für Schüler/innen)		X		• Fragebogen zur Unterrichtsqualität (Institut für Schulqualität BB e. V.)	https://www.sep.isq-bb.de
allgemein (für Schüler/innen und Lehrer/innen)		X		• Schüler als Experten für den Unterricht – Fragebogen (SEfU)	www.sefu-online.de
allgemein (für Schüler/innen und Lehrer/innen)		X		• Umgang mit Vielfalt – Fragebogen (Helmke u. a. 2015)	www.unterrichtsdiagnostik.info/media/files/Umgang%20mit%20Vielfalt.pdf
allgemein (für Lehrer/innen)	X			• Beobachtungsbogen für kollegiale Unterrichtshospitationen	
allgemein (für Lehrer/innen)	X			• Kompetenzmatrix Lehrerrolle	http://www.institut-beatenberg.ch/images/publikationen-und-materialien/dossiers/neue_rollen_fuer_die_lehrer.pdf

Auswahl der Methode und der Instrumente

Nachdem wir nun die drei Diagnosemethoden vorgestellt haben, kehren wir zu unserer ausgewählten Hypothese H2 aus Abschnitt 3.1 zurück:

***H2:* Je besser die Schüler/innen Methoden des Peer-Tutorings beherrschen, desto mehr sind sie motiviert, Lerninhalte zu beschreiben und zu erklären.**

KV 16

Die Anwendung eines diagnostischen Instrumentes dient zur Erhebung eines *Ist-Stands* und Prüfung einer entsprechenden Hypothese – so auch in diesem Fall. Für Ihre eigene Arbeit kann Ihnen und Ihren Schüler/innen die Kopiervorlage 16 zur Vorbereitung der Auswahl eines geeigneten Diagnoseinstruments dienen. Solange Ihre Kolleg/innen und/oder Ihre Schüler/innen noch nicht genügend Erfahrungen mit der Auswahl von geeigneten Methoden und Instrumenten gesammelt haben, bedarf es hier einer starken Unterstützung durch Sie! Dazu gehört nicht nur die Erläuterung der drei verschiedenen Methoden, ausgehend von den Fragen auf der Kopiervorlage. Sondern dazu gehören vor allem auch Hilfen bei der Eingrenzung des Gegenstands von Beobachtungen, Befragungen oder Tests. In manchen Fällen, wie unserem Beispiel unten zum Peer-Tutoring, müssen bestimmte Informationen vermittelt werden (z. B. über die Methode des Peer-Tutorings). In anderen Fällen muss genügend Zeit zur Verfügung stehen, um bspw. gemeinsam darüber nachzudenken, was an bestimmten Tätigkeiten – wie etwa dem Erklären an der Tafel – beobachtet werden kann. Schließlich sollten Sie Beispiele für geeignete Diagnoseinstrumente bereithalten, da Sie weder von Ihren Kolleg/innen, noch von Ihren Schüler/innen in jedem Fall erwarten können, dass diese auf ein Repertoire von bekannten Instrumenten zurückgreifen können.

Die Situation in der Klasse haben wir in unserem Beispiel dadurch gekennzeichnet, dass einige Schüler/innen den Entwicklungsbedarf darin sehen, die Methode des Peer-Tutorings zu beherrschen, um motivierter arbeiten zu können. Sie haben den Entwicklungsbedarf also noch nicht *erfüllt*, sondern wissen ja aus der Anlassklärung, dass entsprechende, in diese Richtung weisende Veränderungswünsche bestehen.

Nehmen wir also an, dass die Methode des Peer-Tutorings nur wenige Schüler/innen kennen, da sie diese in vergangenen Jahrgangsstufen – und nicht bei Ihnen – erlernt haben. Sie gehen also in Bezug auf den ersten Teil der Hypothese, den Entwicklungsbedarf, davon aus, dass keine Beherrschung der Methode vorliegt. Sie können nun entweder mit den Schüler/innen vereinbaren, dazu keine Daten zu erheben, sondern dies als *Kennzeichen der ausgewählten Stichprobe*, d. h. der ausgewählten Schüler/innen anzunehmen: Keine Beherrschung der Methode des Peer-Tutorings. Oder Sie wollen von den wenigen Schüler/innen, die diese Methode kennen, wissen, wie gut sie diese beherrschen. Dann kann auch schon jetzt ein Instrument zur Anwendung kommen, wie wir Ihnen im Folgenden zeigen wollen.

Genaues Untersuchen

Gehen Sie nicht einfach davon aus, dass Ihre Schüler/innen bestimmte Kompetenzen grundsätzlich beherrschen oder nicht beherrschen, die in der Hypothese als Entwicklungsbedarf genannt werden. Nehmen Sie sich auch hier Zeit, dies *genau* zu untersuchen: Hypothesen werden ja gerade deshalb formuliert, weil wir uns noch nicht sicher sind! Diagnostik soll Ist-Stände *klären*, nicht einfach bestätigen.

Um eine geeignete Methode zu finden, müssen wir – wie oben dargelegt – zunächst immer danach fragen, *was* wir beobachten, erfragen oder testen wollen. Anders gesagt:

- Lassen sich quantitative oder qualitative Beobachtungs-, Befragungs- oder Testdaten gewinnen, die uns etwas darüber sagen, wie gut Schüler/innen die Methode des Peer-Tutorings beherrschen?
- Woran könnten Sie dies beobachten?
- An welchen Antworten in Befragungen oder Tests lässt sich das erkennen?

Um dies herauszufinden, müssen Sie sich zunächst mit der Methode des Peer-Tutorings beschäftigen:

- Woraus besteht sie?
- Was sind ihre wesentlichen Merkmale und anhand welcher Kriterien/Indiaktoren könnte man deren Beherrschung erkennen (vgl. Büttner u. a. 2012)?

In der folgenden Liste finden Sie eine Auswahl von möglichen Merkmalen des Peer-Tutorings:

- ein/e Schüler/in übernimmt die Rolle des Lehrende, ein/e Schüler/in übernimmt die Rolle des Lernenden; ggf. kann die ganze Klasse in solche Zweier-Teams aufgeteilt werden
- die beiden Rollen werden abwechselnd eingenommen
- der Lernstand der beiden Schüler/innen ist unterschiedlich
- bereits bekannter Lernstoff wird geübt
- der/die Schüler/in in der Rolle des Lehrenden erklärt seinem Gegenüber bereits bekannte Lerninhalte
- der/die Schüler/in in der Rolle des Lehrenden stellt seinem Gegenüber zu bereits bekannten Lerninhalten Aufgaben und hilft bei der Überprüfung der Ergebnisse
- der/die Schüler/in in der Rolle des Lernenden fasst Erklärtes in eigenen Worten zusammen und stellt Nachfragen
- der/die Schüler/in in der Rolle des Lernenden bearbeitet Aufgaben zu bereits bekannten Lerninhalten und präsentiert seine Lösungen

Ausgehend von diesen Merkmalen entscheiden wir uns, mit einer Methode der Befragung zu arbeiten, da wir von den Schüler/innen selbst Einschätzungen über den Grad der Beherrschung der Methode erhalten wollen. Zu diesem Zweck würden sich also Verhaltensbeobachtungen nicht anbieten. Zu aufwändig wäre es, diese *zusätzlich* durchzuführen, um dann die Daten zu vergleichen. Die Konstruktion eines Tests wäre in diesem Fall ebenfalls zu aufwändig.

Sinnvoll ist der Einsatz der Methode der Befragung in Bezug auf den damit verbundenen Aufwand nur dann, wenn sie uns nicht nur Daten darüber liefert, *ob* Schüler/innen mit der Methode des Peer-Tutorings gearbeitet haben, sondern auch, *wie oft* sie dies gemacht haben. Des Weiteren wollen wir wissen, wie sicher sich die Schüler/innen in ihrer Beherrschung fühlen, die die Methode bereits erlernt haben. Für diese Teilgruppe können die folgenden Aussagen und Skalenwerte entsprechend verändert werden (s. unteren Fragebogen in Tab. 2). Als Fragebogen könnte dies wie folgt aussehen:

	immer	oft	selten	nie
1. Ich habe im Peer-Tutoring die Rolle des Lehrenden übernommen.				
2. Ich habe im Peer-Tutoring die Rolle des Lernenden übernommen.				
3. Ich habe im Peer-Tutoring die Rollen mit meinem Gegenüber gewechselt.				
4. Ich habe im Peer-Tutoring in der Rolle des Lehrenden meinem Gegenüber etwas erklärt.				
5. Ich habe im Peer-Tutoring in der Rolle des Lehrenden meinem Gegenüber Aufgaben gestellt.				
6. Ich habe im Peer-Tutoring in der Rolle des Lehrenden die Lösungen zu Aufgaben meines Gegenübers überprüft.				
7. Ich habe im Peer-Tutoring in der Rolle des Lernenden Erklärungen meines Gegenübers in eigenen Worten zusammengefasst.				
8. Ich habe im Peer-Tutoring in der Rolle des Lernenden Aufgaben bearbeitet.				
9. Ich habe im Peer-Tutoring in der Rolle des Lernenden die Lösungen zu Aufgaben durch mein Gegenüber überprüfen lassen.				

	trifft sehr zu	trifft zu	trifft wenig zu	trifft nie zu
1. Ich habe mich sicher darin gefühlt, im Peer-Tutoring die Rolle des Lehrenden zu übernehmen.				
2. Ich habe mich sicher darin gefühlt, im Peer-Tutoring die Rolle des Lernenden zu übernehmen.				
3. Ich habe mich sicher darin gefühlt, im Peer-Tutoring die Rollen mit meinem Gegenüber zu wechseln.				
4. Ich habe mich sicher darin gefühlt, im Peer-Tutoring in der Rolle des Lehrenden meinem Gegenüber etwas zu erklären.				
5. Ich habe mich sicher darin gefühlt, im Peer-Tutoring in der Rolle des Lehrenden meinem Gegenüber Aufgaben zu stellen.				
6. Ich habe mich sicher darin gefühlt, im Peer-Tutoring in der Rolle des Lehrenden die Lösungen zu Aufgaben meines Gegenübers zu überprüfen.				
7. Ich habe mich sicher darin gefühlt, im Peer-Tutoring in der Rolle des Lernenden Erklärungen meines Gegenübers in eigenen Worten zusammenzufassen.				
8. Ich habe mich sicher darin gefühlt, im Peer-Tutoring in der Rolle des Lernenden Aufgaben zu bearbeiten.				
9. Ich habe mich sicher darin gefühlt, im Peer-Tutoring in der Rolle des Lernenden die Lösungen zu Aufgaben durch mein Gegenüber überprüfen zu lassen.				

Tab. 2: Fragebögen Peer-Tutoring

Ein Diagnoseinstrument auswählen

Bei der Auswahl eines Diagnose-Instruments sollten Sie neben methodischen Fragen auch praktische Erfordernisse berücksichtigen:

- Sind die räumlichen und zeitlichen Voraussetzungen für die Durchführung geschaffen?
- Ist ausreichend Zeit vorhanden, um die geplante Menge an Daten auswerten zu können?

Seien Sie hier unbedingt realistisch und entscheiden Sie sich ggf. für ein Instrument,

- mit dem eine einfacher durchzuführende Datenerhebung und eine schnellere Datenauswertung verbunden ist oder
- das sich in der Vergangenheit für Sie als hilfreich und erfolgversprechend erwiesen hat.

Bedenken Sie ebenfalls, für wie effektiv Sie den Einsatz des Instruments halten: Betrachten Sie die erhobenen Daten als *Voraussetzung* dafür, tatsächlich Lernerfolge zu ermöglichen?

Was in diesem Beispiel gilt, wird für die meisten diagnostischen Anlässe gelten: *Entwicklungsbedarfe* stellen Sie fest und halten sie meist als Eigenschaften einer ausgewählten Stichprobe fest (z. B. einer Schülerin/eines Schülers oder einer Gruppe von Schüler/innen). Sie erheben also in aller Regel keine Daten. Dies gilt sowohl für Zusammenhangs- als auch für Unterschiedshypothesen, wenn sie z. B. verschiedene Lerngruppen vergleichen wollen. Falls der Bedarf jedoch ganz genau erhoben werden soll, können dazu dennoch Daten erhoben werden, wie oben beispielhaft in Bezug auf den Grad der Beherrschung der Methode des Peer-Tutorings gezeigt wurde.

Entwicklungsziele dagegen stellen den *Schwerpunkt* der Datenerhebung in Bezug auf den Ist-Stand dar: Hier brauchen Sie unbedingt Daten, um nach erfolgreicher Durchführung von Maßnahmen anhand erneuter Daten *evaluieren* zu können, ob die Maßnahmen bezogen auf ihr Entwicklungsziel erfolgreich waren: Ist nun ein bestimmter Bedarf erfüllt und wie erwartet ein bestimmtes Entwicklungsziel erreicht?

Das zu prüfende Entwicklungsziel in unserem Beispiel lautet also:

Schüler/innen sind motiviert, Lerninhalte zu beschreiben und zu erklären.

Wie bereits im letzten Kapitel deutlich gemacht, handelt es sich hierbei um eine Form der psychischen Aktivierung, die sich nur indirekt an bestimmten Verhaltensweisen erkennen lässt. Soll dies getestet werden, so liegen verschiedene standardisierte Testverfahren vor, mit denen gearbeitet werden könnte. Hier wäre aber zu prüfen, wie genau dieses Ziel überprüft werden soll. Ebenfalls ist zu bedenken, dass standardisierte Tests u. U. käuflich erworben werden müssen und in der Auswertung und Interpretation aufwändiger sind, m. a. W. also weniger praktikabel sind (vgl. Maier 2015 S. 107 f.).

Alternativ dazu bietet sich die Methode des Befragens an. Wird dabei nicht mit einem standardisierten Verfahren gearbeitet, ist die Vorbereitung, Durchführung und Auswertung wenig aufwändig. Allerdings müssen dafür Fragen vorbereitet werden. Entweder werden Fragen vorbereitet, deren Antworten quantifizierbar sind über bestimmte Antwortmöglichkeiten. Oder aber es weder qualitative Daten erhoben z. B. in Form eines Interviews. Hier muss entschieden werden, wie wichtig qualitative Merkmalsausprägungen sind: Je wichtiger diese sind, desto eher bietet sich eine Befragung in Form eines Gesprächs an.

Wenn sich bestimmte Verhaltensweisen bestimmen lassen, an denen sich erkennen lässt, dass die Schüler/innen motiviert sind, Lerninhalte zu beschreiben und zu erklären, so lässt sich auch eine Methode der Beobachtung wählen.

Bevor wir diese Entscheidung treffen, wollen wir zunächst einige Merkmale formulieren, die in unserem Beispiel sinnvoll erscheinen (vgl. Hesse/Latzko 2011, S. 140 ff.):

- Stärke der Motivation, etwas zu beschreiben oder zu erklären
- Richtung der Motivation: zuversichtlich oder vermeidend

Ausgehend von diesen Merkmalen wollen wir uns entscheiden, mit einer Methode der Befragung zu arbeiten. Es könnten dann bspw. folgende Aussagen formuliert werden. Ein Fragebogen würde dann wie folgt aussehen:

	trifft sehr zu	trifft zu	trifft wenig zu	trifft gar nicht zu
1. Es war mir wichtig, zu zeigen, dass ich etwas in eigenen Worten beschreiben kann, das ich wusste und konnte.				
2. Es war mir wichtig, zu zeigen, dass ich etwas in eigenen Worten erklären kann, das ich wusste und konnte.				
3. Es hat mir Spaß gemacht, etwas in eigenen Worten zu beschreiben, das ich wusste und konnte.				
4. Es hat mir Spaß gemacht, etwas in eigenen Worten zu erklären, das ich wusste und konnte.				
5. Es war mir wichtig, dass mein Gegenüber wusste, dass ich etwas nicht beschreiben konnte, weil ich es nicht wusste und konnte.				
6. Es war mir wichtig, dass mein Gegenüber wusste, dass ich etwas nicht erklären konnte, weil ich es nicht wusste und konnte.				

Tab. 3: Fragebogen Lerninhalte beschreiben und erklären

Dieser Fragebogen könnte nun eingesetzt werden. In den rechts liegenden Spalten zwei bis fünf sind die möglichen Etiketten für die Skalenwerte angegeben. Die Werte »trifft sehr zu«, »trifft zu«, »trifft wenig zu«, »trifft gar nicht zu« sind Ordinalwerte und die Skala demnach eine Ordinalskala, mit der wir die Rangfolge der Ausprägungen von den ausgewählten Merkmalen 1 bis 6 messen können.

In einem Fragebogen werden die Skalenwerte in einer Zeile in Spalten hintereinander angegeben und darunter die einzelnen Aussagen in jeweils einer Zeile aufgeführt. So können mit dem Fragebogen ganz leicht Daten erhoben werden: Die Befragten kreuzen einfach jeweils den Wert an, der am ehesten Ihre Zustimmung in Bezug auf die jeweilige Aussage findet:

	trifft sehr zu	trifft zu	trifft wenig zu	trifft gar nicht zu
1. Es war mit wichtig zu zeigen, dass ich etwas in eigenen Worten beschreiben kann, das ich wusste und konnte.	X			
2. Es war mit wichtig zu zeigen, dass ich etwas in eigenen Worten erklären kann, das ich wusste und konnte.			X	
...				

Tab. 4: Beispielhafte Bearbeitung eines Fragebogens

Erhebung der Daten

Bei der Erhebung von Daten sollten Sie unbedingt auf eine Reihe von Punkten achten, damit die Güte der von Ihnen erhobenen Daten nicht gestört wird durch Faktoren, die Sie leicht kontrollieren können.

1. Ist die **Stichprobengröße** sinnvoll gewählt?

Haben Sie darauf geachtet, nur genau so viele Personen zu beobachten bzw. zu befragen oder zu testen, wie für die Prüfung Ihrer Hypothese notwendig ist? Bedenken Sie auch Ihre eigenen bzw. die Ressourcen Ihrer Schüler/innen: Ist eine Datenerhebung in dem gewählten Umfang für niemanden eine zu große Belastung bzw. steht der zu erwartende Effekt in einem sinnvollen Verhältnis zum Aufwand?

2. Sind die **räumlichen Voraussetzungen** einer Durchführung dienlich?

Herrschen die für die Beobachtung, Befragung oder Testung notwendigen Bedingungen in dafür sinnvoll ausgewählten Räumen?

Achten Sie bei Beobachtungen darauf, dass die gewählten Bedingungen möglichst natürlich sind und es so möglich ist, diejenigen Daten zu gewinnen, die notwendig sind, um die formulierte(n) Hypothese(n) zu prüfen. Mit natürlichen Bedingungen ist gemeint, das Verhalten und Tätigkeiten in der Form ausgeübt werden, wie es ohne Beobachtung der Fall ist. Bei Unterrichtsbeobachtungen sollten Schüler/innen also folglich nicht unter Druck gesetzt werden, besonders aufmerksam zu sein oder besonders gut mitzuarbeiten – dann geben die gewonnenen Daten keine Auskunft über den jeweiligen Unterricht, sondern über eine auf diese Weise manipulierte Situation! Das heißt nicht, dass diese Daten wertlos sind, sondern nur, dass sie über etwas anderes Aussagen ermöglichen als das Intendierte. Beobachtungen können unter eher natürlichen Bedingungen stattfinden, wenn der diagnostische Prozess in den bisher beschriebenen Schritten explizit durchlaufen wurde und folglich keiner der Beteiligten im Unklaren darüber gelassen wird, warum etwas beobachtet wird.

Achten Sie bei Befragungen und Tests darauf, dass sich die befragten oder getesteten Personen durch nichts unnötig abgelenkt fühlen, bspw. weil in einem Raum nicht die notwendige Ruhe herrscht oder Personen (z. B. Mitschüler/innen) anwesend sind, die nicht an der Befragung oder dem Test teilnehmen.

3. Sind **zeitliche Voraussetzungen** vereinbart?

Ist die Bearbeitungsdauer bzw. die Gesprächsdauer geklärt? Achten Sie unbedingt darauf, dass den beobachteten bzw. befragten oder getesteten Personen vorher klar ist, wie viel Zeit sie haben. Finden Sie vorher ggf. durch einen Probelauf heraus, wie viel Zeit tatsächlich gebraucht wird, um die Befragung oder den Test durchzuführen.

4. Besteht **Zielklarheit**?

KV 12

Sind allen Beteiligten die diagnostische Frage(n) und Hypothese(n) präsent? Hier kann – wie bereits oben erwähnt – die ausgefüllte Kopiervorlage 12 hilfreich sein – sie sollte allen Beteiligten vorliegen bzw. für diese sichtbar sein, damit klar ist, wozu die Daten erhoben werden.

Erst so stellen Sie Fairness in Bezug auf das Verfahren her und garantieren ein Mindestmaß an Objektivität (vgl. Maier 2015 sowie Bortz/Döring 2006, S. 195). Gerade in Fällen von Klausuren und Klassenarbeiten sowie landesweiten Datenerhebungen zu Lernständen ist oftmals festzustellen, dass die jeweiligen Ziele nicht transparent gemacht werden. Dies ist besonders wichtig, weil es sich zunächst nicht um selbst gesetzte Ziele handelt. Für diagnostische Prozesse und erfolgreiche Lernprozesse ist es deshalb entscheidend, ggf. ausgehend von den fremdgesetzten Ziele entsprechende Ziele für sich selbst zu setzen (vgl. oben).

5. Sind die **Instruktionen** verständlich?

Sind die Formulierungen der Arbeitsanweisungen klar? Achten Sie darauf, dass den Schüler/innen klar ist, worin die Aufgabe besteht. Ggf. können Sie dies an einem Beispiel vorher illustrieren. Sie können auch Erläuterungen ergänzen, die vor allem hilfreich sind in Bezug auf Fehler oder Störungen, z. B.: *Was tue ich, wenn ich bei einer Beobachtung kurz abgelenkt war? Was tue ich, wenn ich bei einer Befragung ein Kreuzchen falsch gesetzt habe?* etc. Wichtig ist, dass Instruktionen nicht mit Erläuterungen vermischt werden: Eine Arbeitsanweisung bzw. Aufgabenstellung sollte immer kurz und klar sein. Auch dies ist wesentlicher Bestandteil der Gütekriterien Objektivität und Fairness. Gleiches gilt für die Aufgaben in Klassenarbeiten. Sie können sich hier auch orientieren an Gütekriterien für die Formulierung von Aufgaben, wie sie in den Fachdidaktiken entwickelt werden (vgl. Maier 2013 sowie Meyer/Oleśniewicz 2015b).

Auswertung und Interpretation der Daten: Erkenntnisse ableiten

Aus dem Alltag ist uns das Interpretieren von Daten auf zwei Weisen vertraut (vgl. Kap. 1): Einerseits interpretiert unser Gehirn Sinnesdaten permanent, ohne dass uns dies bewusst wird. Daten schnell zu verarbeiten und zu interpretieren ermöglicht es uns, schnell und unmittelbar handeln zu können. Andererseits ist uns das explizite, d. h. methodisch geleitete Interpretieren von Daten vertraut als Lehrkraft, etwa im Beurteilen von Leistungen in Klassenarbeiten, sowie als Schülerin bzw. Schüler, z. B. im Interpretieren von inhaltsbezogenen Randbemerkungen in Klassenarbeiten. Manchmal gehen wir dabei auch methodisch vor, etwa bei der Beurteilung von Leistungen. Das routinierte, *systematische* Interpretieren von erhobenen Daten ist uns aber nicht als wesentliches Element unserer alltäglichen Praxis vertraut.

Wollen wir Daten im diagnostischen Prozess methodisch geleitet und systematisch interpretieren, um daraus Erkenntnisse für den weiteren diagnostischen Prozess abzuleiten, so gilt zunächst: wir folgen unseren Erfahrungen und Fähigkeiten als Schüler/innen bzw. als Lehrkraft und können keine Interpretation im *wissenschaftlichen* Sinn vornehmen. Wir bilden – im Vertrautwerden mit diagnostischen Prozessen – auch *interpretative Routinen* aus, indem wir u. a. die Diagnosebereiche als Orientierungsrahmen nutzen. Solche Routinen entstehen ganz allgemein im Rahmen der Institution Schule und den damit verbundenen Normen. Zentral ist dennoch die Offenheit und Unvorhersagbarkeit von Interpretationen. Routinen helfen nur Gewohnheiten auszubilden, geben aber keine absolute Sicherheit.

Um Daten interpretieren zu können, müssen Sie diese zunächst *aufbereitet* und *ausgewertet* werden. Dabei sind zunächst Fragen des Datenschutzes zu klären.

Schutz von Daten

Die Aufbereitung und Auswertung von Daten erfolgt immer schriftlich. Daraus ergibt sich die Frage, wer die Daten wo und wie lange aufbewahrt bzw. speichert. Thematisieren Sie Fragen des Datenschutzes unbedingt mit Ihren Kolleg/innen und Ihrer Schulleitung, sowie ggf. mit Ihren Schüler/innen und den Eltern! Sie schaffen sich damit nicht nur juristisch Sicherheit, sondern auch eine vertrauensvolle Atmosphäre, die Voraussetzung für Beratung und erfolgreiches Weiterlernen ist.

Sie nehmen dadurch gerade in der Schule die Angst, die sogar unter Lehrkräften verbreitet ist, dass die Erhebung von Daten prinzipiell fragwürdig ist und einen zu starken Eingriff in die persönliche Arbeitstätigkeit darstellt.

Sorgen Sie deshalb unbedingt in allen Schritten für Transparenz: *Wer erhebt über wen wozu wie oft und wie lange welche Daten? Wo, und wie, und wie lange werden diese für wen einsehbar aufbewahrt bzw. gespeichert?* Sie finden entsprechende Bestimmungen in den Schulgesetzen Ihres Bundeslandes (für das Land NRW bspw. im Schulgesetz §§ 120–122) sowie in zusätzlichen Verordnungen über zur Verarbeitung zugelassene Daten.

Nachdem Sie diese Fragen geklärt haben, erfassen Sie alle beobachteten, erfragten oder getesteten Merkmalsausprägungen und prüfen zunächst, ob alle Daten fehlerfrei sind. So kann es bspw. bei Fragebogenerhebungen passieren, dass jemand mehrere Skalenwerte angekreuzt werden, obwohl dies nicht vorgesehen ist. Oder bei handschriftlichen Beobachtungsprotokollen können bestimmte Passagen unleserlich sein. In beiden Fällen können die quantitativen bzw. die qualitativen Daten somit nicht genutzt werden.

Die Art der Auswertung der Daten hängt vor allem von der Art der Daten ab. Wenn Sie quantitative Daten erhoben haben, können Sie diese zunächst *auszählen* und ggf. (bei Ordinalwerten) *ordnen*. Dies kann entweder tabellarisch, z. B. in Form einer Strichliste, oder grafisch, z. B. in Form eines Säulendiagramms, erfolgen (vgl. Bortz 2006, S. 27 ff.). Des Weiteren können Sie dann im Rahmen einer statistischen Auswertung verschiedene Kennwerte bestimmen wie z. B. das arithmetische Mittel (vgl. Bortz 2006, S. 34 ff.). Sollten Sie qualitative Daten erhoben haben, so müssen Sie u. a. die Daten inhaltlich zusammenfassen und ggf. Kategorien bilden, um einzelne Fälle genauer analysieren zu können bzw. Fälle miteinander vergleichen zu können (z. B. wenn Sie mehrere Interview geführt haben) (vgl. Bortz/Döring 2006, S. 329 ff.). Hier sehen Sie das Beispiel einer Strichliste:

Beobachtungsbogen: Wie aufmerksam bearbeiten die Schüler/innen ihre individuellen Aufgaben?

Klasse: 7a Beobachtungszeitraum: 18. bis 29.05.15 Beteil. Lehrkräfte: SCHMI, HOR, BAU

Indikatoren:
1. … liest die Aufgabenstellung genau und stellt ggf. Verständnisfragen.
2. … legt die benötigten Arbeitsmittel (Bücher, Heft, Stifte, Lineal etc.) bereit.
3. … bearbeitet Schritt für Schritt die Aufgabe.
4. … spricht während der Bearbeitungsphase nur über die Aufgabe.

Name		Mo	Di	Mi	Do	Fr	Mo	Di	Mi	Do	Fr	Mo	Di	Mi	Do	Fr	Mo	Di	Mi	Do	Fr
Schüler 1	1	III	II	III	III	III	II	II	II	II	III										
	2	III	I	III	I	II	II	III	III	IIII	IIII										
	3	I	III	II	III	III	IIII	I	III	II	III										
	4	II	I	III	IIII	IIII	III	III	IIII	III	IIII										
Schüler-in 2	1		I		I																
	2	II	I		I		II		I	I											
	3			I			I		I												
	4																				
Schüler 3	1																				
	2																				
	3																				
	4																				
Schüler 4	1																				
	2																				
	3																				
	4																				

Abb. 37: Beispiel für eine Datenauswertung (vgl. MSW NRW/Bertelsmann Stiftung 2015)

Wenn Sie die erhobenen Daten *ausgewertet* haben, folgt der wichtigste Schritt für die folgende Beratung (vgl. Kap. 4): die *Interpretation* der Daten. Zunächst sollte klar sein, dass die Interpretation dazu dient, die formulierte(n) Hypothese(n) entweder zu *bestätigen* oder zu *widerlegen*. Das heißt, Sie bestätigen oder widerlegen entweder einen angenommenen Zusammenhang oder einen angenommenen Unterschied. Falls andere Aspekte auffällig sind, so können diese für zukünftige Datenerhebung berücksichtigt werden, aber nicht für die gerade abgeschlossene: konzentrieren Sie sich auf das, was Sie herausfinden wollten!

Damit Ihnen bei der Interpretation keine größeren Fehler unterlaufen, sollten Sie die folgenden zwei Gebote beachten:

1. **Evidenzgebot:** Gegenstand sollte nur das sein, was auch tatsächlich erhoben wurde.

Achten Sie bei der Interpretation darauf, welche Informationen in den Daten tatsächlich enthalten sind bzw. welche Schlüsse sich tatsächlich aus den erhobenen Daten ziehen lassen. Schauen wir uns dazu ein Beispiel aus unseren oben erhobenen Daten an. Nehmen wir an, dass in der Befragung 18 von 27 Schüler/innen angegeben haben, dass die folgende Aussage nie zutrifft:

Es war mir wichtig, dass mein Gegenüber wusste, wenn ich etwas nicht beschreiben konnte, weil ich es nicht wusste und konnte.

Wir wissen nun nicht, *warum* ihnen dies nicht wichtig ist; dazu wurden keine qualitativen Daten erhoben. Im Rahmen der Besprechung der Daten könnte so etwas aber *zusätzlich* erfragt werden. *Nicht* schließen lässt sich aus den Daten, dass und wie oft *tatsächlich* eine solche Situation entstand, in der sie nicht mitgeteilt haben, etwas nicht beschreiben zu können. So ist es bspw. vorstellbar, dass ein Schüler angegeben hat, dass ihm dies nicht wichtig sei, es aber in zehn erlebten Situationen nur einmal tatsächlich vorkam.

Um solche vorschnellen Schlüsse ausgehend von erhobenen Daten zur vermeiden, ist es wichtig, dass Sie sich genügend Zeit für ein Gespräch über die Interpretation der Daten nehmen. Lassen Sie vor allem Ihren Schüler/innen genügend Zeit, die Daten zu *verstehen*! Nur so schaffen Sie gute Voraussetzungen für einen gelungenen Beratungsprozess.

Interpretation und weitere Datengewinnung

Nutzen Sie das Gespräch zur Interpretation der Daten, um qualitative Informationen über einzelne Ergebnisse zu erhalten. Bedenken Sie jedoch dabei, dass diese Informationen keine zuverlässigen Daten sind. Falls Sie gemeinsam mit Ihren Schüler/innen feststellen, dass Sie weitere Daten erheben wollen, vereinbaren Sie dies.

2. **Erklärungsgebot:** Erklärungen sollten *vorsichtig* Zusammenhänge bzw. Unterschiede benennen und keine scheinbar eindeutige Ursache-Wirkungs-Beziehung behaupten.

Bei der Interpretation von Daten kann es leicht passieren, dass Behauptungen aufgestellt werden, die eine vermeintliche Ursache für etwas behaupten. Dabei ist nicht nur zu bedenken, dass in einer Datenerhebung niemals alle *möglichen* Faktoren berücksichtigt werden können, sondern immer nur ausgewählte. Ebenso liefern Daten immer nur Hinweise auf die Bestätigung einer Hypothese – sie können aber nicht deren Wahrheit garantieren.

Für einen gelingenden Beratungsprozess ist es entscheidend, auf Daten und deren Interpretation zurückzugreifen im Sinne einer *gemeinsamen Verständigung* und nicht im Sinne einer absoluten Klärung. Jede Interpretation ist revidierbar, erweiterbar, veränderbar – entscheidend ist, was mit den Ergebnissen einer Datenerhebung im darauf folgenden Beratungsprozess erreicht werden soll in Bezug auf Entwicklungsbedarfe und Entwicklungsziele.

Wenn wir also auf unsere Beispieldatenerhebung schauen, wäre es nicht ratsam, in einem Gespräch mit den Schüler/innen zu behaupten »Ich sehe, ihr traut euch nicht zu sagen, wenn ihr etwas nicht könnt!«

Fragen formulieren

Formulieren Sie alle möglichen Schlüsse aus Daten immer als Fragen, so dass alle Beteiligten die Möglichkeiten haben, darüber nachzudenken und ggf. zu diskutieren, ob dies ihrer Ansicht nach auch der Fall ist.

So könnte es sein, dass eine Schülerin folgende Aussage formuliert:

Irgendwie war es Vielen gar nicht wichtig, dass sie etwas lernen können!

Erst in einem Gespräch könnte sich dann bspw. herausstellen, dass die Schülerin zu dieser Aussage auf folgende Weise gekommen ist: Sie ist davon ausgegangen, dass es den meisten nicht wichtig ist, zu zeigen, dass sie etwas nicht beschreiben können. Daraus hat sie geschlossen, dass sie Lerngelegenheiten nicht nutzen. Dies könnte sich daraus ergeben, dass man zeigt, wenn man etwas nicht beschreiben kann und ggf. um Hilfe oder Unterstützung bittet.

Wichtig bei der Formulierung von Erklärungen ist, dass Sie Bezug zu den jeweiligen Hypothesen herstellen, auf die Sie sich geeinigt haben. So könnte in Bezug auf unsere Beispielhypothese vermutet werden:

Weil die Schüler/innen die Methoden des Peer-Tutorings noch nicht beherrschen, sind auch nur wenige Schüler/innen motiviert, Lerninhalte zu beschreiben und zu erklären.

Entscheidend an dieser Stelle ist, dass dies *eine* mögliche Erklärung ist. Erst durch den Beratungsprozess und die anschließende Umsetzung von Entwicklungsmaßnahmen lässt sich am Ende im Rahmen der Evaluation feststellen, ob sich an der Motivation etwas geändert an, nachdem festgestellt wurde, dass nun viele oder sogar die meisten Schüler/innen die Methode des Peer-Tutoring beherrschen. Und auch wenn dies der Fall sein sollte: Ist es dennoch möglich, dass die höhere Motivation aus *anderen Gründen* gestiegen ist und ursächlich gar nichts mit der Beherrschung der Methode des Peer-Tutorings zu tun hat.

Erinnern Sie sich aber daran, dass wir nicht als Wissenschaftler/innen, sondern als Lehrkräfte und Schüler/innen Daten erheben, um neue Lernchancen zu ermöglichen. So lange also für alle beteiligten Personen erkennbar und erfahrbar ist, dass sich die Motivation, Lerninhalte zu beschreiben dadurch steigern lässt, dass mit der Methode des Peer-Tutorings gearbeitet wird, muss an der Bestätigung der Hypothese nicht gezweifelt werden: Die Gewissheit ist hier eine praktische, und keine statistische.

- **Die Gewinnung von Daten erfolgt immer, um Lernerfolge zu ermöglichen. – Wählen Sie dementsprechend passende Diagnosemethoden und -instrumente aus.**
- **Achten Sie auf ein methodisch kontrolliertes Vorgehen bei der Erhebung von Daten. – Vermeiden Sie damit die Verzerrung von Ergebnissen.**
- **Ein diagnostischen Prozess kann nur auf der Grundlage gewonnener Daten erfolgreich fortgesetzt werden. – Beachten Sie bei der *Interpretation* der Daten unbedingt das Erklärungs- und Evidenzgebot.**

Entwicklungen gestalten und Veränderungen ermöglichen

4

In diesem Kapitel zeigen wir Ihnen, wie sich ausgehend von evidenzbasierten Beziehungen zwischen Bedarfen und Zielen Entwicklungen gestalten und Veränderungen ermöglichen lassen. Während in der Lernprozessberatung eine abschließende Klärung und Formulierung von Entwicklungsbedarfen und Entwicklungszielen stattfindet, folgt danach die Planung, Durchführung und Evaluation von Entwicklungsmaßnahmen. Damit ist der diagnostische Prozess abgeschlossen, insofern nach der Evaluation von Entwicklungsmaßnahmen entweder beabsichtigtes erfolgreiches Weiterlernen ermöglicht werden konnte. Oder aber es muss aufgrund einer unzureichenden Verwirklichung ein erneuter diagnostischer Prozess in Gang gesetzt werden.

Lernprozessberatung 4.1

Als Lehrer/in sind Sie, ohne dass Ihnen das vielleicht bewusst ist, vor allem Expert/in für Veränderungen: das Führen von Lernprozessen bzw. die Befähigung von Schüler/innen Lernprozesse selbst zu führen, verlangt nicht nur eine Haltung, die Veränderungen gegenüber aufgeschlossen ist; sondern sie ist auch mit der Fähigkeit verbunden, Lernprozessen als Veränderungsprozessen eine Struktur zu geben, damit Ihre Schüler/innen Lernerfolge erzielen können.

Lernprozessberatung ist der Ausgangspunkt, um Veränderungen ausgehend von Entwicklungsbedarfen und Entwicklungszielen zu gestalten. Sie hat zum Ziel, dass Schüler/innen, die Lernhindernisse beseitigen und Veränderungswünsche umsetzen wollen, in die Lage versetzt werden, die dafür notwendigen Schritte zu tun, um danach erfolgreicher lernen zu können.

Lernprozessberatung ist damit ein wesentlicher Bestandteil von schulischer Beratung insgesamt. Deshalb teilt Lernprozessberatung auch vier zentrale Merkmale mit allgemeiner schulischer Beratung (vgl. Sickendieck u. a. 2008, S. 22 ff.):

1. Hilfen für Rat suchende Schüler/innen
2. systematischer Beratungsprozess
3. professionelles Verhältnis zwischen Lehrer/innen und Schüler/innen
4. Beratung auf der Grundlage der eigenen Expertise als Lehrer/in

Erstens soll den Schüler/innen in ihrer Suche nach Rat Hilfe angeboten werden, um während des eigenen Lernprozesses die jeweils notwendigen Entscheidungen treffen zu können (vgl. Ingenkamp 2008, S. 316, vgl. Kap. 5). In der Lernprozessberatung geht es aber im Vergleich zur schulischen Beratung allgemein in fokussierterer Weise darum, im Lernprozess Hilfen anzubieten, um erfolgreicher *lernen* zu können. Je mehr Schüler/innen sich darin selbst vertrauen, solche Entscheidungen treffen zu können, desto größer ist der Anteil an Selbststeuerung im Lernprozess.

Zweitens ergibt sich daraus, dass Lernprozessberatung immer systematisch ist: Sie ist fokussiert auf die Lernprozesse der Schüler/innen insgesamt und erfolgt nicht bloß punktuell. Sie ist insofern ein wesentliches Element individualisierten und autonomen Lernens: Sie trägt zur Bildung von erfolgreichen Handlungsroutinen bei und reagiert auf Bedürfnisse, Wünsche und Erfahrungen, die von Schüler/innen im Rahmen diagnostischer Anlässe artikuliert wurden. Der Lernprozessberatung kommt also vor allem die Aufgabe zu, Schüler/innen darin zu unterstützen, Handlungsroutinen auszubilden, die es ihnen ermöglichen, erfolgreich lernen zu können und dafür die jeweils notwendigen Entscheidungen zu treffen.

Diese Handlungsroutinen lassen sich verorten in den verschiedenen Diagnosebereichen (vgl. Kap. 2): So kann es bspw. darum gehen, dass Ihre Schüler/innen Hilfe brauchen bei der Einteilung ihrer Lernzeit (Bereich individuelle Lernvoraussetzungen: Lernstrategien) oder bei der konzentrierten Arbeit in Teams (Bereich Unterrichtsqualität: Klarheit und Sozialform).

Lösungsorientierte Gesprächsführung

Nutzen Sie Lernprozessberatungsgespräche vor allem dazu, dass Sie Ihre Schüler/innen befähigen, selbstständiger in der Steuerung und Organisation ihrer Lernprozesse zu werden (vgl. Kap. 5). Der Schwerpunkt sollte also nicht darauf liegen, welche *Schwierigkeiten* Schüler/innen haben, sondern welche *Lösungen* sie bereits kennen oder entwickeln können, um erfolgreich lernen zu können.

Drittens basiert Lernprozessberatung auf einem professionellen Verhältnis von Lehrer/innen und Schüler/innen. Der Dialog im Rahmen der Beratung beruht, wie die Gestaltung von Lernprozessen insgesamt, auf der Gestaltung von Beziehungen (vgl. dazu Miller 1999, S. 61), die entscheidend für erfolgreiches Lernen sind: »Lehrpersonen müssen dem Kind die Erfahrung ermöglichen, im Klassenzimmer anerkannt zu sein. Außerdem erfordert die Entwicklung von Beziehungen gewisse Fähigkeiten von der Lehrperson – etwa die Fähigkeit des Zuhörens, der Empathie, der Fürsorge sowie eine positive Einstellung gegenüber anderen« (Hattie 2014a, S. 141).

Viertens erfolgt die Beratung durch die Lehrkraft vor dem Hintergrund der eigenen Expertise als Lehrer/in. Somit lässt sie sich einerseits von der informellen alltäglichen Beratung abgrenzen, wie sie uns aus Gesprächen unter Freunden oder Kolleg/innen vertraut ist: punktuell und meist spontan raten wir bspw. Kolleg/innen, die uns in Pausen zwischen Unterrichtstunden von Schwierigkeiten in bestimmten Lerngruppen berichten, bestimmte Dinge zu tun oder zu unterlassen wie etwa: *»Besprecht doch noch mal die Klassenregeln!« oder »Dann müssen die Störer eben in den Trainingsraum!«* Professionelle Beratungssituationen in der Schule sind hingegen als solche explizit vereinbart und erkennbar und sie sind regelmäßig wiederkehrendes Element, z. B. im Lernprozess als Lernprozessberatung: Es wird nicht nur ein Zeitraum bestimmt und ein Ziel festgelegt, sondern der Prozess selbst ist vertraut, weil regelmäßig solche Gelegenheiten genutzt werden. Unsere Expertise für Veränderungs- und Lernprozesse benötigen wir dabei, um der bzw. dem jeweils Ratsuchenden Hilfen zu bieten, Lösungen für bestehende Lernhindernisse zu erarbeiten.

Andererseits lässt sich schulische Beratung von der formalisierten Beratung wie sie z. B. in Beratungsstellen angeboten wird, abgrenzen (Sickendieck u. a. 2008, S. 22 ff.). Sie beraten allein als Lehrkraft auf der Grundlage ihrer Ausbildung und ihrer bisherigen Berufserfahrung. Dies stellt keinen Mangel dar, sondern einen Schatz: Ihr Wissen um Veränderungs- und Lernprozesse kann Ihren Schüler/innen dabei helfen, für sich selbst erfolgreiche Handlungsmöglichkeiten zu erproben und zu Routinen werden zu lassen.

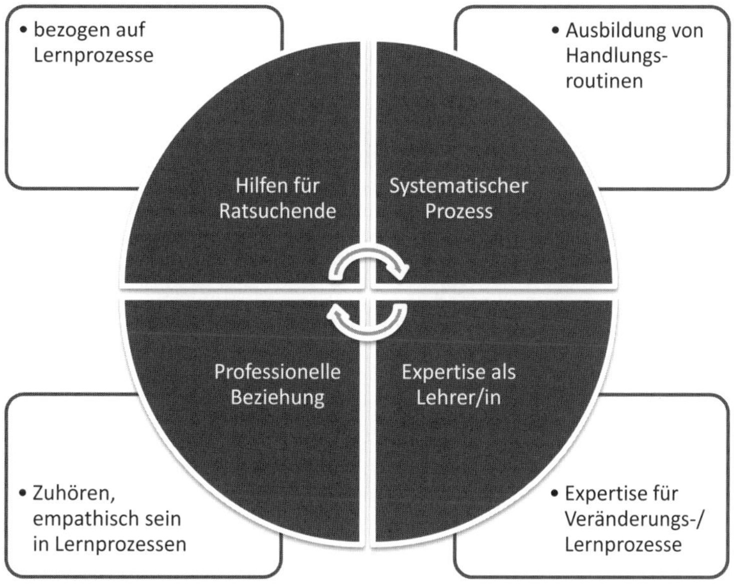

Abb. 38: Merkmale von Lernprozessberatung

Grenzen der Beratung

Machen Sie sich die Grenze Ihrer eigenen Beratungsrolle bewusst: Der Fokus sollte, wie im gesamten diagnostischen Prozess, immer auf der Ermöglichung von Lernerfolgen liegen und sich auf diejenigen Faktoren konzentrieren, die einen möglichst direkten Einfluss auf Lernerfolge haben (vgl. die Übersicht der Diagnosebereiche in Kap. 2, Abb. 11 bis 16). Je weniger direkt der Einfluss des jeweiligen Faktors ist und je weniger er auf direkte Weise unterrichtsbezogen ist, desto wichtiger werden in der schulischen Beratung andere Partner (vgl. Kap. 4.2).

Im Unterschied zur schulischen Beratung allgemein findet die Lernprozessberatung – unabhängig davon, ob die Anlässe nur einzelne oder mehre Schüler/innen und Lehrer/innen betreffen – immer im Kontext einer *gesamten* Lerngruppe bzw. Ihres Unterrichts ihren Platz. Jede Lernprozessberatung als Teil individualisierten Unterrichts findet also immer auch mit Blick auf *gemeinsame Ziele im Unterricht* sowie der Unterrichtsentwicklung statt, die bereits bei der Hypothesenbildung festgelegt worden sind.

Der Ausgangspunkt der Lernprozessberatung ist also immer das *Was*, nämlich ein inhaltlicher diagnostischer Anlass (vgl. Kap. 2), und nicht das *Wer*, also bestimmte Schüler/innen oder bestimmte Lerngruppen. Ob Sie nun einzelne oder mehrere Schüler/innen beraten: immer sollte der Fokus darauf liegen, wie ausgehend von bestimmten Anlässen und geklärten Ist-Ständen, die nicht immer *alle* Schüler/innen in einer Lerngruppe *direkt* betreffen, bestehende Entwicklungsbedarfe erfüllt und Entwicklungsziele erreicht werden können, so dass erfolgreiches Lernen ermöglicht wird. Bereits in der Anlassklärung haben Sie herausgefunden, wer bestimmte Hinderniserfahrungen gemacht hat und Veränderungswünsche hat – genau diese Personen werden Sie auch beraten, um erfolgreiches Lernen zu ermöglichen.

Lernprozessberatung ist damit selbst wiederum Teil größerer Unterrichts- und ggf. Schulentwicklungsprozesse, an denen Schüler/innen sowie Lehrkräfte beteiligt sind:

> *»Wird Beratung in diesem Sinne als pädagogische Aufgabe verstanden, verlässt sie die enge Bindung an konkrete Problemsituationen und wird zu einem Prozess, in welchem Lehrkräfte im Austausch mit ihren Schülern und mit Kolleginnen und Kollegen das Lernen der Schüler, die gemeinsame Arbeit und die wechselseitigen Beziehungen reflektieren und weiterbringen wollen.«* (Schnebel 2012, S. 25)

Ein solches Verständnis von schulischer Beratung allgemein und Lernprozessberatung insbesondere erfordert nicht nur gute Zusammenarbeit in einer Schule, sondern auch Transparenz: Schüler/innen sollte nicht nur klar sein, wie wichtig der Diagnosebereich »Qualität des Unterrichts« ist, sondern es sollte ihnen auch klar sein, dass die stetige Verbesserung des Unterrichts nichts ist, was von einer einzigen Lehrkraft abhängig ist oder was ohne den Dialog mit ihnen als Lernende stattfindet.

Immer dann, wenn aufgrund des jeweiligen Anlasses weitere Partner in der schulischen Beratung gewonnen werden müssen, gerät die Zusammenarbeit in einer Schule und über Schule hinaus in den Blick.

Lernprozessberatung als integraler Bestandteil des Unterrichts

Lernprozessberatung erfolgt aus dem Unterricht heraus und erfolgt im Unterricht, mit den Mitteln des Unterrichts. Sie stellt dabei – ausgehend von den jeweils erhobenen Daten – nicht vermeintliche Ursachen für Lernhindernisse fest, sondern sucht ausgehend von abschließend festgestellten Entwicklungsbedarfen und -zielen nach Lösungen für die Gestaltung erfolgreicher Lernprozesse. Sie ist *ein* Bestandteil schulischer Beratung und *immer* Bestandteil diagnostischer Prozesse.

Lernprozessberatung ist damit nicht als einmaliges Ereignis zu verstehen, zu dem bspw. eine Schülerin oder ein Schüler mit einer Lehrkraft ratsuchend Kontakt aufnimmt, sondern als fortlaufender Bestandteil des Unterrichts, zu dem es gehört, dass Schüler/innen Lösungswege finden und thematisieren, die sie in Entwicklungsmaßnahmen umsetzen wollen. Als erfolgreich kann Lernprozessberatung deshalb nur dann erlebt werden, wenn sie *für Schüler/innen erkennbar* dazu führt, dass sich Lernprozesse und Unterricht sichtbar verändern, um spürbare Lernerfolge zu ermöglichen.

Dies zeigt, dass Beratung nichts ist, das Sie ganz allein realisieren mit Ihren Schüler/innen: Sie sollte in Ihrer Schule als Lernprozessberatung fest installiert sein; Sie sollten mit Ihren Kolleg/innen in Fach- oder Jahrgangsteams Festlegungen darüber machen, wie Sie Lernprozessberatung umsetzen wollen (vgl. Kopiervorlage), d. h.,

- an welchen Stellen,
- zu welchen Zeitpunkten und
- nach welchen Ablaufschema

Sie im Unterricht Beratungen anbieten wollen. Dies sollte im Dialog mit den Schüler/innen festgelegt werden, damit gemeinsam herausgefunden werden kann, welche Wünsche und Bedürfnisse bestehen.

Da Lernprozessberatung mögliche Maßnahmen zur Erfüllung von Entwicklungsbedarfen und -zielen vorbereitet, muss eine Stelle im Unterricht ausgewählt werden, an der die sich daran anschließende Planung und Durchführung von Entwicklungsmaßnahmen sinnvoll aufgenommen werden kann.

Wenn sich also Maßnahmen auf eine bestimmte Unterrichtsreihe in ihrer Gänze beziehen, sollte die Beratung auch zu Beginn stattfinden. Die Wahl eines geeigneten Zeitpunkts hängt damit zusammen: Sind alle Beteiligten der Überzeugung, dass sich ausgehend von dem gewählten Zeitpunkt in naher Zukunft Entwicklungsbedarfe und -ziele erfüllen lassen?

KV 17

Es kann ggf. sinnvoll sein, Beratungsgespräche in die Unterrichtsroutine zu integrieren (also z. B. immer zu Beginn einer Unterrichtsreihe). Damit würde allerdings auch die Anlässklärung ritualisiert erfolgen und nicht zu ganz unterschiedlichen Zeitpunkten, je nach Auftreten von Hinderniserfahrungen. Ein Ablaufschema für Lernprozessberatungsgespräche kann Ihnen und Ihren Schüler/innen helfen, Routine in Bezug auf die Gesprächsführung zu entwickeln. Sie können sich dabei an den Schritten der Lernprozessberatung orientieren, die wir Ihnen im Folgenden vorstellen (KV 17).

Wie auch die Anlassklärung sollte die Beratung einen *Raum der Ruhe* in der *zeitlichen Abfolge der einzelnen Schritte* des Diagnoseprozesses schaffen. Diagnostische Prozesse sowie Lernprozesse sind sehr stark auf die Realisierung von zeitlichen Vorgaben ausgerichtet: Beachtung und Einhaltung von Fristen, bspw. zur Bearbeitung und Präsentation von Aufgaben auf Seiten der Schüler/innen bzw. zur Bekanntgabe und Abgabe von Noten am Ende von Quartalen, Halb- und Schuljahren auf Seiten der Lehrer/innen. Fortlaufend kontrollieren wir dabei, ob wir festgelegte Fristen einhalten können.

Dem entgegengesetzt steht die Schaffung von Räumen der Ruhe und Konzentration, in denen nicht im Vordergrund steht, Fristen einzuhalten und Zeitpläne zu beachten. Vielmehr geht es dabei darum, im Dialog miteinander nachdenken zu können, bspw. über bestehende Lernhindernisse oder Veränderungswünsche oder über individuell bedeutsame Entwicklungsbedarfe und Entwicklungsziele, die sich durch erhobene Daten bestätigt haben.

Solche Räume der Ruhe sollten ebenfalls *geschützte Räume* sein, in denen vor allem Schüler/innen nachdenken und miteinander überlegen können und sich artikulieren können, um *Entscheidungen treffen zu können* – genauso, wie sie auch die *Eröffnung neuer (Handlungs-) Möglichkeiten*, bspw. in der Hypothesenklärung, brauchen (vgl. Kap. 3.1). Explizite schulische Diagnostik braucht Entschleunigung! Dazu kann es hilfreich sein, einen anderen Raum als den Klassenraum aufzusuchen oder im vorhandenen Raum Rituale einzuführen, um einen solchen geschützten Raum entstehen zulassen (z. B. durch Aufstellen eines Gegenstands oder durch Verwendung eines Glockentons, der anzeigt, dass an diesem Zeitpunkt jeder in Ruhe nachdenken kann und Raum bekommt, sich zu artikulieren).

Routinen schaffen

Schaffen Sie – wie auch bei der Anlassklärung und der Hypothesenklärung – Routinen in den fortlaufenden Lernprozessen, um beraten zu können (vgl. KV 17).

Achten Sie dabei besonders darauf, dass Sie Schüler/innen Räume der Ruhe zur Verfügung stellen, in denen mit genügend Zeit und Konzentration, darüber nachdenken können, *was* sie verändern wollen und *wie* mögliche Lösungen aussehen könnten.

Stärken Sie dabei Ihre Schüler/innen darin, von den jeweils eigenen Ressourcen auszugehen.

Für die Lernprozessberatung ist entscheidend, die Einflussfaktoren erfolgreichen Lernens nicht aus dem Auge zu verlieren (vgl. Kap. 2). Sicherheit darüber haben Sie sich bereits dadurch geschaffen, dass Sie bei der Festlegung von Hypothese(n) Diagnosebereiche identifiziert haben. Nun ist es davon ausgehend für den Beratungsprozess entscheidend, sich weiterhin an diesen Bereichen zu orientieren.

Partner in der Beratung 4.2

So wie diese Faktoren ein wechselseitiges Bedingungsgefüge darstellen, so stehen auch verschiedene (mögliche) Partner im Gefüge schulischer Beratung in Beziehung zueinander (vgl. Abb. 39).

Auf der einen Seite gibt es eine Reihe wichtiger innerschulischer Partner. Das sind einerseits Personen mit besonderer Expertise oder Aufgaben im Beratungsbereich wie z. B. Schulsozialarbeiter/innen oder Förderschullehrer/innen. Andererseits sind dies schulische Gremien wie Fach- oder Jahrgangsteams oder Fachkonferenzen. Eine besondere Bedeutung kommt den Eltern zu. Sie sind insbesondere als Partner zu gewinnen, wenn es darum geht, dass Ihren Schüler/innen ein möglichst hohes häusliches Anregungsniveau geboten wird (vgl. Hattie 2014a, S. 73). In diesem Rahmen kann es – je nach vereinbarten Maßnahmen – hilfreich sein, Eltern um Unterstützung bei der Umsetzung zu bitten. Auch dies ist aber im Rahmen der Bedingungen an Ihrer Schule zu sehen; ggf. brauchen Eltern gezielt Informationen oder weitergehende Angebote, um ein anregendes häusliches Umfeld schaffen zu können.

Auf der anderen Seite spielen *außerschulische* Partner eine wichtige Rolle für Beratungsprozesse innerhalb der Schule. Dies ist vor allem dann der Fall, wenn das Lernen erschwert wird durch finanzielle, gesundheitliche oder andere Einschränkungen. Hier könnten bspw. Gesundheitsdienste, Jugendhilfe oder andere institutionelle Maßnahmenträger relevant werden. Greifen Sie auf solche Beratungsangebote zurück, wenn Sie im Verlauf einer Beratung – meist einzelner Schüler/innen – erkennen, dass Sie Ihre Möglichkeiten bzw. die Grenzen Ihrer eigenen Expertise überschritten sehen. Der Schüler bzw. die Schülerin sollte dabei im Zentrum stehen: Als beratende Lehrkraft helfen Sie dabei, dass Ihre Schüler/innen selbst Entscheidungen treffen können. Der Schüler bzw. die Schülerin sollte für sich selbst einschätzen dürfen, ob ein bestimmtes Beratungsangebot (schon) ausreichend ist, oder ob es durch weitere Beratungen flankiert werden sollte. Dies ist von entscheidender Bedeutung, denn schließlich wollen Sie ja auch, dass Ihre Schüler/innen eine vereinbarte Maßnahme anerkennen und unterstützen! So kann es bspw. sein, dass eine Schülerin feststellt, dass innerschulische Maßnahmen zur Verbesserung der Schreib- und Lesefähigkeiten nicht ausreichend sind. In diesem Fall können außerschulische Partner kontaktiert werden, wie bspw. der schulpsychologische Dienst, um eine weiterführende Beratung zu ermöglichen. Entwicklungsbedarf und -ziel rücken damit nicht aus dem Blickfeld, vielmehr erhöhen Sie damit die Chancen, beides zu erfüllen, indem eine Beratung stattfindet, an die sich außerschulische Maßnahmen anschließen können, die zu Lernerfolgen in der Schule führen können.

Lernprozessberatung ist also Teil schulischer und vernetzter Beratung insgesamt. Es ist für Sie entscheidend zu wissen, bei welchen Stellen welche Unterstützungsangebote für Schüler/innen zu finden sind (vgl. Schnebel 2012, S. 151).

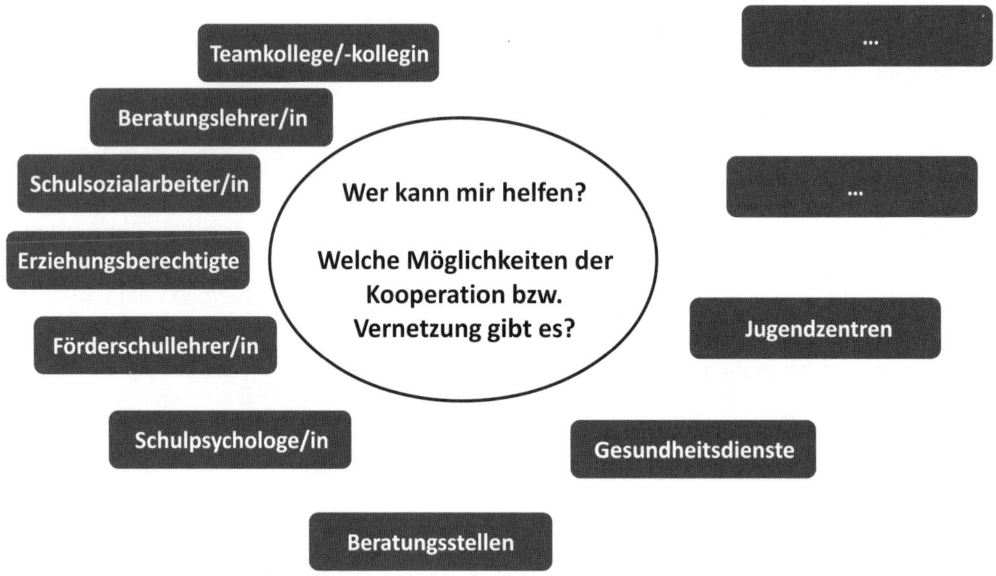

Abb. 39: Partner schulischer Beratung (MSW NRW/Bertelsmann Stiftung 2015)

Die Lernprozessberatung ist der einzige Schritt im diagnostischen Prozess, in dem die Rollen in der Regel festgelegt sind. Zwar findet auch die Lernprozessberatung im Dialog mit Schüler/innen und nicht über ihre Bedürfnisse hinweg statt. Dennoch sind im Regelfall Ihre Schüler/innen die Ratsuchenden, während Sie aufgrund Ihrer Expertise die beratende Person sind (vgl. Kap. 4.3). Im sich dann anschließenden Prozess der Planung, Durchführung und Evaluation von Maßnahmen können sich dann Ihre Schüler/innen auch gegenseitig unterstützen (vgl. Kap. 4.4).

Im Folgenden zeigen wir Ihnen nun, wie die einzelnen Schritte der Beratung aussehen und wie davon ausgehend Entwicklungsmaßnahmen geplant und durchgeführt werden können.

Entwicklungsbedarfe und Entwicklungsziele abschließend festlegen 4.3

Erinnern Sie sich an den Beginn des diagnostischen Prozesses: Veränderungswünsche bildeten den Ausgangspunkt zur Formulierung von Entwicklungsbedarfen und Hinderniserfahrungen den Ausgangspunkt für Entwicklungsziele.

Der bisher dargestellte Verlauf des diagnostischen Prozesses diente der Vergewisserung: Ist es *tatsächlich* der Fall, dass sich die angenommenen Bedarfe und Ziele aus dem gegebenen Ist-Stand ableiten lassen?

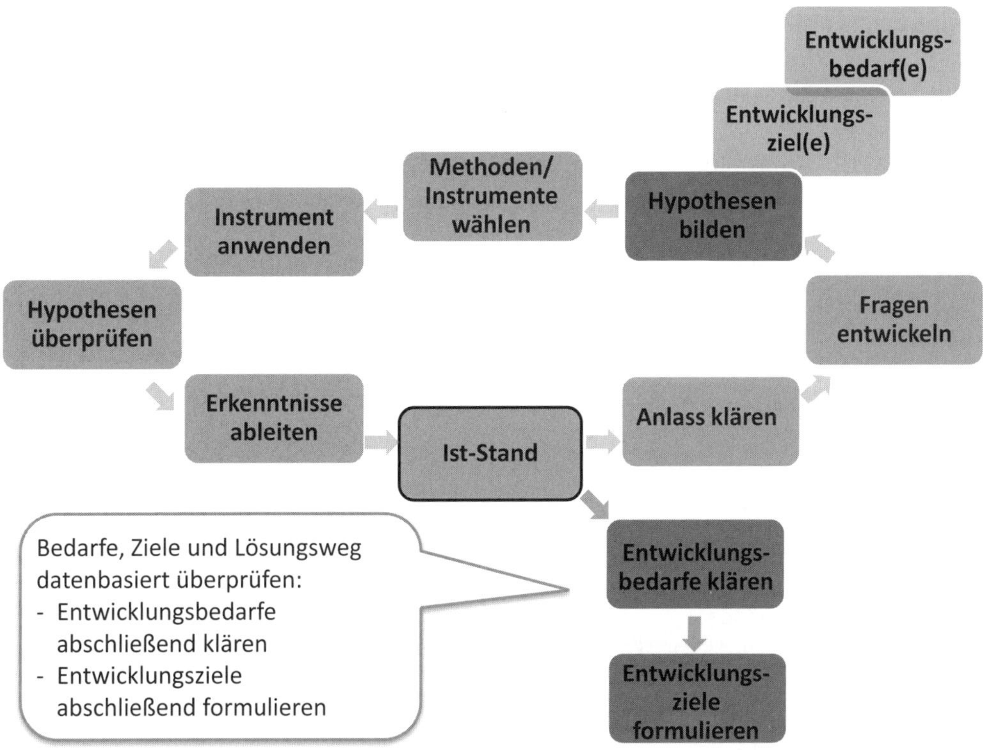

Abb. 40: Entwicklungsbedarfe und Entwicklungsziele in der Lernprozessberatung klären (vgl. MSW NRW/Bertelsmann Stiftung 2015)

Der Lernberatungsprozess beginnt damit, sich zu vergewissern, ob die angenommenen Entwicklungsbedarfe und Entwicklungsziele tatsächlich die *eigenen* sind, also für den *eigenen* Lernprozess bedeutsam sind. Dies ist notwendige Bedingung für eine erfolgreiche Lernprozess-Beratung. Dies ist besonders dann relevant, wenn Anlass und Hypothese von außen gesetzt sind, wie bspw. im Fall von Lernstandserhebungen. Sie erinnern sich, dass es in solchen Fällen besonders wichtig ist, individuell Entwicklungsbedarfe und Entwicklungsziele zu formulieren. So kann bspw. aus dem allgemeinen Entwicklungsziel bestimmte Anforderungen zu erfüllen ein individuelles Entwicklungsziel gewonnen werden, in dem diejenigen Anforderungen benannt werden, die sich in einem individuellen Lernprozess auch realistischer Weise erreichen lassen.

Kehren wir im Folgenden also zu unserem Fallbeispiel und den zu Beginn formulierten Veränderungswünschen und Hinderniserfahrungen zurück, um den Beratungsprozess vorzubereiten.

Entwicklungsbedarfe feststellen

Ausgehend von der Lernsituation, die als diagnostischer Anlass gewählt wurde, sind folgende Veränderungswünsche formuliert worden:

Meine Schüler/innen sollen sich gegenseitig mehr erklären! (aus Ihrer Perspektive als Lehrer/in)

Wir müssen mehr üben im Unterricht! (aus der Perspektive der Schüler/innen)

Gemeinsam wurde daraus der Entwicklungsbedarf formuliert:

Die Methode des Peer-Tutorings soll beherrscht werden!

Zu Beginn des Lernberatungsprozesses sollte, ausgehend von den Eigenschaften der jeweiligen Stichprobe bzw. der erhobenen Daten, nochmalige Verständigung über diesen Bedarf erzielt werden. Alle Beteiligten sollten sich einig darin sein, dass es nach Erhebung der Daten *immer noch* ein für alle bedeutsamer Entwicklungsbedarf ist, die Methode des Peer-Tutorings zu beherrschen, genauer: dass die daran beteiligten Schüler/innen für sich selbst sagen können:

***Ich* will die Methode des Peer-Tutorings beherrschen!**

Formulierungen prüfen

Nehmen Sie an dieser Stelle gemeinsam die zu Beginn formulierten Veränderungswünsche zur Hand. Überlegen Sie, ob der Bedarf immer noch so formuliert ist, dass darin die ursprünglich formulierten Veränderungswünsche enthalten sind. Falls der Bedarf nun umformuliert werden soll, einigen Sie sich im Verlauf der Lernprozessberatung auf eine neue Formulierung.

In der Tat könnte es der Fall sein, dass nach der genaueren Analyse der Stichprobe bzw. der erhobenen Daten zu dem Entwicklungsbedarf, der in H2 formuliert wurde, der Bedarf im Rückblick auf die Veränderungswünsche umformuliert wird:

Es besteht Bedarf, dass

- ich als Lehrkraft sichergehen kann, dass sich meine Schüler/innen im Peer-Tutoring gegenseitig wichtige Lerninhalte erklären und in eigenen Worten wiedergeben.
- wir als Schüler/innen dadurch intensiver üben, dass wir uns im Peer-Tutoring gegenseitig (1) wichtige Lerninhalte erklären und in eigenen Worten wiedergeben, (2) Aufgaben stellen und bearbeiten sowie gemeinsam überprüfen.

Diese Neuformulierung hebt die Unterschiede der ganz zu Beginn formulierten Veränderungswünsche hervor: Während es der Lehrkraft um die Kompetenz des Sich-gegenseitig-Erklärens ging, legten die Schüler/innen den Schwerpunkt auf das intensivere Üben. Eine solche Neuformulierung ist wesentlich, damit die Beteiligten *für sich selbst* herausfinden können, *was* sie ganz genau verändern wollen.

Im ersten Schritt der Lernprozessberatung können Sie sich also, im Gegensatz zu den sonst üblichen Beratungssituationen in Schulen, nicht nur auf eine bereits erfolgte, genaue Anlassbeschreibung beziehen, sondern ebenso auf erhobene und interpretierte Daten, aus denen Sie bereits Erkenntnisse abgeleitet haben. Dies stellt eine enorme zeitliche Entlastung von Lernprozessberatungen dar, die sich aus diesem Grund viel leichter in den Unterricht integrieren lassen, als gewohnte Beratungsgespräche in der Schule.

Entwicklungsziele feststellen

Nachdem nun Verständigung über den Entwicklungsbedarf hergestellt wurde, kommt der wichtigere Teil: Die Formulierung von Entwicklungszielen, von denen ausgehend Sie im Dialog mit Ihren Schüler/innen konkrete Entwicklungsmaßnahmen planen können.

Kehren wir zunächst zu den Hinderniserfahrungen zurück, wie sie in unserem Fallbeispiel in der Anlassklärung formuliert wurden:

Ich bin da irgendwie blockiert im Kopf, wenn Sie das immer erst kurz vor der Arbeit erklären! (aus der Perspektive der Schüler/innen)

Weißt du, ich hänge im Stoff ohnehin schon hinterher. (aus Ihrer Perspektive als Lehrer/in)

Aus diesen Erfahrungen in der Ausgangssituation haben Sie gemeinsam mit den Schüler/innen ein Entwicklungsziel abgeleitet und dazu Daten erhoben:

Schüler/innen sind motiviert, sich gegenseitig Lerninhalte zu beschreiben und zu erklären.

Hier ist es entscheidend, auf die Interpretation der ausgewerteten Daten zurückzugreifen. Dabei ist herausgekommen (vgl. Abschnitt 3.2), dass den Schüler/innen vor allem zweierlei wichtig ist:

1. Wenn Schüler/innen der Überzeugung sind, dass sie etwas erklären und beschreiben können, dann wollen sie dies auch unbedingt dem jeweiligen Gegenüber zeigen. Dafür möchten sie auch Anerkennung bekommen, und zwar nicht nur von dem jeweiligen Gegenüber, sondern auch von Ihnen als Lehrkraft.
2. Wenn Schüler/innen der Überzeugung sind, dass sie etwas *nicht oder noch nicht so gut* erklären und beschreiben können, dann wollen sie dies dem jeweiligen Gegenüber direkt sagen, damit er oder sie es sofort weiß und helfen kann. Sie wünschen sich dann entsprechende Unterstützung.

Dies zeigt also, dass das Entwicklungsziel eigentlich lautet:

Schüler/innen möchten dem jeweiligen Gegenüber beim gegenseitigen Beschreiben und Erklären von Lerninhalte zeigen, dass bzw. wie gut sie dies können – oder: Unterstützung erhalten, wenn sie dies nicht oder noch nicht so gut können.

Zu einer letzten Vergewisserung blicken wir noch einmal auf den Entwicklungsbedarf – kann dieser mit Hilfe dieses Ziels erfüllt werden?

Ich kann als Lehrkraft sichergehen, dass sich meine Schüler/innen im Peer-Tutoring gegenseitig wichtige Lerninhalte erklären und in eigenen Worten wiedergeben.

Wir können als Schüler/innen dadurch intensiver üben, dass wir uns im Peer-Tutoring gegenseitig (1) wichtige Lerninhalte erklären und in eigenen Worten wiedergeben, (2) Aufgaben stellen und bearbeiten sowie gemeinsam überprüfen.

Die gezielt geschaffenen Gelegenheiten zum gegenseitigen Beschreiben und Erklären von Lerninhalten im Peer-Tutoring schaffen Gelegenheiten, sich zeigen zu wollen, was jeweils gut gekonnt wird bzw. wo noch Unterstützung notwendig ist.

Wenn Einigkeit darüber hergestellt ist, dass diese Ziele nicht nur individuell bedeutsam sind, sondern auch der Wille besteht, durch entsprechende Veränderung diese zu erreichen, kann der letzte Schritt der Beratung vollzogen werden: die Planung einer Entwicklungsmaßnahme. Sie ergänzt den nun notwendigen Schritt: Nachdem ich weiß, *was* ich *verändern* will (Entwicklungsbedarf) und *was* ich damit *erreichen* will (Entwicklungsziel), muss ich herausfinden, *wie* ich das *erreichen* kann (Entwicklungsmaßnahme).

4.4 Wie wir unsere Entwicklungsziele durch Entwicklungsmaßnahmen gemeinsam erreichen können

In diesem Abschnitt zeigen wir, wie festgestellte Entwicklungsbedarfe und -ziele durch passende Entwicklungsmaßnahmen erreicht werden können. Dabei steht die schriftlich festgehaltene Entwicklungsmaßnahme als Dokumentation der Lernprozessberatung im Mittelpunkt. Hier wird festgelegt und kontraktiert, wer was wie mit wem und bis wann tun soll. Die Evaluation der Maßnahme überprüft, ob sie, gemessen an den festgelegten Bedarfen und Zielen, erfolgreich war und ob Schüler/innen im Rahmen des vorher bestimmten Unterrichtsentwicklungsvorhabens tatsächlich erfolgreicher lernen.

Entwicklungsmaßnahmen kontraktieren und planen

Entwicklungsmaßnahmen legen konkret fest, was eine Schülerin/ein Schüler tun will, um vor dem Hintergrund eines festgelegten und überprüften Unterrichtsentwicklungsvorhabens eigene Bedarfe zu erfüllen und eigene Ziele zu erreichen. Maßnahmen benennen die notwendigen Einzelschritte, um den in der Beratung abschließend bestimmten Entwicklungsbedarf sowie das abschließend formulierte Entwicklungsziel erreichen zu können. Sie resultieren unmittelbar aus einer Lernprozessberatung.

Schon im Prozess der Hypothesenbildung wurde sich darauf geeinigt, *wie* Veränderungswünsche erfüllt werden können (in Form von notwendigen Bedarfen) und *wie* bestimmte Hindernisse überwunden werden können (in Form von bedeutsamen Zielen). Im Prozess der Maßnahmenplanung verläuft dies nun auf individueller Ebene – aber immer eingebunden in den Kontext des gesamten Entwicklungsvorhabens.

In einer Entwicklungsmaßnahme werden nicht nur die konkreten Umsetzungsschritte, sondern auch der Zeitbedarf bestimmt, der notwendig ist, um einen bestimmten Entwicklungsbedarf zu erfüllen. Des Weiteren werden alle an der Maßnahme beteiligten Personen benannt, d.h. alle Personen, die den/die Schüler/in während der Maßnahme begleiten und unterstützen.

Wichtig ist, dass die Maßnahme keine mündliche Vereinbarung darstellt, sondern immer schriftlich fixiert werden muss: sie zu *kontraktieren* dokumentiert nicht nur das Ergebnis der Lernprozessberatung, sondern erhöht auch die Verbindlichkeit der Maßnahme für die Beteiligten. Daher ist es auch sinnvoll und wichtig, dass alle Beteiligten das schriftliche Dokument mit ihrer Unterschrift beglaubigen.

KV 18

In der Kopiervorlage 18 finden Sie ein allgemeines Schema für einen Maßnahmenkontrakt, das Sie dazu benutzen können, die Umsetzungsschritte gemeinsam zu planen (falls es mehrere Schüler/innen betrifft) und bspw. nach diesem Schema auf ein Plakat zu übertragen. Sie finden in der Kopiervorlage ebenfalls eine einfache Dokumentationsform für einen individuell nutzbaren Maßnahmenkontrakt. Sie werden möglicherweise andere Kontrakte unter anderen Bezeichnungen kennen und verwenden (als Förderplan, Lernplan etc.) – entscheidend ist allein, dass sie die hier aufgeführten, wesentlichen Bestandteile einer Entwicklungsmaßnahme beinhalten.

Der schon in der Hypothese benannte und in der Beratung abschließend überprüfte Lösungsweg stellt dabei die Grundlage und den Titel der Entwicklungsmaßnahme dar. Also bspw.:

***Entwicklungsmaßnahme:* Sich Lerninhalte erklären im Peer-Tutoring**

Das Entwicklungsziel wird nochmals aufgeführt, um nicht aus den Augen zu verlieren, *warum* der festgelegte Bedarf erfüllt werden soll. Also in unserem Fall bspw.:

***Entwicklungsziel:* Ich möchte meinem jeweiligen Gegenüber zeigen, *dass bzw. wie gut* ich etwas erklären kann. Ich möchte meinem jeweiligen Gegenüber außerdem zeigen, dass ich Unterstützung benötige, wenn ich etwas nicht oder noch nicht so gut kann.**

Davon ausgehend können nun die notwendigen Schritte zur konkreten Umsetzung festgelegt werden, um den Entwicklungsbedarf erfüllen zu können. Wenn also bspw. der Entwicklungsbedarf – wie zumeist der Fall – einen Aspekt der Unterrichtsqualität in den Blick nimmt, dann müssen jetzt die einzelnen Schritte benannt werden, die zur Umsetzung notwendig sind. Für jeden dieser Schritte muss angegeben werden, welcher Zeitraum zur Umsetzung angesetzt wird.

Wichtig ist, dass in jedem Schritt geprüft wird, ob bzw. welche erfolgreichen Lösungsstrategien Schüler/innen zur Verfügung stehen. In unserem Beispielfall ist dies dadurch begrenzt, dass das Entwicklungsziel durch eine *bestimmte Methode* erreicht werden soll. Sie könnten in diesem Fall im Dialog mit Ihren Schüler/innen herausfinden, über welche erfolgreichen Lösungsstrategien sie bereits verfügen, um die einzelnen Schritte zu bewältigen (vgl. Abb. 41).

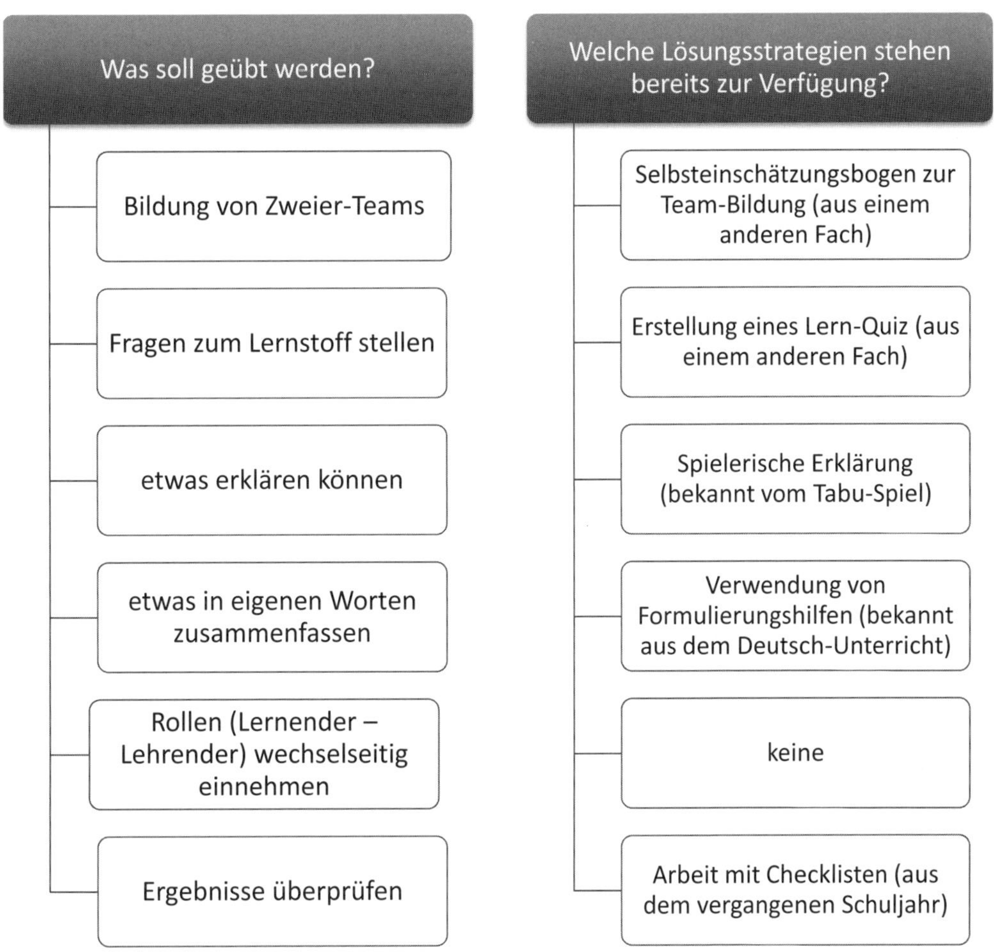

Abb. 41: Beispiel für Lösungsstrategien von Schüler/innen

Soll in der Maßnahme also das Peer-Tutoring zum sich gegenseitigen Erklären umgesetzt werden, können die einzelnen Elemente der Methode in eine zeitliche Abfolge gebracht werden:

- Übung der Selbsteinschätzung eigener Fähigkeiten zur Bildung von Zweier-Teams
- Übung: Fragen zum Lernstoff stellen, Schwierigkeitsgrad variieren
- Übung: etwas erklären können
- Übung: etwas in eigenen Worten zusammenfassen
- Übung: Rollen (Lernender – Lehrender) wechselseitig einnehmen
- Übung: Ergebnisse überprüfen

Sie können in Bezug auf diese Elemente gemeinsam mit Ihren Schüler/innen überlegen: Sind dies alle notwendigen Schritte, um sich etwas in Zweier-Teams erklären zu können? Fehlen Elemente? Was wird für die einzelnen Schritte benötigt?

Vor allem ist es nun wichtig, ggf. an die jeweiligen *Ressourcen* und *Fähigkeiten* derjenigen Schüler/innen anzuknüpfen, für die Entwicklungsmaßnahmen geplant werden: So könnte bspw. eine Schülerin sehr gut darin sein, Texten wesentliche Informationen zu entnehmen und Inhalte zu verstehen, wobei es ihr nicht immer leicht fällt, die Inhalte *in eigenen Worten* mündlich oder schriftlich zusammenzufassen. Sie könnte die Maßnahme dazu nutzen, längere Texte in eigenen Worten zusammenzufassen. Der entsprechende Schritt im Maßnahmenplan könnte also entsprechend so aussehen (vgl. dazu Abb. 41):

Bis wann?	Was ist zu tun?	Womit arbeiten wir?	Waren wir erfolgreich?
Datum	Umsetzungsschritt	Material	Feedback
3. Woche	Texte zusammenfassen → Texte in eigenen Worten zusammenfassen (schriftlich u. mündlich)		

Ein anderer Schüler hingegen hat bspw. keine Probleme Sachverhalte in eigenen Worten darzustellen und zusammenzufassen; bei längeren Texten aber hat er Schwierigkeiten, wesentliche von unwesentlichen Informationen zu unterscheiden. Er würde also für sich einen anderen Ausgangspunkt in seinem Entwicklungsplan wählen, nachdem in den ersten beiden Wochen bereits die ersten drei Schritte durchlaufen wurden:

Bis wann?	Was ist zu tun?	Womit arbeiten wir?	Waren wir erfolgreich?
Datum	Umsetzungsschritt	Material	Feedback
3. Woche	Texte zusammenfassen → Texten *wesentliche Informationen entnehmen* und zusammenfassen		

Sinnvollerweise werden solche individuellen Modifikationen von Entwicklungsmaßnahmen auch mit den einzelnen Schüler/innen besprochen. Greifen Sie dabei zurück auf die bisherigen Gespräche und erhobenen Daten in Bezug auf die/den jeweiligen Schüler/in: Das können Feedbackgespräche sein, Arbeitsergebnisse und Klassenarbeiten, aber auch Ergebnisse von Lernstandserhebungen oder Kompetenzchecks in einzelnen Fächern und Unterrichtsreihen sein.

Zu den einzelnen Schritten muss nun passendes Material erstellt bzw. gesucht werden. So brauchen die Schüler/innen in unserem Beispiel Übungstexte sowie damit verbundene Aufgabenstellungen, um bspw. zu lernen, etwas in eigenen Worten zusammenzufassen und zu erklären. Ob Aufgaben und Material jeweils passend sind, kann sich erst im Verlauf der

Durchführung erweisen (vgl. unten). Diese »Feinjustierung« der Umsetzungsschritte soll nicht bedeuten, dass für jede/n Schüler/in individuelles Material erstellt bzw. ausgesucht werden muss! Vergessen Sie nicht, es geht im Ganzen um die Einrichtung des Peer-Tutoring als Methode der Wahl, um Lerninhalte für die Schüler/innen abrufbar(er) zu machen und Blockaden (vor allem vor Testsituationen) zukünftig zu vermindern. Daher werden sinnvollerweise Übungsmaterialien aus einem vorher gefüllten, gemeinsamen Fundus in den individuellen Maßnahmen verwendet. Nur bei den Umsetzungsschritten gilt es – abhängig von den individuellen Stärken und Schwächen des Einzelnen – die Gewichtung und Reihenfolge des Materials genau abzustimmen.

Gemeinsam muss nun noch vereinbart werden, in welchen Zeiträumen bestimmte Schritte umgesetzt werden sollen. (So wurde bspw. oben in der Tabelle für die Umsetzung des ersten Schritts eine ganze Woche vorgesehen.) Ebenfalls sollte festgelegt werden, wann der Erfolg der Durchführung der Maßnahme überprüft wird. Dazu kann entweder ein einziger Zeitpunkt festgelegt werden oder alternativ mehrere Zeitpunkte vereinbart werden. Nehmen wir an, dass in unserem Beispiel die Unterrichtsreihe 6 Wochen dauert und am Ende der 5. Woche eine Klassenarbeit geschrieben werden soll, so würde sich ein Gesamtzeitrahmen von ca. 4 Wochen bis zur erneuten Überprüfung anbieten: So könnte früh genug vor der Klassenarbeit festgestellt werden, ob sich auf diese Weise die ganz zu Beginn geäußerten Hinderniserfahrungen nun vermeiden lassen.

Entwicklungsmaßnahmen durchführen

Auf der Grundlage des Maßnahmenkontraktes kann die tatsächliche *Durchführung* einer Entwicklungsmaßnahme schriftlich dokumentiert werden, um zu überprüfen, ob und wie die einzelnen Umsetzungsschritte gegangen wurden. Der Maßnahmenkontrakt sollte also Platz enthalten, um jeweils angeben zu können, ob bestimmte Schritte tatsächlich durchlaufen worden sind und ob sie dazu beigetragen haben, dem gesetzten Ziel näher zu kommen.

Dies einzuschätzen, sollte Teil der regelmäßigen Feedbackgespräche sein (vgl. Buhren 2015). Diese dienen nicht nur dazu, sicherzustellen, dass der Zeitplan eingehalten wird, sondern auch dazu, zu reflektieren, wie weit das jeweilige Ziel schon erreicht ist. Das Feedback sollte deshalb immer zeitnah erfolgen, d. h. im besten Fall unmittelbar nach der Beendigung eines bestimmten Schritts aus dem Entwicklungsplans. In unserem Fall also würden mit jedem der beteiligten Schüler/innen sechs Feedbackgespräche geführt werden (vgl. Abb. 41). Sind die Schüler/innen im Führen von Feedbackgesprächen geübt, so ist es auch möglich, dass sie diese Gespräche untereinander führen und entsprechend in ihrem Maßnahmenplan dokumentieren. Feedbackgespräche sollten die drei folgenden Aspekte enthalten (vgl. Hattie 2014a, S. 209):

- Was ist gut gelungen?
- Was wurde vielleicht übersehen?
- Was könnte noch verbessert werden und wie sehen die dazu passenden nächsten Schritte aus?

Feedback ist dann besonders wirksam, wenn Sie Ihre Schüler/innen jeweils zunächst selbst bitten, zu diesen drei Aspekten etwas zu sagen. In Entwicklungsplänen könnte dies dann beispielhaft so notiert werden:

Bis wann?	Was ist zu tun?	Womit arbeiten wir?	Waren wir erfolgreich?
Datum	Umsetzungsschritt	Material	Feedback
3. Woche	Texte zusammenfassen → Texten *wesentliche Informationen* entnehmen und zusammenfassen	Arbeitsblatt »Der Vierzylinder-Viertakt-Ottomotor« (Leisen 2013, S. 160)	Gelungen: Alle Wörter unterstrichen, die etwas mit dem Aufbau des Motors zu tun haben. Übersehen: Wörter in den letzten drei Absätzen. Verbessern: Vervollständigen, mit Hilfe der Wörter, die du schon unterstrichen hast!

In der Durchführung von Entwicklungsmaßnahmen geht es also nicht um eine mechanische Realisierung von Zielen. Die Umsetzungsschritte sollen nicht blind abgearbeitet werden, Ihr Feedback ist viel mehr als bloße »Überwachung« der Maßnahme. Vielmehr geht es darum, ein Gespür für Lernsituationen und die Wirksamkeit des eigenen Handelns zu entwickeln. Feedbackgespräche sollen helfen, Situationen entsprechend wirksam aus sich selbst heraus gestalten zu können (vgl. Jullien 1999, S. 61).

Förderliches Feedback

Das Gespräch ist nicht
- persönlichkeitsverletzend,
- rechtfertigend und
- bewertend,

sondern
- beschreibend,
- datengestützt,
- positiv,
- ehrlich (Ich-Botschaften!) und
- bei Unklarheiten rückfragend.

(MSW NRW/Bertelsmann Stiftung, vgl. auch: Rolff/Röhrich 2009)

Entwicklungsmaßnahmen evaluieren

Die Evaluation von Entwicklungsmaßnahmen erfolgt als erneute Anwendung der Diagnoseinstrumente, die zur Hypothesenprüfung angewendet wurden.

In jedem Fall ergibt sich durch die Durchführung einer Entwicklungsmaßnahme ein veränderter Ist-Stand. Zu überprüfen ist nun, ob dieser den im Maßnahmekontrakt festgehaltenen Veränderungswünschen entspricht: Wurden die festgestellten Bedarfe tatsächlich erfüllt bzw. bis zu welchem Grad wurden sie erfüllt? Wurden die gesetzten Ziele tatsächlich erreicht bzw. bis zu welchem Grad wurden Sie erreicht?

In unserem Beispiel würden wir also den Fragebogen *noch einmal* einsetzen (vgl. Kap. 3.2). Nachdem sich die Schüler/innen gemäß des vereinbarten Entwicklungsplans Zeit genommen haben, die Methode des Peer-Tutorings einzuüben, könnte in der Befragung bspw. herauskommen, dass nur noch 3 (statt 18) von 27 Schüler/innen angegeben haben, dass es nie zutrifft, dass es ihnen wichtig ist, dass das Gegenüber weiß, wenn etwas nicht beschrieben werden konnte, und stattdessen nun 24 Schüler/innen angegeben haben, dass es ihnen wichtig bzw. sehr wichtig ist.

Ein solches Ergebnis würde nun ein Hinweis darauf sein, dass die Einübung der Methode des Peer-Tutorings in Zusammenhang mit einer Veränderung dieser Einschätzungen stehen könnte. Wie sicher sind sich aber die Schüler/innen in der Anwendung der Methode? Erst dann, wenn auch diese Daten entsprechende Ergebnisse liefern, und die meisten Schüler/innen angeben, dass sie oft oder sogar immer in der Rolle des Lernenden die Lösungen zu Aufgaben durch das jeweilige Gegenüber überprüfen haben lassen, würde dies eine Bestätigung der Hypothese begünstigen.

Zentral ist auch hier, dass es nicht um die Prüfung eines statistischen Zusammenhangs geht. Wenn wir hier von einem Zusammenhang sprechen, dann beziehen wir uns nicht auf statistisch signifikante Korrelationen, sondern auf gemeinsam von Ihnen und Ihren Schüler/innen geteilte Überzeugungen, nach Auswertung, Interpretation und Vergleich der Daten einen Zusammenhang zu sehen – oder eben nicht.

Natürlich darf auch der Zusammenhang zum Lernerfolg nicht vergessen werden: Wenn Schüler/innen durch die Methode des Peer-Tutorings tatsächlich in der Lage sind, Lerninhalte vor Leistungsüberprüfungen selbstständiger, selbstsicherer und gesicherter zu wiederholen, dann muss sich dies auch in den Leistungen widerspiegeln – wobei zunächst immer eine individuelle Bezugsnorm heranzuziehen ist: Konnten die Schüler/innen ihre individuellen Leistungen steigern? Verbuchen sie den zurückliegenden Prozess als persönlichen Lernerfolg?

Der Entwicklungsprozess ist, was seine explizite diagnostische Begleitung betrifft, damit erst einmal beendet. Im besten Falle können die Schüler/innen nun selbstständig Peer-Tutoring einsetzen, um Lerninhalte zu wiederholen und zu festigen. In dieser Hinsicht hat sich der Unterricht verändert. Nachhaltig wird die Veränderung aber erst dann, wenn in Unterrichtsphasen, in denen es sich anbietet – bspw. in den letzten Stunden vor einer Klassenarbeit – auch konsequent Peer-Tutoring angewendet wird! Leider kommt es viel zu häufig vor, dass mühsam vorbereitete und durchgeführte Unterrichtsentwicklungsvorhaben nicht »im System andocken«, weil keine nachhaltige Implementation stattfindet. Das kann daran liegen, dass

- der Anlass zur Entwicklung des Unterrichts nur von einer oder nur wenigen Personen getragen wird – Unterrichtsentwicklung lebt aber von der Teilhabe aller Beteiligten! Deshalb ist es wichtig, in schulischen Gremien und in der Schulleitung Unterstützung zu suchen, wenn diese notwendig ist (wenn es also bspw. um den Veränderungswunsch geht, bestimmte methodische Vereinbarungen für den Unterricht insgesamt zu treffen).
- Entwicklungsvorhaben an einem oder an nur wenigen Tagen in Lerngruppen umgesetzt werden soll – Denken Sie an das »Entschleunigungsgebot« expliziter schulischer Diagnostik: Finden Sie in Ruhe heraus, wann sich ein Entwicklungsvorhaben wirklich lohnt!
- Entwicklungsvorhaben »exklusiv« behandelt werden – z. B. an speziell dafür vorgesehenen sogenannten Methodentagen – Holen Sie die Unterrichtsentwicklung in Ihren Unterricht, machen Sie sie zu einem Teil Ihrer Unterrichtspraxis!
- es keine diagnostische Überprüfung der Entwicklungsbedarfe und -ziele gibt, weil sie einfach »gesetzt« werden – Vergewissern Sie sich mithilfe von diagnostisch erhobenen Daten, ob das Vorhaben überhaupt auf einen echten Bedarf trifft!
- es keine individuellen Maßnahmen zur erfolgreichen Umsetzung des Vorhabens gibt – Sorgen Sie dafür, dass Ihre Schüler/innen individuelle Zugänge haben, das Entwicklungsvorhaben für sich erfolgreich umzusetzen!

Es wäre realitätsfern davon auszugehen, dass *alle* Schüler/innen durch Peer-Tutoring in der Lage sind, Lerninhalte erfolgreicher abzurufen. Auch individuelle Maßnahmen sind keine Garantie dafür, dass alle das Entwicklungsziel im gleichen Maß erreicht haben. Hier gilt es noch einmal genau auf die in der Anlassklärung genannten Hinderniserfahrungen und Veränderungswünsche zu schauen. So könnte eine Schülerin folgende Hinderniserfahrung notiert haben, die sie vielleicht auch nur nach einigem Zögern sich traute zu äußern in der Gruppe der an der Anlassklärungen beteiligten Schüler/innen:

Ich habe Angst davor, dass die anderen lachen, wenn ich etwas nicht weiß.

Im Hinblick auf das Entwicklungsziel der Maßnahme:

Ich möchte meinem jeweiligen Gegenüber außerdem zeigen, dass ich Unterstützung benötige, wenn ich etwas nicht oder noch nicht so gut kann.

sieht sich die Schüler/in vor eine größere Herausforderung gestellt als diejenigen Schüler/innen, die offener und angstfreier mit eigenen Fehlern umgehen können. Auch wenn bereits in der Lernprozessberatung die Angst davor, im Zweier-Team zu versagen, angesprochen wurde, und gemeinsam Schritte überlegt wurden, wie der Einstieg in das Peer-Tutoring erleichtert werden könnte – bspw. durch eine anfängliche Beobachterrolle bei Partnerübungen oder die Wahl eines besonders vertrauten Partners zur Einübung der unterschiedlichen Rollen – lernt die Schülerin mithilfe von Peer-Tutoring letztlich nicht erfolgreicher als ohne.

Was können Sie also tun, wenn Hinderniserfahrungen trotz einer Weiterentwicklung des Unterrichts bestehen bleiben? Sollen Sie, was das obige Beispiel betrifft, die Schülerin künftig vom Peer-Tutoring »befreien«? Natürlich können Sie dies tun, wenn Sie den Eindruck haben, die Methode bereitet ihr nur zusätzlichen Stress. Sie können allerdings auch noch einmal auf die Entwicklungsmaßnahme und ihre Dokumentation zurückschauen und gemeinsam überlegen, an welchen Stellen noch Entwicklungschancen bestehen: Was ist mir bisher gut gelungen? Was könnte mir noch besser gelingen? Wo brauche ich noch Unterstützung? Damit könnte die Entwicklungsmaßnahme nachjustiert und verlängert werden und die erneute Evaluation zu einem späteren Zeitpunkt erfolgen. Vergessen Sie nicht, dass die Umsetzung der Maßnahme in erster Linie sich daran orientieren soll, inwieweit Schüler/innen die Wirksamkeit ihres eigenen Lernens erfahren können! So könnte z. B. in diesem Fall die Schülerin ihre gut ausgebildete Kompetenz, etwas in eigenen Worten erklären zu können dazu nutzen, positive Erfahrungen der Wirksamkeit des eigenen Handelns *auch* in Peer-Situationen zu erfahren. Von dort aus könnten dann die anderen Schritte des Peer-Tutorings eingeübt werden.

- **Nutzen Sie die Lernprozessberatung als professionalisierbaren Rahmen, in dem Sie und Ihre Schüler/innen evidenzbasiert und systematisch nach erfolgversprechenden Veränderungen für Lernprozesse suchen können.**
- **Wenn Sie die Grenzen Ihrer schulischen Expertise überschritten sehen, machen Sie sich bewusst, welche inner- und außerschulischen Partner Sie in der Beratung unterstützen können.**
- **Machen Sie die Lernprozessberatung zu einem festen Bestandteil Ihres Unterrichts, in dem Schüler/innen individuelle Entwicklungsbedarfe und -ziele äußern können.**
- **Betrachten Sie die in der Lernprozessberatung geplanten und kontraktierten Maßnahmen als Fortsetzung von Unterrichtsentwicklungsmaßnahmen auf individueller Ebene.**

Diagnostizieren und unterrichten

5

> In diesem Kapitel zeigen wir Ihnen, wie sich individualisierter Unterricht und diagnostische Prozesse verzahnen lassen. Wir stellen Ihnen dazu verschiedenen Möglichkeiten vor und veranschaulichen diese an ausgewählten Fallbeispielen.

Unser Anliegen war es, Ihnen zu zeigen, dass alle wesentlichen Schritte im *diagnostischen Prozess* zugleich auch wesentliche Schritte im *individualisierten Unterricht* sind:

1. Anlässe zu klären und diagnostische Fragen zu formulieren bedeutet, in Lernprozessen Lernhindernisse und Veränderungswünsche wahrnehmen zu können und Fragen zu formulieren, die auf Veränderungen abzielen.
2. Zusammenhänge oder Unterschiede in Bezug auf Entwicklungsbedarfe und Entwicklungsziele in Hypothesen zu formulieren bedeutet, in Lernprozessen fortlaufend Ziele zu setzen, zu überprüfen und ggf. anzupassen – ausgehend von bestehenden oder sich entwickelnden Bedarfen.
3. Dies zu untersuchen und zu diesem Zweck Daten zu erheben bedeutet, in Lernprozessen aufmerksam für Evidenzen zu sein: woran kann ich erkennen, ob mir etwas gelungen ist oder nicht?
4. Von solchen Evidenzen ausgehend Bedarfe und Ziele zu überprüfen und mögliche Maßnahmen für kommende Entwicklungen zu planen, durchzuführen und zu evaluieren bedeutet, in Lernprozessen ausgehend von Lernprozessberatungsgesprächen Entwicklungen zu planen, um erfolgreiches Lernen zu ermöglichen.

Grafisch lässt sich dieser Zusammenhang von diagnostischem Prozess und Lernprozess auf die folgende Weise darstellen:

Abb. 42: Individualisierter Unterricht und diagnostischer Prozess

Die Abbildung zeigt, dass diagnostische Prozessschritte keine andersartigen, zusätzlichen Schritte im individualisierten Unterricht sind, sondern identifiziert werden können als Schritte in Lernprozessen selbst. Im besten Fall also sind die hier dargestellten Lernprozessschritte Ihnen und Ihren Schüler/innen vertraut und Sie können von dieser Struktur ausgehend diagnostische Prozesse in Ihren Unterricht integrieren.

Der diagnostische Prozess hat sich in all seinen Schritten als ein dialogischer erwiesen: Sie treten als Lehrer/in jeweils in den verschiedenen Phasen in einen Dialog mit Ihren Schüler/innen, um ihnen erfolgreiches Lernen zu ermöglichen. Das gleiche gilt auch für den individualisierten Unterricht: ein hohes Maß an Feedback garantiert einen engen Dialog mit Ihren Schüler/innen, so dass diese eigene Lernwege finden und erfolgreich weiterlernen können.

5.1 An welcher Stelle im individualisierten Unterricht diagnostizieren?

Lernprozesse als Lehrender und Lernender zu führen beinhaltet nach Meyer/Oleśniewicz (2015b) das Treffen einer Reihe von notwendigen *Entscheidungen* darüber,

1. von welchen Interessen und welchem Vorwissen ausgehend Lernprozesse initiiert werden,
2. welche Ziele gesetzt werden (sowie in welchen Zeiträumen diese erreicht werden sollen, welche Unterstützung dafür notwendig ist, mit wem sie zusammen erreicht werden sollen, welche Schritte dafür in welcher Reihenfolge gegangen werden müssen),
3. welche Aufgaben sich gestellt werden,
4. wie Ergebnisse überprüft und
5. präsentiert werden.

Werfen Sie nun einen Blick auf die Abbildung 42, so können Sie nun leicht erkennen, an welchen Stellen im individualisierten Unterricht die einzelnen Schritte des diagnostischen Prozesses relevant werden: Eben in Bezug auf diese Gelenkstellen, an denen Entscheidungen in Bezug auf Planung, Durchführung und Auswertung (vgl. dazu auch Reich 2014, S. 332) von Ihnen und Ihren Schüler/innen getroffen werden:

- Anknüpfen an eigene Interessen und Vorwissen (meist zu Beginn einer Unterrichtsreihe),
- Festlegung von Zielen, ausgehend von den curricularen Vorgaben, sowie eine entsprechende Zeitplanung in bestimmten Schritten, inklusive der Festlegung von notwendigen Unterstützungsformen (z. B. durch Mitschüler/innen) und der Form der Zusammenarbeit (meist zu Beginn einer Unterrichtsreihe, aber auch im Verlauf unter ständiger Anpassung),
- Auswahl von Aufgaben, entweder durch die Schüler/innen selbst oder Sie als Lehrkraft (ab Beginn einer Unterrichtsreihe),
- Festlegung von Formen der Ergebnisüberprüfung, z. B. unter Verwendung von Musterlösungen, Checklisten oder in Feedbackgesprächen (meist zu Beginn oder im Verlauf der Arbeit an bestimmten Aufgaben),
- Festlegung von Formen der Ergebnispräsentation, z. B. mündlich in kleinen Teams oder im Plenum oder schriftlich in einem Portfolio (meist zu Beginn oder im Verlauf der Arbeit an bestimmten Aufgaben),

Die einzelnen Schritte des diagnostischen Prozesses können dazu genutzt werden, um – in Bezug auf diese Gelenkstellen – …

- Entscheidungen zu treffen,
- getroffene Entscheidungen in Handlungen umzusetzen,
- getroffene Entscheidungen und vollzogene Handlungen zu reflektieren.

So kann es bspw. sein, dass ein diagnostischer Prozess angestoßen wird, in dessen Verlauf Entwicklungsmaßnahmen vereinbart werden, um als Schüler/in in der Lage zu sich, sich selbst passende Aufgaben zu stellen (Entscheidungen treffen) oder um einen festgelegten Zeitplan einzuhalten (getroffene Entscheidungen in Handlungen umsetzen) oder um vor einer Klassenarbeit überprüfen zu können, wie gut die eigene Vorbereitung darauf war (getroffene Entscheidungen und vollzogene Handlungen reflektieren).

Auch dies wollen wir in einer Grafik anschaulich machen:

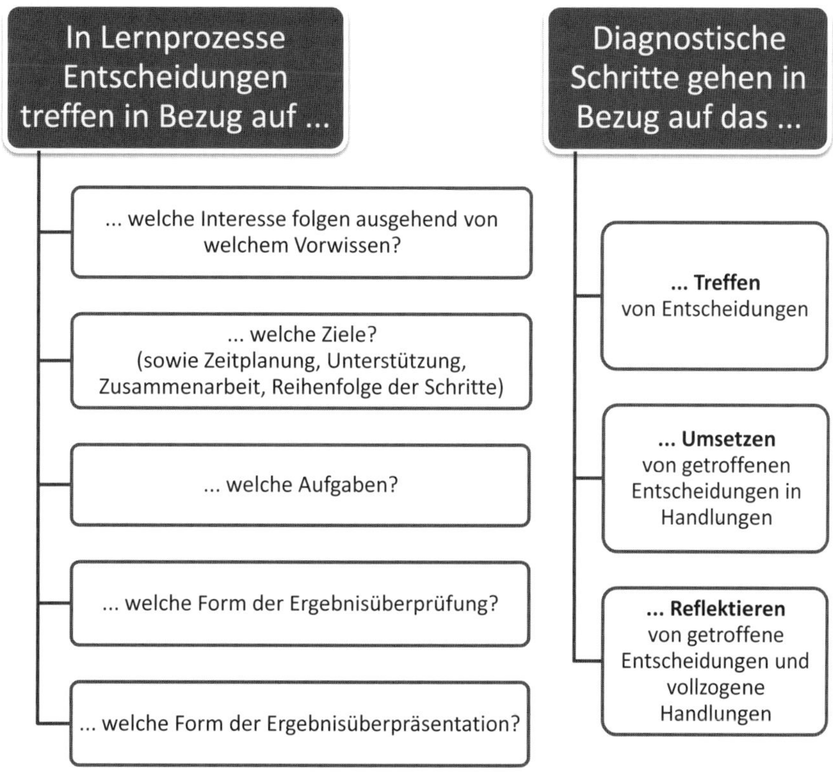

Abb. 43: Entscheidungen in Lernprozessen und Schritte im diagnostischen Prozess

Da sich die genannten Entscheidungen und Handlungen – als Routinen ausgebildet – zyklisch wiederholen, werden wir auch im Folgenden von diagnostischen *Zyklen* sprechen, da sich die einzelnen Schritte des diagnostischen Prozesses ebenso zyklisch wiederholen.

KV 19

Um dies im laufenden Unterricht einfach miteinander verbinden zu können, finden Sie im Folgenden entsprechende Kopiervorlage 19. Sie dient als Ergänzung zur Klärung von diagnostischen Anlässen, kann aber auch zyklisch an bestimmten Stellen im Unterricht immer wieder eingesetzt werden (z.B. immer am Ende einer Unterrichtsreihe). Sie können die in der Kopiervorlage genannten Aspekte modifizieren, je nachdem, wodurch sich Ihr eigener Unterricht auszeichnet. Die Struktur Ihres Unterrichts muss Ihren Schüler/innen demnach vertraut sein, damit sie mit einer solchen Vorlage arbeiten können und es ihnen tatsächlich als Hilfe dient, um Hindernisse und Veränderungswünsche notieren zu können.

Kleine und große diagnostische Zyklen im individualisierten Unterricht

Entscheidungen in Lernprozessen zu treffen, diese in Handlungen umzusetzen und zu reflektieren, vollzieht sich manchmal für Lehrer/innen und Schüler/innen ganz allein, doch meist mit anderen gemeinsam, je nachdem, an welcher Stelle im Lernprozess Sie bzw. Ihre Schüler/innen sich befinden. Im Verlauf von Lernprozessen wechseln Formen der Zusammenarbeit und des Austausches mit Formen des konzentrierten Für-sich-Seins. Gleiches gilt nun für diagnostische Prozesse, die sich ebenfalls in unterschiedlichen Formen vollziehen:

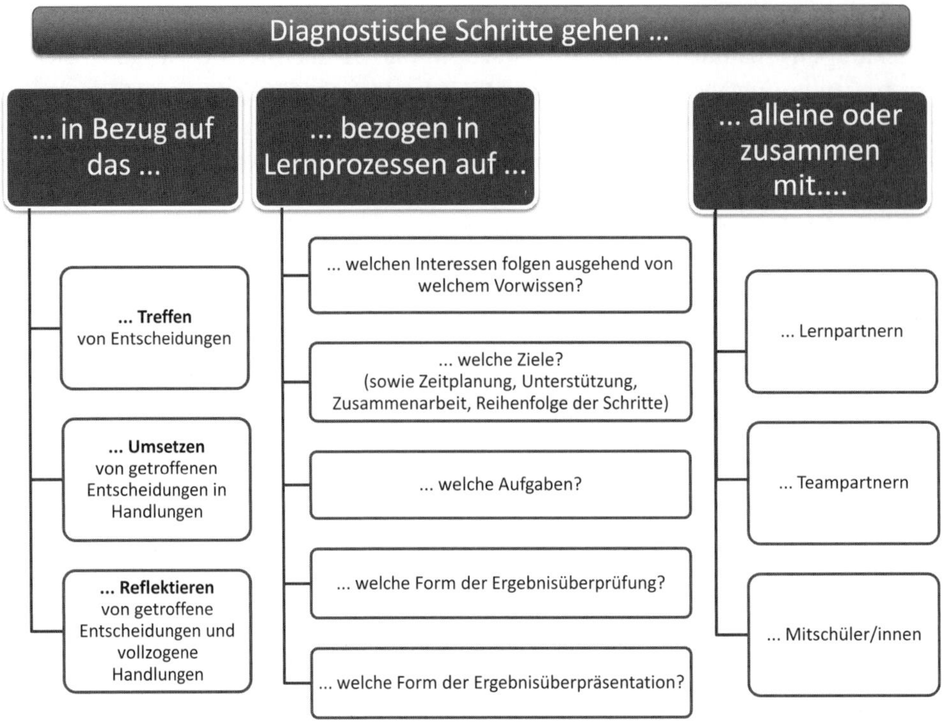

Abb. 44: Diagnostische Prozesse im individualisierten Unterricht in Teams

Diagnosezyklen können damit, je nach Art der Teams, in denen sie durchlaufen werden, und der Personen, die daran beteiligt sind, groß oder klein sein. In manchen Fällen können diagnostische Zyklen von Schüler/innen alleine und in kleinen Teams *selbstständig* durchlaufen werden; Sie als Lehrkraft treten nur hin und wieder hinzu, z. B. in Feedbackgesprächen. In anderen Fällen können diagnostische Zyklen auch größer sein und durchlaufen werden mit einer *breiten Unterstützung von anderen Personen*, z. B. Schulsozialarbeiter, Eltern und außerschulische Organisationen:

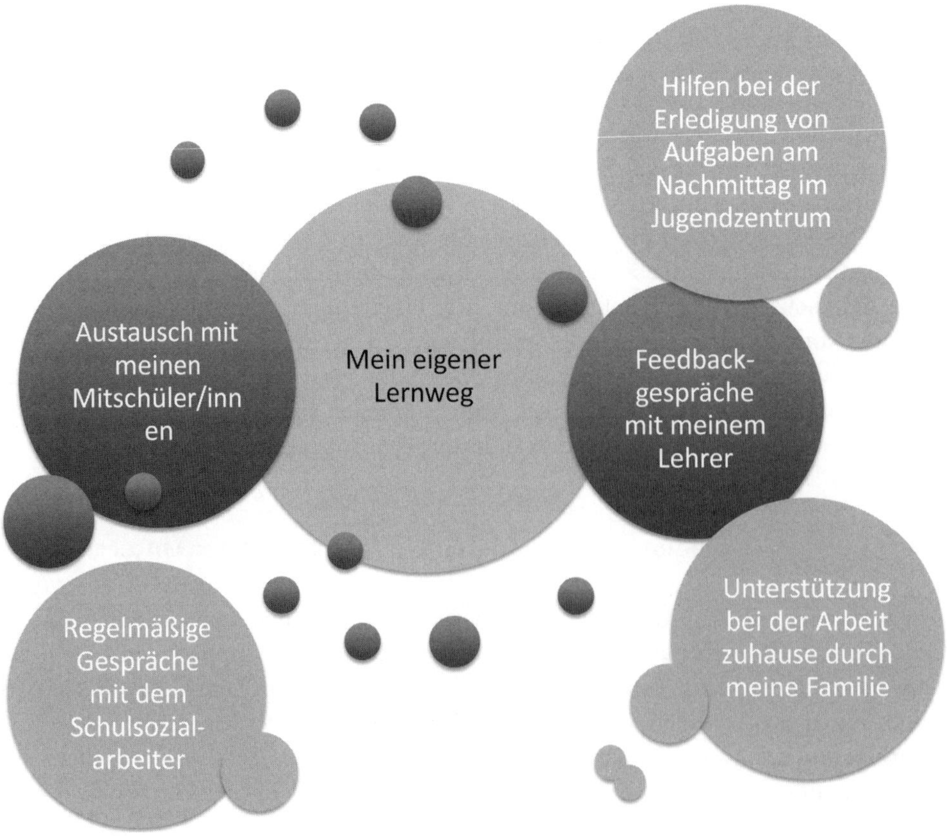

Abb. 45: Mögliche Akteure in kleinen (innerer Kreis) und großen (äußere Kreise) diagnostischen Zyklen

Die Frage danach, ob es sich um einen kleinen oder großen diagnostischen Zyklus handelt, ist auch eine Frage der Perspektive: kann es durchaus sein, dass ein diagnostischer Zyklus aus der Perspektive eines Schülers als klein erlebt wird, weil für seinen eigenen Lernprozess nicht alle beteiligten Partner *unmittelbar relevant* sind, auch wenn sie dem Schüler bekannt sind. Dies kann z. B. der Fall sein, wenn die Entwicklung des Peer-Tutorings als Entwicklungsbedarf eines ganzen Jahrgangsstufe identifiziert wird und in einer ersten Phase in jeder Klasse nur wenige Schüler/innen als Experten für Peer-Tutoring »ausgebildet« werden und dies im wesentlichen selbstständig tun: kleiner Zyklus aus der Sicht dieser jeweiligen Schüler/innen, großer Zyklus aus der Sicht der Schule.

Die Größe des diagnostischen Zyklus ist unabhängig davon, wie viele Personen bestimmte Hinderniserfahrungen gemacht haben bzw. bestimmte Veränderungswünsche haben.

Wie viel Zeit nehmen diagnostische Prozesse im individualisierten Unterricht in Anspruch? 5.2

Die in diesem Buch bisher vorgestellten Beispiele haben gezeigt, dass diagnostische Prozesse unterschiedlich viel Zeit in Anspruch nehmen können: ein diagnostischer Prozess kann sich über eine gesamte Unterrichtsreihe erstrecken und mit dieser deckungsgleich sein; diagnostische Prozesse können auch nur Phasen von Unterrichtsreihen betreffen und somit zu unterschiedlichen Anlässen u. U. hintereinander in Unterrichtsreihen stattfinden (natürlich nicht notwendigerweise mit immer denselben Schüler/innen).

Je nachdem, wie viel Zeit der diagnostische Prozess in Anspruch nimmt, können diagnostische Zyklen kurz oder lang sein, wie die folgende Abbildung 46 zeigt:

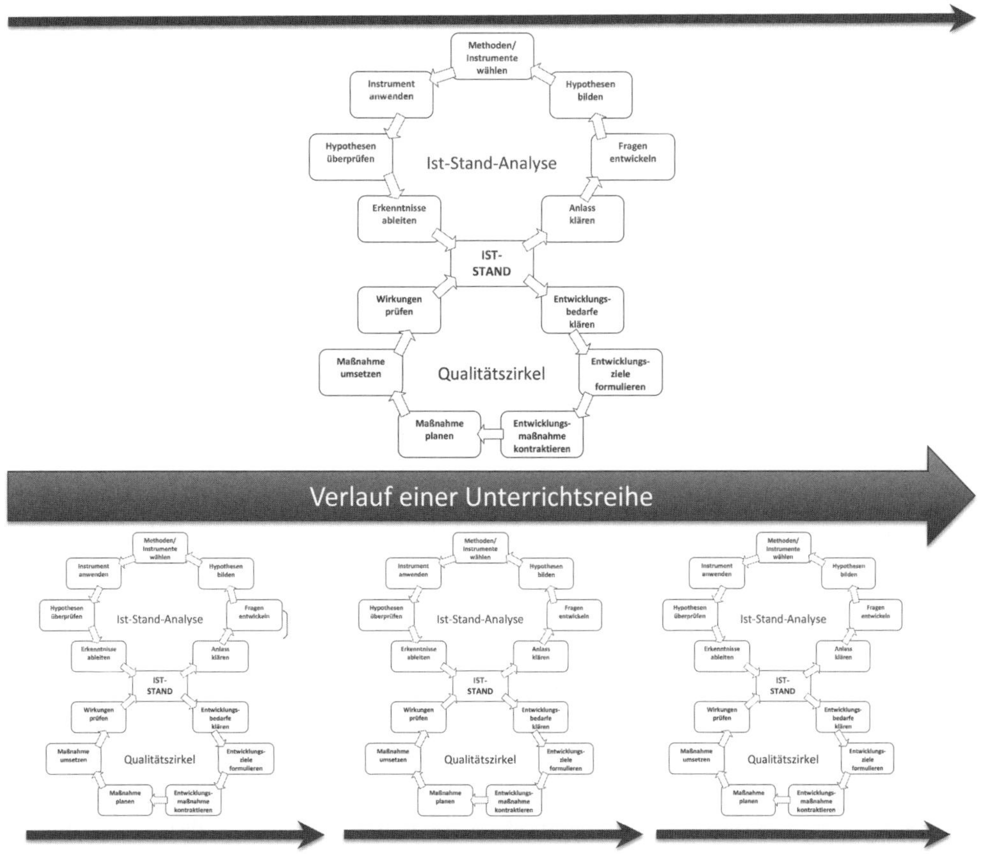

Abb. 46: Kurze und lange diagnostische Zyklen. Die schwarzen Pfeile zeigen die Dauer des Diagnosezyklus während einer Unterrichtsreihe an.

Dies zeigt, dass durchaus mehrere Zyklen während einer einzigen Unterrichtsreihe durchlaufen werden können. Dies kann z. B. der Fall sein, wenn Schüler/innen im individualisierten Unterricht routiniert darin sind, zu Beginn eine Unterrichtsreihe, in kleinen Teams – ausgehend von Hinderniserfahrungen in der vergangenen Unterrichtsreihe bezüglich der ungünstigen Verteilung von Aufgaben – Veränderungswünsche für die kommende Reihe zu formulieren und davon ausgehend mit Hilfe von bekannten Diagnoseinstrumenten einen kleinen und kurzen Zyklus zu durchlaufen, der bspw. den Zusammenhang zwischen effektiver Teamarbeit (Diagnosebereich Unterrichtsqualität: Sozialformen) und dem Einbringen eigener Begabungen und Kompetenzen (Diagnosebereich individuelle Lernvoraussetzungen) betrifft:

Je besser wir Aufgaben im Team verteilen (um ein gemeinsames Ziel zu erreichen), desto mehr können wir unsere eigenen Begabungen und Kompetenzen einbringen (die wir benötigen, um das Ziel zu erreichen).

KV 20

Um diagnostische Zyklen optimal in den Verlauf des individualisierten Unterrichts zu integrieren, kann es hilfreich sein, sich einen (ungefähren) Zeitplan für die einzelnen Schritte im jeweiligen Zyklus zu machen. Dieser kann durchaus im Verlauf angepasst und modifiziert werden. Sie vermeiden durch die Erstellung eines solchen Zeitplans, notwendige Räume der Ruhe und Konzentration nicht schaffen zu können, weil Ihnen »plötzlich« die Zeit davonläuft. Die Kopiervorlage 20 kann Sie als Lehrkraft dabei unterstützen.

5.3 Zwei Fallbeispiele

Im Folgenden wollen wir exemplarisch zwei Fallbeispiele zur Illustration expliziter diagnostischer Prozesse vorstellen. Beide Beispiele stellen unterrichtsbezogene Entwicklungsvorhaben dar. Wir werden sie von der Anlassklärung bis zur Auswertung und Interpretation der erhobenen Daten bzw. bis zur Evaluation begleiten, um das Zusammenspiel von diagnostischem Prozess und Lernprozessen im Unterricht zu veranschaulichen.

Der erste Fall stellt einen dem Anschein nach individuellen Anlass zu expliziter Diagnostik dar: Alexander, ein zwölfjähriger Junge mit Migrationsgeschichte, hat Schwierigkeiten, an der neuen Schule Freunde zu finden und fällt der Klassenlehrerin durch sein provokatives Verhalten und seine geringe Motivation auf, glänzt aber im Fach Mathematik durch hervorragende Leistungen (vgl. MSW NRW/Bertelsmann Stiftung 2015).

Im zweiten Fall geht es um eine ganze Lerngruppe. Die Klasse 7a gilt unter den dort unterrichtenden Kolleg/innen als unruhige und anstrengende Klasse – obwohl die Leistungen der Schüler/innen durchaus den Anforderungen entsprechen (vgl. MSW NRW/Bertelsmann Stiftung 2015).

Beginnen wir mit dem Fallbeispiel zu Alexander. Zunächst die Beobachtungen der Lehrkräfte, die den Ausgangspunkt für die Anlassklärung darstellen:

Aussage der Klassenlehrerin (Fach Deutsch)
»An der neuen Schule hat Alexander nur wenig Kontakt zu seinen Mitschüler/inne/n. In der Klasse möchte er alleine sitzen, auf dem Schulhof sucht er keinen Anschluss. Im Unterricht verhält er sich gegenüber den Lehrpersonen oft provokativ. Seine Hausaufgaben macht Alexander sowohl in Deutsch als auch in Politik nur sehr unregelmäßig. Das ihm aufgetragene Referat im Deutschunterricht zum Autor des neu begonnenen Jugendbuchs war nicht gut vorbereitet. Über den Klappentext hinaus hat Alexander nur wenige Informationen zusammengetragen. Auf die Frage, woher er seine Informationen bekommen hat, gab er keine Antwort. Seine Unterrichtsmaterialien vergisst er häufig, immer wieder muss er sich Papier oder Stifte leihen, um überhaupt mitarbeiten zu können.«
(MSW NRW/Bertelsmann-Stiftung 2015)

Angesichts dieser Beobachtungen könnte die Merkmalslinse der Klassenlehrerin vielleicht so aussehen:

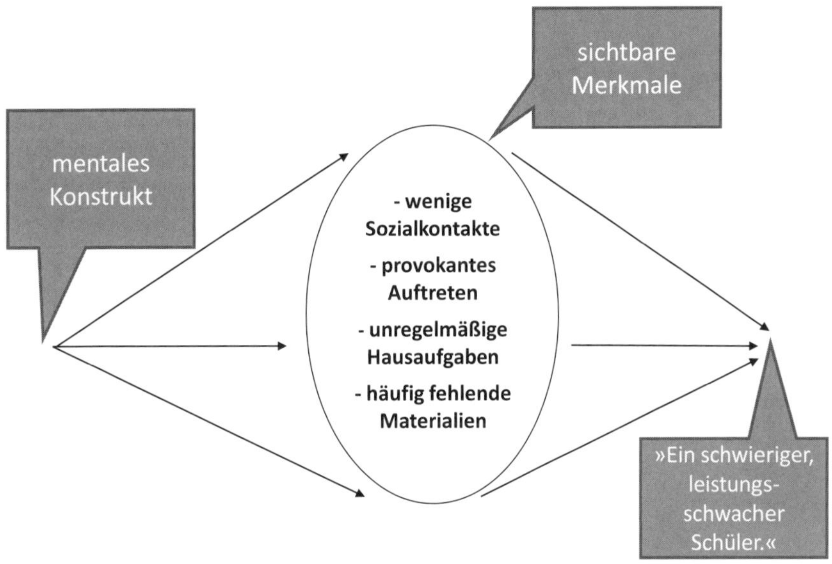

Abb. 47: Merkmalslinse der Klassenlehrerin

Aussage des Mathematiklehrers
»Hier zeigt sich Alexander sehr engagiert. Beide Klassenarbeiten hat er glatt ›Sehr gut‹ geschrieben. Und auch die Mitarbeit im Unterricht ist sehr rege.«
(MSW NRW/Bertelsmann Stiftung 2015)

Die Merkmalslinse dieses Lehrers dürfte eher so aussehen:

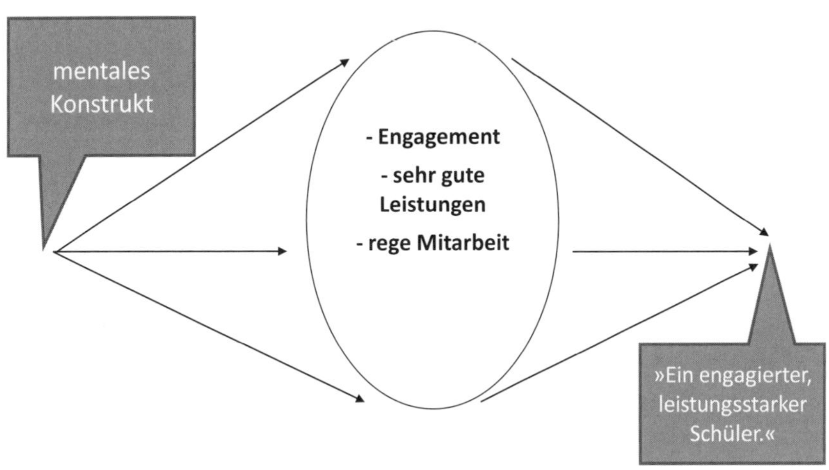

Abb. 48: Merkmalslinse des Mathematiklehrers

Aussage der ehemaligen Klassenlehrerin (Grundschule)
»Er ist als Spätaussiedler vor drei Jahren nach Deutschland gekommen. In der Grundschule wurde er auf Wunsch der Eltern in die zweite Klasse aufgenommen, obwohl er altersbedingt auch die dritte Klasse hätte besuchen können. Zu Beginn seiner Grundschulzeit arbeitete Alexander nur wenig mit, obwohl er keine Schwierigkeiten mit der deutschen Sprache hatte. Nach kurzer Zeit zeigte er großes Interesse am Mathematikunterricht und beschäftigte sich hier gerne mit Knobelaufgaben. Im Offenen Ganztag besuchte er eine Schach-AG. Die Mitarbeit im Unterricht blieb allerdings unbeständig. Während er in Mathematik und Deutsch keine oder nur wenige Probleme hatte, zeigten sich Schwierigkeiten vor allem in Englisch. In den Fächern Musik und Kunst beteiligte er

sich nur widerwillig. Die Eltern berichten bei einem Gespräch, dass Alexander bei einem Intelligenztest einen überdurchschnittlichen IQ von 120 erreichte.«
(Fischer/Rott, MSW NRW/Bertelsmann Stiftung 2015)

Und dies könnte die Merkmalslinse der ehemaligen der Klassenlehrerin aus der Grundschule sein:

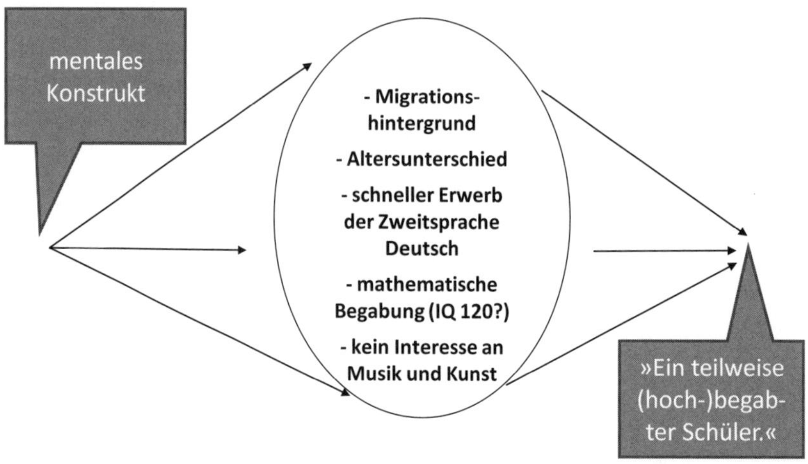

Abb. 49: Merkmalslinse der ehemaligen Klassenlehrerin

Die Anlassklärung besteht nun zunächst im Austausch dieser Beobachtungen in einer Teambesprechung der drei Lehrkräfte. Die Klassenlehrerin zeigt sich überrascht über die sehr guten Leistungen Alexanders im Fach Mathematik, auch die Information, dass Alexander in Deutsch an der Grundschule keine Schwierigkeiten hatte, ist neu für sie. Vor allem aber der hohe IQ von 120 gibt ihr zu denken. Aus dem ihrer Ansicht nach überforderten Schüler ist ein hochbegabter Schüler geworden. Das Team hat sich als Korrektiv ihrer bisherigen Urteile über Alexander erwiesen.

Im nächsten Schritt könnten nun gemeinsam mit Alexander Hinderniserfahrungen und Veränderungswünsche gesammelt und festgehalten werden, um daraufhin mutmaßliche Ursachen (»Kann es sein, dass …?) zu formulieren.

Mögliche Hinderniserfahrungen in den Worten Alexanders könnten z. B. sein:

Wir machen immer so uninteressante Sachen.

Lange Texte lesen in Deutsch macht keinen Spaß.

Ein Veränderungswunsch könnte so lauten:

Ich wünsche mir mehr spannende Sachen zu machen, bei denen ich richtig nachdenken muss!

Alexander könnte daraufhin folgende diagnostische Frage stellen:

Kann es sein, dass ich viel zu selten mal das machen kann, was ich richtig gut kann?

Bei der gemeinsamen Suche nach möglichen Faktoren, die ursächlich mit den Hinderniserfahrungen zusammenhängen bzw. auf mögliche Entwicklungsbedarfe hinweisen, könnte er unter Zuhilfenahme der Übersicht der Diagnosebereiche zwei Aspekte besonders hervorheben:

Übersicht Diagnosebereiche: Was ich bin, weiß und kann

Beschreibung (Auswahl)	Aspekt	Einflussfaktor/ beeinflusste Größe
Wird berücksichtigt, was ich schon weiß?	Vorwissen	
Wird berücksichtigt, was ich schon (besonders gut) kann?	Begabungen, Potenziale, Kompetenzen	
Wird berücksichtigt, was mich interessiert und wie sehr ich Lust und Freude daran habe, zu arbeiten?	Interessen und Motivation	
Wird berücksichtigt, wie sehr ich mir und meinem Können vertraue? Wird berücksichtigt, wie ich mit Schwierigkeiten umgehe?	Volition	**Individuelle Lernvoraus-setzungen**
Wird berücksichtigt, wie ich lerne?	Lernstrategien	
Wird berücksichtigt, wie ich mich fühle?	Emotionen	
Wird berücksichtigt, was ich körperlich kann?	Gesundheit	
Wird berücksichtigt, was ich noch lernen muss?	Lernentwicklung	
Wird berücksichtigt, wie gut ich mich sprachlich ausdrücken kann (im Schreiben und Sprechen)?	Sprachkompetenz	

(in Anlehnung an: Hesse/Latzko 2011, S. 97ff.)

Abb. 50: Diagnosebereich Individuelle Lernvoraussetzungen, Alexanders Hervorhebungen (vgl. MSW NRW/Bertelsmann Stiftung)

Das Gespräch mit Alexander findet im Anschluss an ein Feedbackgespräch im Fach Deutsch statt, in dem er von sich aus geäußert hat, dass im Deutschunterricht »immer so uninteressante Sachen gemacht werden«.

Alexanders vornehmlicher Entwicklungsbedarf, der sich aus dem geäußerten Veränderungswunsch ergibt, liegt somit im Bereich seiner Begabungen und Interessen. Seine vornehmlichen Entwicklungsziele, die sich aus den von ihm geäußerten Hinderniserfahrungen gewinnen lassen, beziehen sich auf seine Lese- und Schreibkompetenzen und seine Leistungsbereitschaft in den Fächern, die ihm wenig(er) Spaß machen. Daraus lässt sich folgende Hypothese formulieren:

Wenn die Interessen Alexanders berücksichtigt werden,
dann werden sich
seine Lese- und Schreibkompetenzen verbessern und
seine Leistungsbereitschaft erhöhen.

Dass diese Hypothese nicht allein für ihn Gültigkeit besitzt, zeigt sich daran, dass die Formulierungen für Entwicklungsbedarfe und -ziele im schuleigenen Förderprogramm vorkommen. In der Hypothese drückt sich ein Zusammenhang aus, der ebenfalls im Förderprogramm angenommen wird und Ausgangspunkt für die Planung von Entwicklungsmaßnahmen, in diesem Fall Fördermaßnahmen, sein soll. Individuelle Förderung und Entwicklung des Unterrichts ergänzen somit einander:

Wir berücksichtigen die individuellen Interessen und Begabungen der Schüler/innen, um bei ihnen Lernstrategien zu entwickeln und Kompetenzen auszubilden.

Die schuleigenen Fördermaßnahmen lauten wie folgt:

»Das Forder-Förder-Projekt (FFP) wird in allen sechsten Klassen der Schule flächendeckend eingesetzt. Das Projekt findet im zweiten Halbjahr statt und wird an das Unterrichtsfach Deutsch und ein gesellschaftswissenschaftliches Fach gekoppelt. Pro Woche werden zwei Unterrichtsstunden für das FFP fest eingeplant. Das FFP ist eingebunden in ein Methodencurriculum, das an der Schule verbindlich umgesetzt wird.
Die Schülerinnen und Schüler (SuS) erwerben im FFP Strategien des selbstgesteuerten Lernens, wie z. B. Strategien des Zeitmanagements, der Informationssuche sowie Lese-, Schreib- und Präsentationsstrategien. Diese Strategien erlernen die SuS durch das Ver-

> fassen einer Expertenarbeit und bei der Vorbereitung eines Expertenvortrages. Schlüssel zum Gelingen des FFP ist die freie Themenwahl gemäß den individuellen Interessen der SuS.
> Das FFP wird durch die jeweiligen Lehrpersonen im Team-Teaching durchgeführt. Bei entsprechender Personallage werden weitere Personen hinzugezogen, etwa Lehramtsstudierende in Praktika oder Referendarinnen und Referendare. Wünschenswert ist ein Betreuungsschlüssel von mindestens 1:10.«
> (MSW NRW/Bertelsmann Stiftung 2015)

Auch die Instrumente zur Ermittlung stehen bereits fest:

> »Zu Beginn des Forder-Förder-Projektes (FFP) setzen die beiden Lehrpersonen verschiedene Fragebogen und Testverfahren ein. Ziel der Verfahren ist es, die besonderen Fähigkeiten und speziellen Interessen der SuS kennenzulernen – z. B. mittels Interessenfragebogen von Joelle Huser (Lichtblick für helle Köpfe, ISBN 3037130547) –, etwas zur Selbsteinschätzung ihres Lern- und Arbeitsverhaltens sowie zu ihrem Wissen über Lernstrategien zu erfahren. Diese Bereiche sollen im FFP später gefördert werden.
> Im Sinne eines Screenings wird der Lesegeschwindigkeits- und -verständnistest (LGVT 6–12) eingesetzt. Diesen können die Lehrpersonen eigenständig durchführen und auswerten. Auf diese Weise können sie feststellen, ob sich die eigenen Beobachtungen mit den Testdaten decken. Eventuelle blinde Flecken der eigenen Beobachtung lassen sich ggf. aufdecken. Dabei ist ihnen bewusst, dass die Durchführung eines solchen Tests im Sinne der Lernprozessdiagnostik eine Momentaufnahme darstellt und auch Ausreißer – nach oben oder nach unten – aufweisen kann.«
> (MSW NRW/Bertelsmann Stiftung 2015)

Die Auswertung der erhobenen Daten zeigt für Alexander Folgendes:

> »Alexander erreicht im LGVT im Bereich Lesegeschwindigkeit einen T-Wert von 45 und liegt damit im Normbereich. Sein T-Wert beim Leseverständnis liegt bei 30, was unterdurchschnittlich ist.«
> (MSW NRW/Bertelsmann Stiftung 2015)

Daraus lässt sich interpretieren, dass

> »[...]Alexander zwar ausreichend schnell, aber nicht sehr gründlich liest. Dies deutet darauf hin, dass Alexander Unterstützung im Bereich Lesestrategien benötigt.«
> (MSW NRW/Bertelsmann Stiftung 2015)

An dieser Stelle sei auf das *Erklärungsgebot* verwiesen: Zwischen den Daten und Alexanders Lesestrategien kann allenfalls ein Zusammenhang, aber keine kausale Beziehung hergestellt werden! Der Interessenfragebogen zeigt folgende Ergebnisse:

> »Alexander hat im Interessenfragebogen nicht alle Fragen beantwortet. Fragen zu Freunden bleiben offen. Auf die Frage, ob er gerne zur Schule geht, antwortet er: ›Teils, teils! Einige Fächer machen Spaß, andere nicht.‹ Besonders gut an der Schule gefällt ihm ›Mathe‹, weniger gut gefallen ihm Kunst und Englisch. Als Hobby nennt er Schach.«
> (MSW NRW/Bertelsmann Stiftung 2015)

Erinnern Sie sich an das *Evidenzgebot*: Ob Alexander daran interessiert ist, Freunde zu finden oder nicht, lässt sich aus den erhobenen Daten nicht schließen! An dieser Stelle steigen wir aus dem Entwicklungsprozess aus; wir wollten zeigen, dass ein vorgeblich individueller Anlass – der »schwierige« Schüler« – sich decken kann mit Entwicklungsvorhaben, die allen Schüler/innen Lernchancen eröffnen sollen. Ein aus der Perspektive von Alexander kleiner

Diagnosezyklus erweist sich also als großer Diagnosezyklus, insofern in dem Forder-Förder-Projekt eine größere Anzahl von Personen (eine ganze Jahrgangsstufe) beteiligt ist. Ebenso zeigt sich, dass es sich um einen langen Diagnosezyklus handelt, der sich über ein ganzes Halbjahr erstreckt. Schließlich zeigt sich, wie der individuelle Lernprozess – in diesem Fall des einzelnen Schülers Alexander – mit einem diagnostischen Prozess verzahnt wird, indem die Berücksichtigung der Interessen des Schülers in den Fokus rückt.

Das folgende Fallbeispiel nimmt eine ganze Lerngruppe zum Anlass:

> **»Die 7a gilt unter dort unterrichtenden Kolleginnen und Kollegen als ›quirlige‹ bzw. ›anstrengende‹ Klasse. Eine Kollegin empfindet die Unterrichtsatmosphäre laut eigenen Worten als »kreatives Chaos« und zeigt stolz die Produkte des letzten Kleinprojekts. Andere Kolleginnen und Kollegen empfinden die ständige Unruhe als sehr belastend. ›Ich muss mit ständigen Ermahnungen und Strafmaßnahmen geradezu um mich werfen, um einigermaßen in Ruhe unterrichten zu können.‹«**
> (MSW NRW/Bertelsmann Stiftung 2015)

Ausgehend von dieser Situation entfaltet sich der folgende, nun schematisch vereinfacht dargestellte diagnostische Prozess (s. Abb. 51 bis 55):

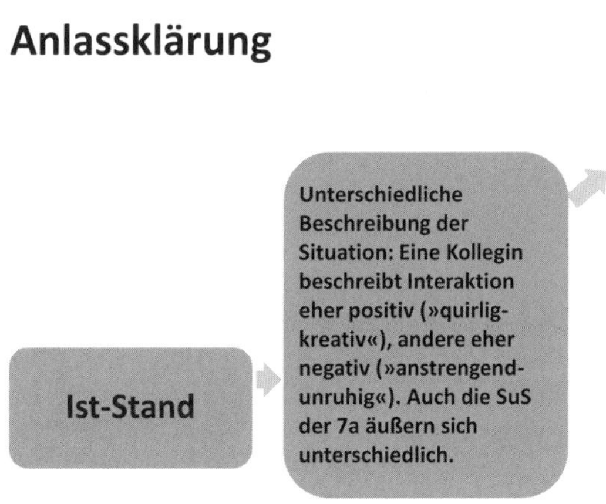

Abb. 51: Anlassklärung Fallbeispiel 7a (MSW NRW/Bertelsmann Stiftung)

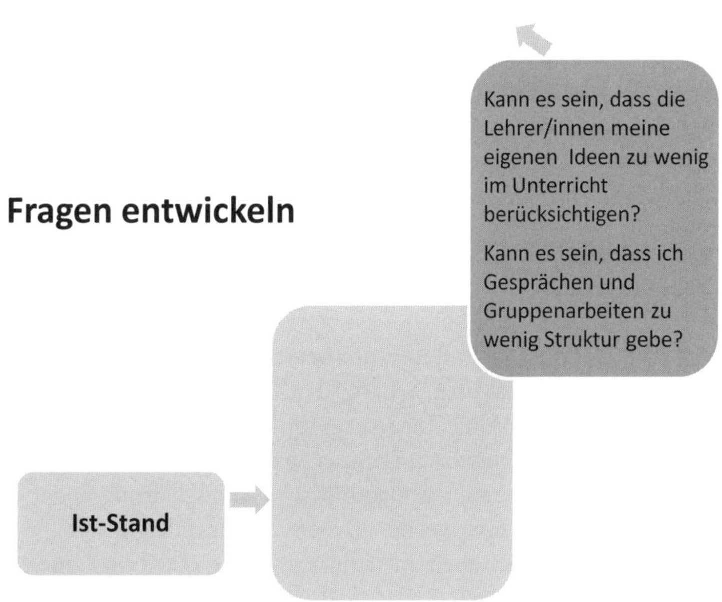

Abb. 52: Fragen entwickeln, Fallbeispiel 7a (MSW NRW/Bertelsmann Stiftung)

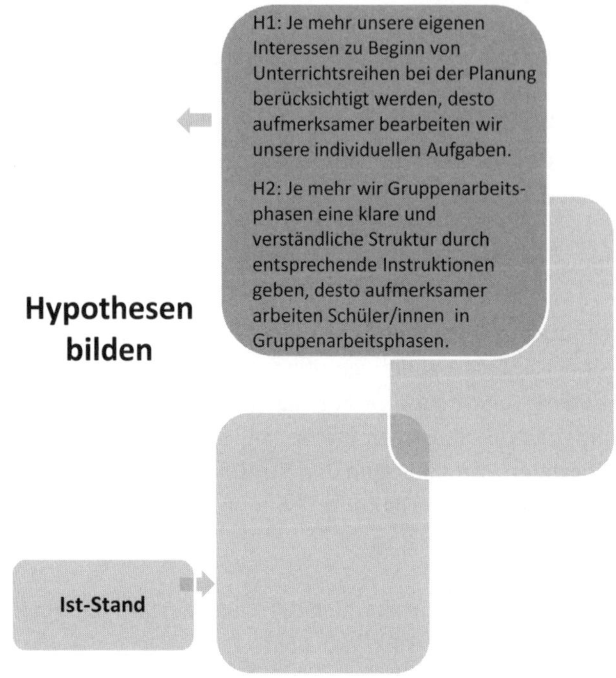

Abb. 53: Hypothesen bilden, Fallbeispiel 7a (MSW NRW/Bertelsmann Stiftung)

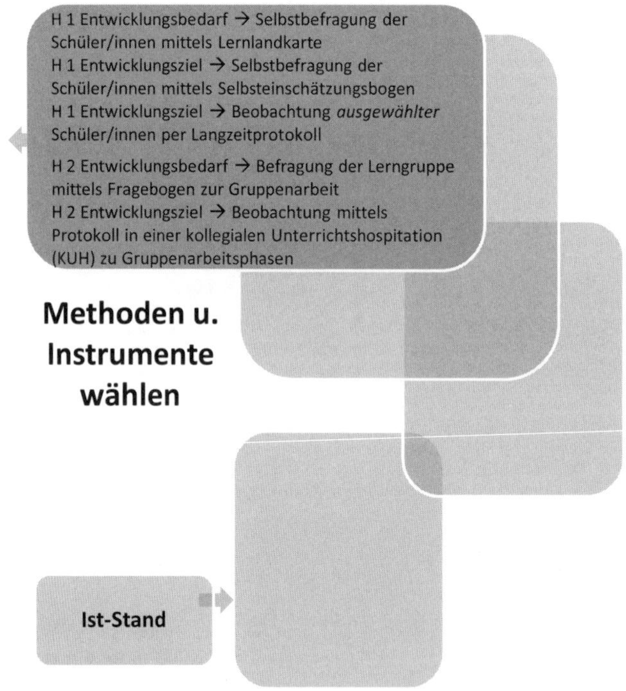

Abb. 54: Methoden und Instrumente wählen, Fallbeispiel 7a (MSW NRW/Bertelsmann Stiftung)

Bis hierhin konnten die Schritte des diagnostischen Prozessen in einer Jahrgangsteamsitzung und einer Klassenratsstunde in kurzer Zeit abgeschlossen werden. Sie sind Teil eines großen diagnostischen Zyklus, der eine ganze Klasse betrifft. Die Verzahnung mit Lernprozessen findet in diesem Fall über die Gelenkstellen der Berücksichtigung der eigenen Interessen sowie der Zeitplanung bzw. die Form und Struktur der Zusammenarbeit und die Bearbeitung der Aufgaben statt. Dies zeigt deutlich, dass sich Hinderniserfahrungen in Lernprozessen über einen längeren Zeitraum hin entwickeln können, weil sie aus verschieden Teilerfahrungen bestehen bzw. sich angehäuft haben. Die diagnostische Anlassklärung findet in diesem Fall also eigentlich schon zu spät statt bzw. aus der »Krise der Alltagsdiagnostik« heraus (vgl. Kap. 2).

Die Auswahl der diagnostischen Instrumente sowie die Zeiträume ihrer Anwendung zeigen in diesem Fall eines großen diagnostischen Zyklus, dass die Verzahnung mit den

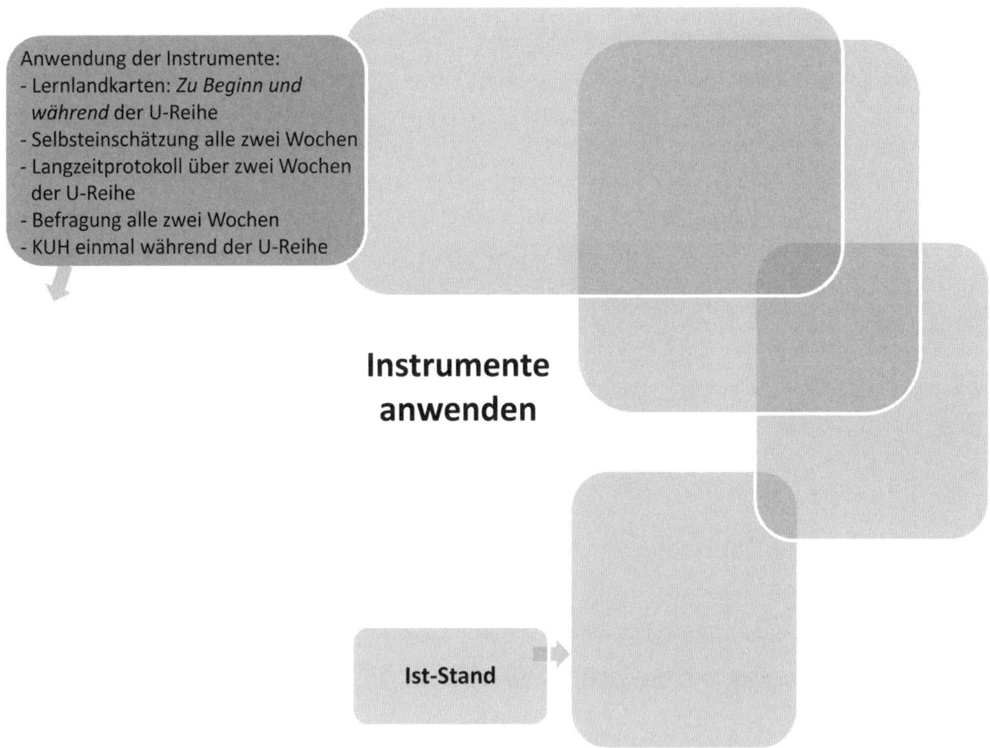

Abb. 55: Instrumente anwenden, Fallbeispiel 7a (MSW NRW/Bertelsmann Stiftung)

Lernprozessen recht komplex ist, da sie an unterschiedlichen Stellen und für unterschiedliche Zeiträume erfolgt. Dies hängt damit zusammen, dass hier zwei Hypothesen, also unterschiedliche Zusammenhänge von Entwicklungsbedarfen und -zielen überprüft werden sollen. Komplexität bedeutet aber nicht, dass dies kompliziert sein muss. Die Komplexität lässt sich für den Einzelnen reduzieren, wenn genau vereinbart wird, wer (im Kollegium unter den beteiligten Lehrkräften) die jeweilige Gewinnung der Daten betreut.

Die anschließende Überprüfung der Hypothesen beinhaltet die Auswertung und Interpretation der erhobenen Daten und gleichsam die Beantwortung der Frage: Sind die in den Hypothesen angezeigten Lösungswege sinnvoll? Das bereits in Abschnitt 3.2 gezeigte Beispiel des Beobachtungsbogens lässt folgende Auswertung zu:

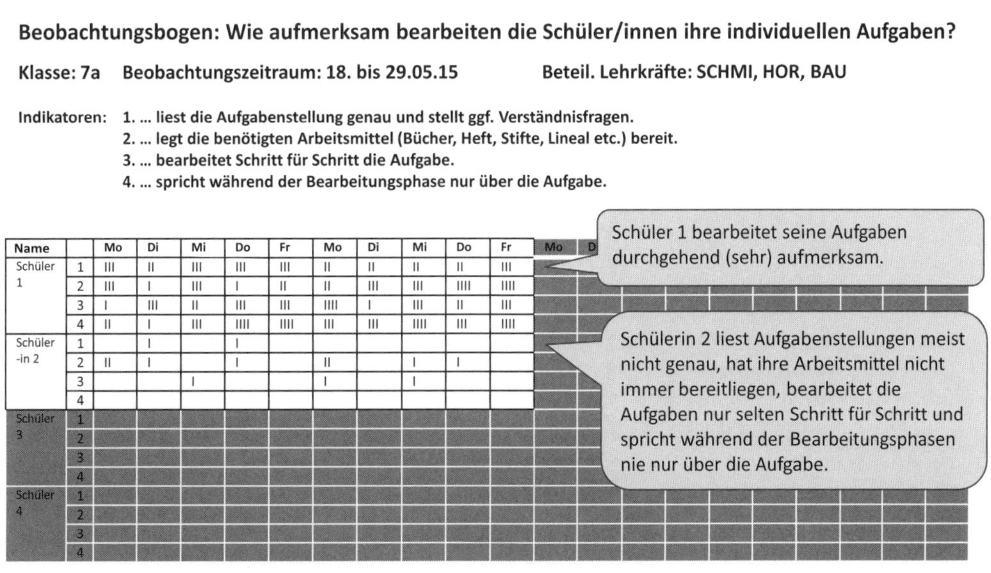
Beobachtungsbogen: Wie aufmerksam bearbeiten die Schüler/innen ihre individuellen Aufgaben?

Klasse: 7a Beobachtungszeitraum: 18. bis 29.05.15 Beteil. Lehrkräfte: SCHMI, HOR, BAU

Indikatoren:
1. … liest die Aufgabenstellung genau und stellt ggf. Verständnisfragen.
2. … legt die benötigten Arbeitsmittel (Bücher, Heft, Stifte, Lineal etc.) bereit.
3. … bearbeitet Schritt für Schritt die Aufgabe.
4. … spricht während der Bearbeitungsphase nur über die Aufgabe.

Name		Mo	Di	Mi	Do	Fr	Mo	Di	Mi	Do	Fr	Mo	D
Schüler 1	1	III	II	III	III	III	II	II	II	II	III		
	2	III	I	III	I	II	II	III	III	IIII	IIII		
	3	I	III	II	III	III	IIII	I	III	II	III		
	4	II	I	III	IIII	IIII	III	III	IIII	III	IIII		
Schüler -in 2	1		I		I								
	2	II	I		I		II		I	I			
	3			I			I		I				
	4												
Schüler 3	1												
	2												
	3												
	4												
Schüler 4	1												
	2												
	3												
	4												

Abb. 56: Ausgewerteter Beobachtungsbogen zu H1, Fallbeispiel 7a (MSW NRW/Bertelsmann Stiftung)

Entscheidend ist jedoch die Klärung des in der Hypothese H1 aufgestellten Zusammenhangs: Wie aufmerksam bearbeitet Schüler/innen ihre individuellen Aufgaben – werden dabei die in den Lernlandkarten formulierten eigenen Interessen tatsächlich berücksichtigt?

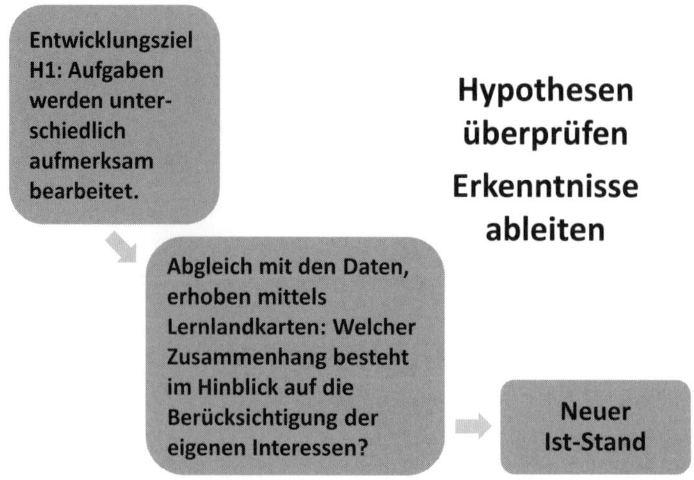

Abb. 57: Hypothesen überprüfen, Fallbeispiel 7a (MSW NRW/Bertelsmann Stiftung)

Der Fragebogen zum Entwicklungsbedarf der Hypothese H2 lässt sich folgendermaßen auswerten:

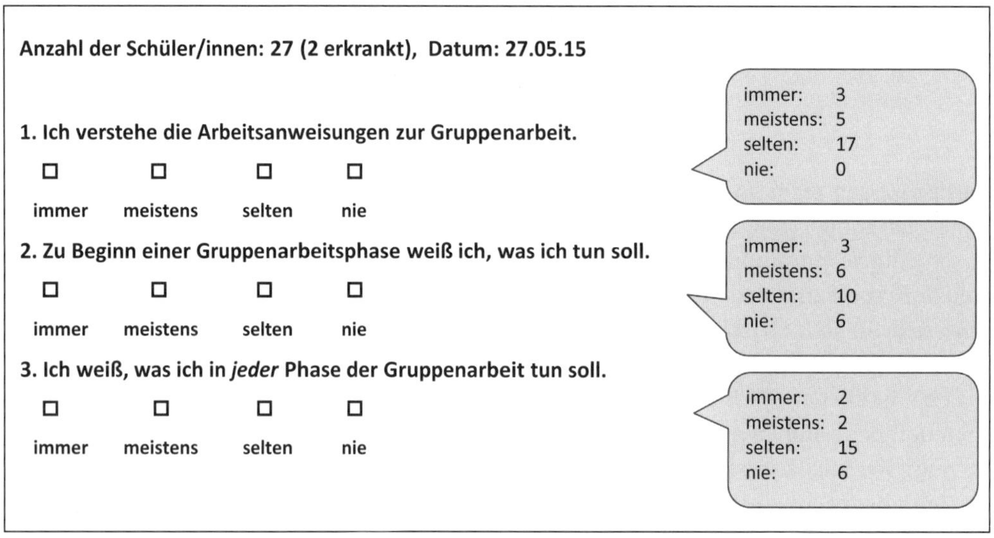
Anzahl der Schüler/innen: 27 (2 erkrankt), Datum: 27.05.15

1. Ich verstehe die Arbeitsanweisungen zur Gruppenarbeit.

☐ immer ☐ meistens ☐ selten ☐ nie

immer: 3
meistens: 5
selten: 17
nie: 0

2. Zu Beginn einer Gruppenarbeitsphase weiß ich, was ich tun soll.

☐ immer ☐ meistens ☐ selten ☐ nie

immer: 3
meistens: 6
selten: 10
nie: 6

3. Ich weiß, was ich in *jeder* Phase der Gruppenarbeit tun soll.

☐ immer ☐ meistens ☐ selten ☐ nie

immer: 2
meistens: 2
selten: 15
nie: 6

Abb. 58: Ausgewerteter Fragebogen zu H2, Fallbeispiel 7a (MSW NRW/Bertelsmann Stiftung)

Im Abgleich mit den ausgewerteten Daten der kollegialen Unterrichtshospitation (KUH) lässt sich ein Zusammenhang zwischen Entwicklungsbedarf und Entwicklungsziel in Hypothese H2 herstellen (Abb. 59).

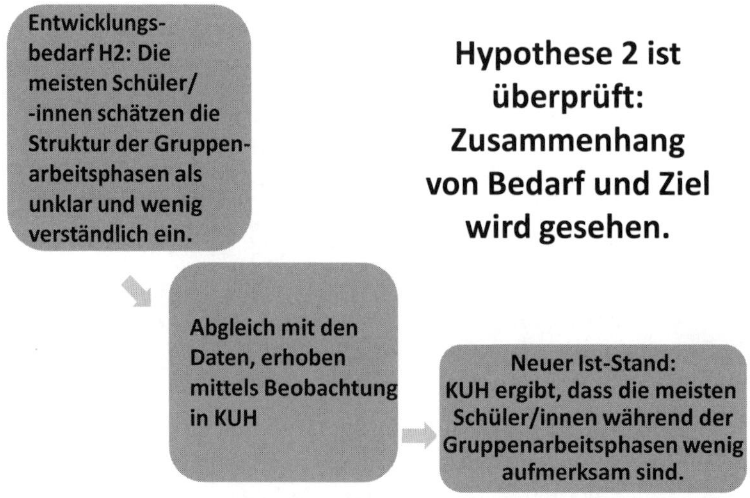

Abb. 59: Überprüfte Hypothese H2, Fallbeispiel 7a (MSW NRW/Bertelsmann Stiftung)

Die folgende Abbildung 60 zeigt beispielhaft individuelle Entwicklungsbedarfe und -ziele, die dann die Grundlage für individuelle Maßnahmen bilden können:

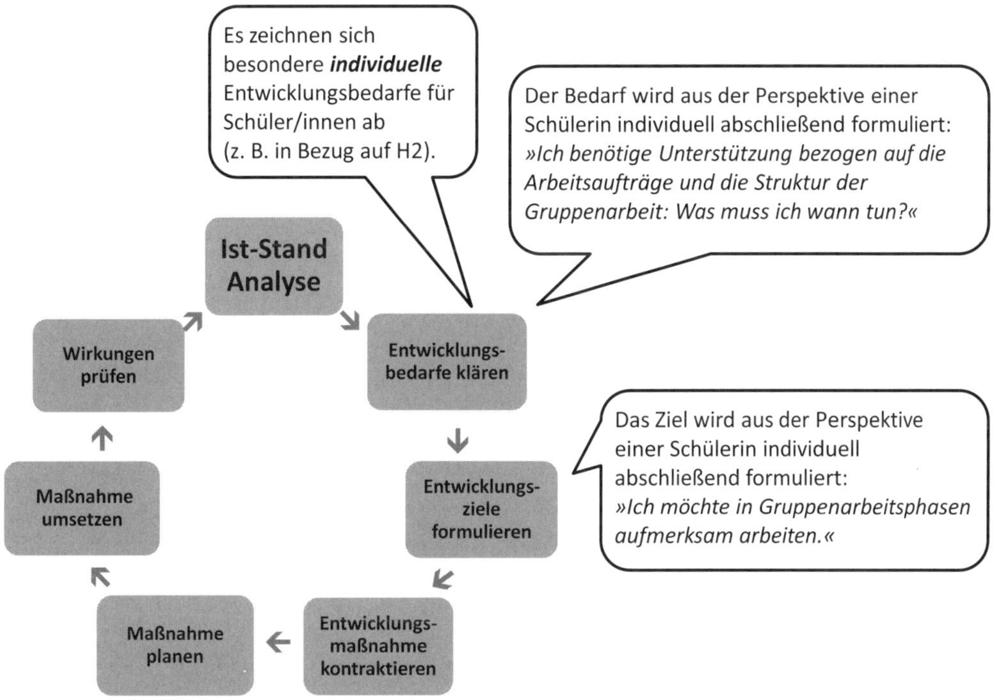

Abb. 60: Individuelle Entwicklungsbedarfe, Fallbeispiel 7a (MSW NRW/Bertelsmann Stiftung)

In der Lernprozessberatung werden individuelle Entwicklungsbedarfe und -ziele abschließend formuliert und in einer konkreten Maßnahme schriftlich festgehalten und kontraktiert. Im Falle eines Schülers könnte der Prozess, in dem in der Maßnahmen Unterstützung vor und während der Gruppenarbeit durch einen Buddy, d.h. eine Mitschülerin/einen Mitschüler erfolgt, wie in Abbildung 61 gezeigt fortgesetzt werden.

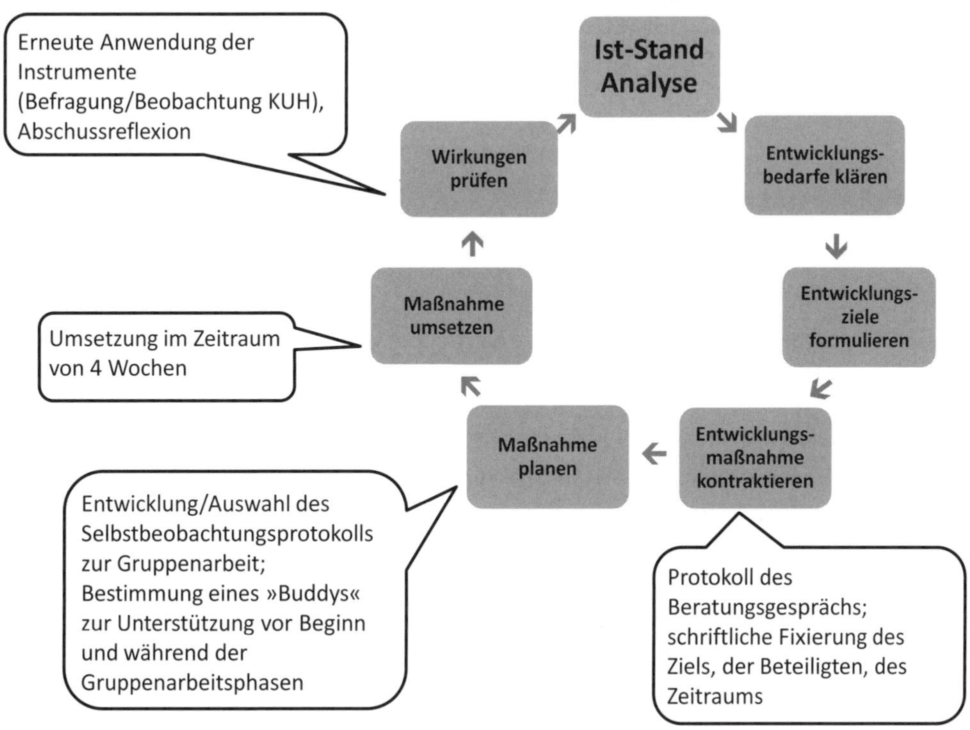

Abb. 61: Maßnahmenplanung, Fallbeispiel 7a (MSW NRW/Bertelsmann Stiftung)

Im hier gezeigten Fallbeispiel verhält es sich, oberflächlich betrachtet, im Vergleich zum Fallbeispiel »Alexander« »umgekehrt«: Aus einem gruppenbezogenen bzw. unterrichtsbezogenen Anlass erwachsen individuelle Bedarfe und Ziele. Eigentlich besteht der Unterschied in beiden Fällen nur in der Fokussierung des Blicks auf das Entwicklungsvorhaben: Je größer der Abstand, den ein Betrachter einnimmt, desto mehr tritt das Unterrichtsentwicklungsvorhaben in den Vordergrund; je mehr man sich dem Vorhaben nähert, desto deutlicher treten individuelle Lern- und Entwicklungsprozesse in den Vordergrund.

Schauen wir hierfür noch einmal auf den gesamten diagnostischen Prozess: Ausgangspunkt kann die Hinderniserfahrung einer Schülerin oder eines Schülers sein; zum Anlass genommen, kann sich daraus ein Dialog über ähnliche oder andere Hinderniserfahrungen im gemeinsamen Kontext des erlebten Unterrichts entfalten. Die gemeinsam getroffene Entscheidung, welche lernwirksamen Faktoren mögliche »Hebel« zur positiven Veränderung des Unterrichts sein können, führt den anfangs offenen Dialog immer mehr zusammen zur sprachlichen präzisen Formulierung des prominenten, gemeinsamen Entwicklungsbedarfs und -ziels: der Hypothese. Diese zu überprüfen, bedeutet mittels geeigneter Instrumente festzustellen, ob der eingeschlagene Weg der Veränderung in die richtige Richtung weist: Stimmen die Daten, die wir gewonnen haben, mit unseren Vermutungen überein? Zeigt sich ein Zusammenhang zwischen den im Fokus stehenden Faktoren, so steht nun nicht nur eine Handlungsgrundlage für die Entwicklung des Unterrichts, sondern gleichzeitig auch für individuelle Entwicklungsmaßnahmen zur Verfügung: Welche individuellen Bedarfe und Ziele ergeben sich aus der Perspektive eines Schülers/einer Schülerin? Nach der in der Beratung erfolgten Vorbereitung von individuellen Maßnahmen und deren Umsetzung führt die Evaluation – die wiederholte Überprüfung der Hypothese – den erhofften individuellen Erfolg wieder auf die Ebene der Unterrichtsentwicklung zurück.

5.4 Unterricht individuell weiterentwickeln

Vielleicht werden Sie sich nun fragen, wie ihr Unterricht ganz genau aussehen muss, damit alle Schritte eines diagnostischen Prozesses darin aufgehen können. Nicht ohne Grund haben wir schon zu Beginn von Unterrichts*entwicklungs*prozessen gesprochen: Es gibt kein festes Schema oder Modell zur Umsetzung in Ihrem Unterricht: *Sie* sind es, der bzw. die im Dialog mit Ihren Schüler/innen herausfinden muss, an welchen Stellen sich Ihr Unterricht wie weiterentwickeln soll, damit er erfolgreiches Lernen ermöglicht. Das Diagnostizieren stellt keinen Selbstzweck dar, sondern muss immer bezogen auf die Ermöglichung von Lernerfolgen gedacht werden.

Lernerfolge sind dabei, auch darauf haben wir hingewiesen, nicht gleichzusetzen mit Lernleistungen. Von Schüler/innen subjektiv erfahrene *Lernerfolge* können als *Lernleistungen* im Vergleich zu anderen Schüler/innen sowohl schwach als auch stark sein: Ein Schüler mag es bspw. als Erfolg für sich verbuchen, nach einer intensiven Phase des Übens bestimmte Aspekte der Gestaltung von argumentierenden Texten besser als zuvor zu beherrschen – und dennoch in der entsprechenden Klassenarbeit aufgrund anderer eher schwach ausgebildeter Kompetenzen nur die Note ausreichend erzielen. Diagnostische Prozesse dienen also dazu, solche Lernerfolge zu ermöglichen, die nicht in jedem Fall mit Lernleistungen gleichzusetzen sind. Deshalb darf sich schulische Diagnostik auch nicht in Leistungsdiagnostik erschöpfen.

Je mehr ich als Schüler/in im Dialog mit meinen Mitschüler/innen und Lehrer/innen über mich selbst erfahre, je mehr Sie im Dialog mit Ihren Kolleg/innen und Ihren Schüler/innen über sich selbst erfahren, desto mehr Chancen eröffnen Sie sich erfolgreich zu lernen und zu unterrichten. Dies stellt den Kern des individualisierten Unterrichts als auch der schulischen Diagnostik im hier vorgestellten Sinne dar.

Schaffen Sie also in Ihrem Unterricht und in Ihrer Schule möglichst viele Anlässe und Räume für Dialog. Zentrales Element eines solchen Dialogs ist das Ermöglichen und Eröffnen *unterschiedlicher* Perspektiven. Dies ist nicht nur entscheidend für erfolgreiche Prozesse des Lernens (vgl. Reich 2014, Meyer/Oleśniewicz 2015a), sondern auch vor allem für erfolgreiche Prozesse des Diagnostizierens. Dies führt Sie zu Ihrer Kernexpertise als Lehrer/in zurück: Veränderungsprozesse gestalten zu können.

Reichweite diagnostischer Zyklen

Weder individualisierter Unterricht noch schulische Diagnostik hat es auf eine *Exklusion* von besonders begabten oder besonders schwachen Schüler/innen abgesehen. Es geht *immer* um den Einzelnen, aber niemals darum, ihn auszusondern oder extra zu behandeln in speziellen Programmen, Stunden oder Räumen. Sondern es geht vielmehr darum, in aktiver Teilhabe aller Schüler/innen und Lehrer/innen gemeinsam zu lernen und zu arbeiten. Insofern sind individualisierter Unterricht und schulische Diagnostik per definitionem *inklusiv*: individuelle Lernwege werden im Dialog gestaltet und führen deshalb immer wieder in das Team und das Miteinander zurück.

Diagnostische Zyklen haben – von ihrem jeweiligen Anlass aus gesehen – unterschiedliche Reichweiten: in manchen Fällen betreffen Hinderniserfahrungen und Veränderungswünsche nur einen oder wenige Schüler/innen oder Lehrer/innen. In anderen Fallen betreffen Sie eine oder mehrere Lerngruppen oder bestimmte Fächer an Ihrer Schule. Diese Reichweite kann sich aber im Verlauf eines diagnostischen Prozesses verändern: Während Sie bspw. in einem Schuljahr nur in einer einzigen Lerngruppe mit der Methode des Peer-Tutorings gearbeitet haben, schließt sich daran für Sie und Ihre Fach- oder Jahrgangskolleg/innen ein weiterer Zyklus an, in dem eine viel größere Anzahl an Schüler/innen und Lehrer/innen an dem diagnostischen Prozess beteiligt ist. Klein einzusteigen ist auch deshalb sinnvoll, da in einem begrenzten Rahmen wichtigen Erfahrungen gesammelt werden können, die in einem größeren Rahmen als Beispiele guter Praxis genutzt werden können.

Wir empfehlen Ihnen deshalb, einen für Sie passenden Einstieg in die Gestaltung von diagnostischen Prozessen in einem kleinen und kurzen diagnostischen Zyklus zu wählen. Ziehen Sie daraus positive Erfahrungen und nutzen Sie sie, um größere und längere Zyklen zu gestalten.

- **Diagnostische Prozesse und Lernprozesse sind als ein Prozess zu verstehen. – Nutzen Sie die verschiedenen Lernprozessphasen in Ihrem Unterricht, um die Schritte des diagnostischen Prozesses zu verankern!**
- **Eigene Erfahrungen sollten der Ausgangspunkt für die Umsetzung diagnostischer Prozesse sein. – Knüpfen Sie an Elementen des individualisierten Lernens an, die Sie bereits eingeführt haben!**
- **Lernprozesse sind Entscheidungsprozesse. – Orientieren Sie sich dabei daran, welche Entscheidungen Sie und Ihre Schüler/innen während der Lernprozessverläufe treffen müssen!**
- **Prozesse sollten überschaubar sein. – Beginnen Sie mit kleinen und kürzeren Diagnosezyklen, um die Schritte einzuüben!**
- **Lernprozesse können sehr unterschiedliche Formen haben. – Stimmen Sie die hier vorgestellten Elemente diagnostischer Prozesse auf Ihren Unterricht individuell ab.**

Literatur

Bauer, J. (2009): Burnout bei schulischen Lehrkräften. In: PID – Psychotherapie im Dialog. Heft 3/2009, S. 251–255.

Bonsen, M./Rolff, H.-G. (2006): Professionelle Lerngemeinschaften von Lehrer/innen. Zeitschrift für Pädagogik 52, S. 167–184.

Bortz, J. (2005): Statistik. Berlin: Springer.

Bortz, J./Döring, N. (2006): Forschungsmethoden und Evaluation. Berlin: Springer.

Buhren, C. G. (Hrsg.) (2015): Handbuch Feedback in der Schule. Weinheim: Beltz.

Büttner, G./Warwas, J./Adl-Amini, K. (2012): Kooperatives Lernen und Peer Tutoring im inklusiven Unterricht. In: *Zeitschrift für Inklusion-online.net.* http://www.inklusion-online.net/index.php/inklusion-online/article/view/61/61, Abruf am 31.08.2015.

Brickenkamp, R. (2002): Test d2 – Aufmerksamkeits-Belastungstest. Göttingen: Hogrefe.

Dörner, D. (2003): Die Logik des Misslingens. Strategisches Denken in komplexen Situationen. Berlin: Rowohlt.

Dorsch, F. (2014): Psychologisches Wörterbuch. Bern: Verlag Hans Huber. https://portal.hogrefe.com/dorsch/, Abruf am 31.08.2015.

Ebel, C./Müncher, A. (2013): Heterogenität als Herausforderung für die Lehrerbildung. In: Bertelsmann Stiftung (Hrsg.): Podium Schule 2013/14.

Gladwell, M. (2007): Blink! Die Macht des Moments. Frankfurt/M.: Campus.

Hartmann-Kurz, C. u. a. (2012): Mit Kompetenzrastern dem Lernen auf der Spur. Stuttgart: Landesinstitut für Schulentwicklung. http://www.ls-bw.de/Handreichungen/pub_online/, Abruf am 31.08.2015.

Hattie, J. (2014a): Lernen sichtbar machen. 2., korrigierte Aufl. Hohengehren: Schneider.

Hattie, J. (2014b): Lernen sichtbar machen für Lehrpersonen. Hohengehren: Schneider.

Helmke, A. u. a. (2015): Umgang mit Vielfalt/Individualisierung. http://www.unterrichtsdiagnostik.info/media/files/Umgang%20mit%20Vielfalt.pdf, Abruf am 31.08.2015.

Hesse, I./Latzko, B. (2009): Diagnostik für Lehrkräfte. Opladen: Verlag Barbara Budrich.

Horster, L./Rolff, H. G. (2006): Unterrichtsentwicklung. Grundlagen einer reflektorischen Praxis. Weinheim: Beltz.

Ingenkamp. K.-H. (2008): Lehrbuch der pädagogischen Diagnostik. 6., neu ausgestattete Aufl. Weinheim: Beltz.

Janis, I. L. (1972): Victims of Groupthink: A Psychological Study of Foreign-Policy Decisions and Fiascoes. Boston: Houghton-Mifflin.

Jansen, C./Meyer, M. (2016): Wie qualifiziert man Lehrer/innen im Bereich Diagnostik für den Umgang mit Vielfalt im Unterricht? In: Amrhein, B./Zieme, K. (Hrsg.): Diagnostik im Kontext inklusiver Bildung – Theorien, Ambivalenzen, Akteure, Konzepte. Klinkhardt: Bad Heilbrunn. (in Vorbereitung)

Jullien, F. (1999). Über die Wirksamkeit. Berlin: Merve.

Kahnemann, D. (2011): Schnelles Denken, langsames Denken. München: Siedler.

Keller, G./Thiel, R.-D. (1998): Lern- und Arbeitsverhalteninventar. Test zum Lern- und Arbeitsverhalten für Schülern der Klassen 5–10. Göttingen: Hogrefe.

Kleinknecht, M. u. a. (2013): Lern- und Leistungsaufgaben im Unterricht. Bad Heilbrunn: Klinkhardt.

Klika, D./Schubert, V. (Hrsg.) (2004): Bildung und Gefühl. Hohengehren: Schneider.

Kucklick, C. (2014): Die granulare Gesellschaft. Berlin: Ullstein.

Kultusministerkonferenz (Hrsg.) (2004): Standards für die Lehrerbildung: Bildungswissenschaften. http://www.kmk.org/fileadmin/veroeffentlichungen_beschluesse/2004/2004_12_16-Standards-Lehrerbildung.pdf (Abruf: 26.10.2015).

Kultusministerkonferenz (Hrsg.) (2000): Aufgaben von Lehrerinnen und Lehrern heute – Fachleute für das Lernen. Gemeinsame Erklärung des Präsidenten der Kultusministerkonferenz und der Vorsitzenden der Bildungs- und Lehrergewerkschaften sowie ihrer Spitzenorganisationen Deutscher Gewerkschaftsbund DGB und DBB – Beamtenbund und Tarifunion vom 05.10.2000. http://www.kmk.org/fileadmin/veroeffentlichungen_beschluesse/2000/2000_10_05-Bremer-Erkl-Lehrerbildung.pdf, Abruf am 31.08.2015.

Leisen, J. (2013): Handbuch Sprachförderung im Fach. 2 Bdn. Stuttgart: Klett.

Maier, U. u. a. (Hrsg.) (2013): Allgemeindidaktische Kategorien für die Analyse von Aufgaben. In: Kleinknecht, M. u. a.: Lern- und Leistungsaufgaben im Unterricht. Bad Heilbrunn: Klinkhardt, S. 9–46.

Maier, U. (2015): Leistungsdiagnostik in Schule und Unterricht. Bad Heilbrunn: Klinkhardt

Meyer, H. (2008): Was ist guter Unterricht? Berlin: CornelsenScriptor.

Meyer, M./Jansen, C. (2016): Schulische Diagnostik. Bad Heilbrunn: Klinkhardt. (in Vorbereitung)

Meyer, M./Oleśniewicz, M. (2015a): Erfolgreich studieren – in Teams. *Neues Handbuch Hochschuldidaktik.* Kapitel C 2.30. Berlin. Raabe, S. 43–63.

Meyer, M./Oleśniewicz, M. (2015b): Aufgabenstellung in die Hand der Lernenden geben. In: Boßhammer, H./Schüllermann, A. (Hrsg.): Fordern und Fördern in der Sekundarstufe I. Stuttgart: Raabe, Kapitel F.3, S. 1–24.

Miller, R. (1999): Beziehungsdidaktik. Weinheim: Beltz.

Ministerium für Schule und Weiterbildung des Landes NRW (MSW NRW)/**Bertelsmann Stiftung** (Hrsg.) (2015): Vielfalt fördern. Unterricht fokussiert auf individuelle Förderung weiterentwickeln. Düsseldorf und Gütersloh.

Moosbrugger, J./Oehlschlägel, M./Steinwascher, M. (1996): Frankfurter Aufmerksamkeits-Inventar 2. Göttingen: Hogrefe.

MSW NRW/Bertelsmann Stiftung (2015) → s. Ministerium für Schule und Weiterbildung des Landes NRW (MSW NRW)/Bertelsmann Stiftung (Hrsg.) (2015).

Ohlert, J. (2009): Teamleistung. Social Loafing in der Vorbereitung auf eine Gruppenaufgabe. Schriften zur Sozialpsychologie, Band 18. Hamburg: Verlag Dr. Kovač.

Oleśniewicz, M./Meyer, M. (2013): Lernlandkarten einsetzen – Lernwege sichtbar machen, in: Boßhammer/Schüllermann (Hrsg.): Fordern und Fördern in der S I, Stuttgart: Raabe, Kapitel E.6.5, 1–20.

Petermann, F./Winkel, S. (2007): Fragebogen zur Leistungsmotivation für Schüler der 4. Bis 6. Klasse. Göttingen: Hogrefe.

Reich, K. (2014): Inklusive Didaktik. Weinheim: Beltz

Rolff, H.-G. (2006): Perspektiven der Unterrichtsentwicklung – Forschungsergebnisse und Projekterfahrungen. Essen: Vortragsmanuskript.

Rolff, H. G./Röhrich, T (2009): »Qualitätsmanagement in der Schule – ein Orientierungs- und Handlungsrahmen«. Qualifizierungsprogramm für neue Schulleitungsmitglieder in Bremer Schulen – ProfiS. Dortmund: Skript, S. 69.

Rollett, B./Bartram, M. (1998): Anstrengungsvermeidungstest. Göttingen: Hogrefe.

Vogt, K. (2007): Theorien des Lernens. Folgerungen für das Lehren. ISB Staatsinstitut für Schulqualität und Bildungsforschung München. https://www.isb.bayern.de/download/1542/flyer-lerntheorie-druckfassung.pdf, Abruf am 31.08.2015.

Schnebel, S. (2012): Professionell beraten. Weinheim: Beltz.

Sickendieck, U. u. a. (2008): Beratung: Eine Einführung in sozialpädagogische und psychosoziale Beratungsansätze. Weinheim: Beltz Juventa.

Souvignier, E./Gold, A. (2004): Lernstrategien und Lernerfolg bei einfachen und komplexen Leistungsanforderungen. Psychologie in Erziehung und Unterricht, 51, S. 309–318.

Westhoff, K./Hagemeister, C. (2014): KONZENTRATION. In: Dorsch, F. (Hrsg.) (2104): Psychologisches Wörterbuch. Bern: Verlag Hans Huber. https://portal.hogrefe.com/dorsch/konzentration/, Abruf am 31.08.2015.

Wildt, M. (2009): Diagnostik vom Nutzen her Denken. In: Lernchancen 69/70, S. 14–19.

Übersicht der Kopiervorlagen und Downloadmaterialien

Alle Kopiervorlagen finden Sie auch zum Downloaden auf der Produktseite zu diesem Buch auf www.beltz.de. Da die Anlässe, in denen schulische Diagnostik stattfindet, ebenso heterogen sind wie Ihre Klassen und Bedürfnisse, finden Sie unter der o.g. Adresse nicht nur eine PDF-Version der Kopiervorlagen, sondern auch Word-Dateien zur individuellen Anpassung der Vorlagen.

Die folgende Übersicht zeigt Ihnen, welche Kopiervorlagen Sie im Folgenden finden, in welchen Kapitel sie genannt werden und wer der Adressat der Kopiervorlagen ist (L = Lehrer, S = Schüler/innen).

KV 1

Fragebogen zum persönlichen Diagnostikverständnis

Datum: ....

Im Folgenden finden Sie sechs Fragen zu Ihrem persönlichen Verständnis von Diagnostik.

Bitte notieren Sie zu den einzelnen Fragen stichwortartig Ihre persönlichen Einschätzungen und/oder Meinungen und/oder Erfahrungen. Bitte beachten Sie bei der Bearbeitung Folgendes:
- Bearbeiten Sie den Fragebogen alleine.
- Denken Sie über die jeweiligen Fragen in Ruhe nach.
- Folgen Sie beim Antworten Ihrem Gefühl – es gibt kein »Richtig« oder »Falsch«.
- Wenn Ihnen zu einer Frage sehr viele Aspekte einfallen, notieren Sie die Ihnen persönlich wichtigsten.

Diskutieren Sie anschließend in Ihrem Team:
- Welche Herausforderungen sehen Sie hinsichtlich der Umsetzungen an Ihrer Schule,
- welche Überzeugungen bzw. Einstellungen zur Diagnostik sind Ihnen an Ihrer Schule besonders wichtig?

Halten Sie die Ergebnisse der Teamdiskussion schriftlich fest:
- Welche Entwicklungsbedarfe Sie sehen (z. B. auf grünen Karten),
- welche Entwicklungsziele Sie sehen (z. B. auf blauen Karten).

1. *Was verstehen Sie unter »schulischer Diagnostik«?*

2. *Welche Bedeutung hat Diagnostik für ihre schulische Arbeit?*

3. *Wo sehen Sie Ihre persönlichen diagnostischen Stärken?*

4. *In welchem Umfang halten Sie Diagnostik für erforderlich?*

5. *Woran machen Sie die Qualität von Diagnostik fest?*

6. *Wie wichtig sind für Sie – im Rahmen von Diagnostik – Kommunikation, Beratung, Teamarbeit und Vernetzung?*

Quelle: Ministerium für Schule und Weiterbildung des Landes NRW/Bertelsmann Stiftung (Hrsg.) (2015): Vielfalt fördern. Unterricht fokussiert auf individuelle Förderung weiterentwickeln. Düsseldorf und Gütersloh

KV 2

Lernlandkarte zum persönlichen Diagnostikverständnis

Datum: ....

Denken Sie einen Augenblick über »schulische Diagnostik« nach.

1. Skizzieren Sie unten, was Ihrer Ansicht nach wichtig ist für die Beschäftigung mit diesem Thema.
2. Ergänzen Sie anschließend, was Sie über schulische Diagnostik schon wissen und was Sie gerne wissen möchten: »Das weiß ich schon ...«, »Das will ich wissen ...«

Bitte beachten Sie Folgendes:

- Versuchen Sie, möglichst viele Einzelpunkte zu benennen.
- Wählen Sie eine Form der Veranschaulichung, die Ihnen naheliegt und die Sie schnell und mühelos erstellen können. Es kann sich um eine abstrakte (Mind Map, Concept Map) oder bildliche Darstellung (City Map, Country Map) handeln.

Diskutieren Sie anschließend in Ihrem Team:

- Welche Überzeugungen bzw. Einstellungen zur Diagnostik sind Ihnen an Ihrer Schule besonders wichtig?
- Welche Herausforderungen sehen Sie in Bezug auf die Weiterentwicklung der Diagnostik an Ihrer Schule?

Halten Sie Ihre Ergebnisse schriftlich fest:

- Welche Entwicklungsbedarfe Sie sehen (z. B. auf grünen Karten),
- welche Entwicklungsziele Sie sehen (z. B. auf blauen Karten).

Quelle: Ministerium für Schule und Weiterbildung des Landes NRW/Bertelsmann Stiftung (Hrsg.) (2015): Vielfalt fördern. Unterricht fokussiert auf individuelle Förderung weiterentwickeln. Düsseldorf und Gütersloh, auf der Grundlage von: Oleśniewicz/Meyer, Lernlandkarten einsetzen – Lernwege sichtbar machen, in: Boßhammer/Schüllermann (Hrsg.) (2013): Fordern und Fördern in der S I, Stuttgart: Raabe, Kapitel E.6.5, S. 1–20

KV 3

Fragebogen zur Anlassklärung im Team (für Lehrkräfte)

Datum: ....

Jahrgang/Fach/Lerngruppe(n): ....

Teammitglieder: ....

Was hindert mich daran, erfolgreich zu unterrichten?

....

....

....

Welche Veränderungen wünsche ich mir in meinem Unterricht/in meinem Jahrgang/meinem Fach?

....

....

....

....

KV 3

Fragebogen zur Anlassklärung im Team (für Lehrkräfte)

Datum: ....

Jahrgang/Fach/Lerngruppe(n): ....

Teammitglieder: ....

Was hindert mich daran, erfolgreich zu unterrichten?

....

....

....

Welche Veränderungen wünsche ich mir in meinem Unterricht/in meinem Jahrgang/meinem Fach?

....

....

....

....

KV 4

Sammelbogen zur Anlassklärung im Team (für Lehrkräfte)

Datum: ....

Jahrgang/Fach/Lerngruppe(n): ....

Teammitglieder: ....

Dieser Sammelbogen dient vorrangig der Dokumentation. Eine Einigung auf wenige, bestimmte Hindernisse und Veränderungswünsche ist nicht erforderlich!

Welche Hinderniserfahrungen sind für uns besonders bedeutsam?

....

....

....

....

....

....

....

....

....

....

Welche Veränderungswünsche sind für uns besonders bedeutsam?

....

....

....

....

....

....

....

....

....

Deine Hinderniserfahrungen und Veränderungswünsche

KV 5

Datum: ....

Was hindert dich daran, erfolgreich zu lernen?

...

Welche Veränderungen wünschst du dir aufgrund dieser Hindernisse im Unterricht?

...

✂ -

Deine Hinderniserfahrungen und Veränderungswünsche

KV 5

Datum: ....

Was hindert dich daran, erfolgreich zu lernen?

...

Welche Veränderungen wünschst du dir aufgrund dieser Hindernisse im Unterricht?

...

KV 6

Sammelbogen zur Dokumentation der Anlassklärung

Datum: .... Klasse: .... Lehrkraft: ....

Welche individuellen Hinderniserfahrungen wurden genannt?

....

....

....

....

....

....

....

....

Welche individuellen Veränderungswünsche wurden genannt?

....

....

....

....

....

....

....

....

Welche *ähnlichen* Hinderniserfahrungen bzw. Veränderungswünsche lassen sich erkennen?

....

....

....

....

....

....

....

KV 7

Wie bilde ich diagnostische Fragen?

Zusätzliches Arbeitsblatt zu Kopiervorlage 8

Diagnostische Fragen helfen dir dabei,
mögliche Ursachen für deine Hinderniserfahrungen und Veränderungswünsche zu beschreiben.

Sie beginnen immer mit »Kann es sein, dass ...?«

Ein Beispiel: Nimm an, du hättest diese Hinderniserfahrung im Unterricht gemacht:
»Ich komme beim Abschreiben oft nicht mit.«

Dazu hast du vielleicht folgenden Veränderungswunsch:
»Ich wünsche mir, dass wir mehr zusammen üben.«

Jetzt geht es darum, zu überlegen,
- was die Ursache für dein Hindernis sein könnte,
- was sich – vor allem im Unterricht – verändern soll, damit dein Veränderungswunsch erfüllt wird.

Du kannst zunächst selbstständig über mögliche Ursachen nachdenken und sie mit Hilfe der »Kann es sein, dass …«-Frage aufschreiben. Wenn du dabei Schwierigkeiten hast, gibt es eine weitere Möglichkeit:

Dazu schaust du in die Bedingungen für erfolgreiches Lernen in **Kopiervorlage 8.**
In den drei Tabellen findest du eine Vielzahl von Möglichkeiten (in Form von Bedingungen),
- dein Hindernis zu erklären oder
- deinen Veränderungswunsch zu erfüllen.

Du könntest zum Beispiel vermuten, dass dein Hindernis daher kommt, dass die *Methoden im Unterricht* (z. B. Abschreiben von der Tafel) *für dich nicht passend und vielfältig* genug sind (2. Tabelle, Nr. 2).
Du könntest dir aber auch wünschen, dass du mehr *Unterstützung* beim Lernen bekommst, z. B. durch häufigeres gemeinsames Üben (2. Tabelle, Nr. 7).

Daraus kannst du zwei diagnostische Fragen bilden:
- *Kann es sein, dass die Methoden für mich nicht passend sind?*
- *Kann es sein, dass ich mehr Unterstützung beim Lernen brauche?*

Versuche nun hier einmal, diagnostische Fragen zu deinen Hinderniserfahrungen und Veränderungswünschen zu formulieren (schau dafür noch einmal auf Kopiervorlage 5). Wenn du Schwierigkeiten hast, schau in die Tabellen von Kopiervorlage 8!

Kann es sein, dass ....?

Kann es sein, dass ....?

Kann es sein, dass ....?

Wenn du deine eigenen diagnostischen »Kann es sein, dass ...?«-Fragen formuliert hast, solltest du sie im Anschluss mit den Tabellen vergleichen und überlegen, zu welchen Bedingungen sie passen.

Bedingungen für mein erfolgreiches Lernen

KV 8.1

Diese Bereiche sind wichtig für erfolgreiches Lernen:
1. Was ich bin, weiß und kann.
2 Was im Unterricht passiert.
3. Was über den Unterricht und Schule hinaus passiert.

Im Folgenden findest du drei Tabellen.
Jede Tabelle zeigt unterschiedliche Bedingungen dafür, dass du erfolgreich lernen kannst.

1. Lies dir die drei Tabellen in Ruhe durch.

2. Dann schau dir deine schriftlich notierten *Hinderniserfahrungen* und *Veränderungswünsche* oder deine *diagnostischen Fragen* (**Kopiervorlage** 7) noch einmal an:
   Bei welchen Bedingungen siehst du eine Ursache für dein Hindernis?
   Bei welchen Bedingungen siehst du eine Möglichkeit, deinen Veränderungswunsch zu erfüllen?

   Markiere nun die für dich wichtigsten Bedingungen in der dritten Spalte mit **H** (für Hinderniserfahrung), wenn diese Bedingung nicht (genug) berücksichtigt wird oder wenn diese Bedingung nicht (immer) erfüllt wird.

   Markiere die für dich wichtigsten Bedingungen in der dritten Spalte mit **V** (für Veränderungswunsch), wenn diese Bedingung (stärker) berücksichtigt werden oder wenn diese Bedingung verbessert werden soll.

Nr.	**1. Was ich bin, weiß und kann** **Wird berücksichtigt ...**	**wird nicht (genug) berücksichtigt = H** **soll (stärker) berücksichtigt werden = V**
1	... was ich schon weiß?	
2	... was ich schon (besonders gut) kann?	
3	... was mich interessiert und wie sehr ich Lust und Freude daran habe, zu arbeiten?	
4	... wie sehr ich mir und meinem Können vertraue und wie ich mit Schwierigkeiten umgehe?	
5	... wie ich lerne?	
6	... wie ich mich fühle?	
7	... was ich körperlich kann?	
8	... was ich noch lernen muss?	
9	... wie gut ich mich sprachlich ausdrücken kann (im Schreiben und Sprechen)?	

Quelle: Ministerium für Schule und Weiterbildung des Landes NRW/Bertelsmann Stiftung (Hrsg.) (2015): Vielfalt fördern. Unterricht fokussiert auf individuelle Förderung weiterentwickeln. Düsseldorf und Gütersloh

KV 8.2

Bedingungen für mein erfolgreiches Lernen

Nr.	2. Was im Unterricht passiert	nicht (immer) erfüllt = H soll (stärker) berücksichtigt werden = V
1	Sind Erklärungen, Aufgaben und Anweisungen der Lehrkraft für mich klar und verständlich?	
2	Sind Methoden und Medien im Unterricht für mich passend und vielfältig? Ist mir klar, warum sie eingesetzt werden?	
3	Ermöglichen mir Sitz- und Tischordnung konzentriertes und effektives Arbeiten? Gibt es einen Wechsel von Einzel-, Partner- und Gruppen-/Teamarbeit?	
4	Ist die Beziehung zur Lehrkraft und anderen Schüler/innen so gut, dass für mich eine angenehme und anregende Lernatmosphäre entsteht?	
5	Sind für mich Phasen und Schritte im Unterricht klar erkennbar?	
6	Sind mir Lernziele, Leistungs- und Kompetenzerwartungen bekannt? Werden unterschiedliche Formen der Überprüfung meiner Leistungen eingesetzt?	
7	Gibt es für mich vielfältige Unterstützung im Lernprozess?	
8	Gibt es für mich regelmäßiges Feedback zu meinem Kompetenz- und Lern-Leistungsstand sowie zum Unterrichtsprozess?	
9	Gibt es feste Regeln und Rituale, die konsequent eingefordert werden?	
10	Kann ich mir meine eigenen Lernzugänge schaffen? Wird selbständiges Lernen ermöglicht?	
11	Werden meine Lernvoraussetzungen und -strategien im Unterricht berücksichtigt, genutzt und entwickelt?	
12	Werden meine sprachlichen Kompetenzen fachspezifisch und -übergreifend gefördert?	

Nr.	3. Was über den Unterricht und Schule hinaus passiert	nicht (immer) erfüllt = H soll (stärker) berücksichtigt werden = V
1	Ist das Klima in meiner Klasse und in der Schule insgesamt gut?	
2	Kann ich zuhause gut für die Schule arbeiten? Ist der Kontakt zwischen meinen Eltern, den Lehrer/innen und der Schule gut? Unterstützen mich meine Eltern in Bezug auf Schule und mein Lernen?	
3	Ist es meinen Freunden wichtig, etwas für die Schule zu tun?	

Quelle: Ministerium für Schule und Weiterbildung des Landes NRW/Bertelsmann Stiftung (Hrsg.) (2015): Vielfalt fördern. Unterricht fokussiert auf individuelle Förderung weiterentwickeln. Düsseldorf und Gütersloh

KV 9.1

Sammelbogen für Hinderniserfahrungen und Veränderungswünsche im kollegialen Team

Datum: ....

Jahrgang/Fach/Lerngruppe(n): ....

Teammitglieder: ....

Auf diesem Sammelbogen werden sowohl Hinderniserfahrungen (»H«) als auch Veränderungswünsche (»V«) festgehalten.

Diagnosebereiche aus Lehrer/innenperspektive

Nr.	H/V	Beschreibung (Auswahl)	Aspekt	Diagnosebereich/ Einflussfaktor
1		Wird an das individuelle Vorwissen angeknüpft?	**Vorwissen**	**Individuelle Lernvoraussetzungen**
2		Werden unterschiedliche besondere Begabungen, Potenziale und Kompetenzen erkannt und berücksichtigt?	**Begabungen, Potenziale, Kompetenzen**	
3		Werden unterschiedliche Interessen sowie Motivationslagen (intrinsisch-extrinsisch, Lern- und Leistungsmotivation) erkannt und berücksichtigt?	**Interessen und Motivation**	
4		Werden der Grad des Vertrauens in die eigenen Kompetenzen sowie individuelle Lösungsstrategien erkannt und berücksichtigt?	**Volition**	
5		Werden individuelle Lernstrategien (Informationsverarbeitungsstrategien, metakognitive Lernstrategien und Ressourcenstrategien) erkannt und berücksichtigt?	**Lernstrategien**	
6		Werden Emotionen und emotionale Kompetenzen erkannt und berücksichtigt?	**Emotionen**	
7		Sind besondere körperliche Voraussetzungen bekannt und werden berücksichtigt?	**Gesundheit**	
8		Sind besondere Lernentwicklungsbedarfe bekannt und werden berücksichtigt?	**Lernentwicklung**	
9		Sind die Sprachkompetenzen bekannt und werden berücksichtigt?	**Sprachkompetenz**	

Quelle: Ministerium für Schule und Weiterbildung des Landes NRW/Bertelsmann Stiftung (Hrsg.) (2015): Vielfalt fördern. Unterricht fokussiert auf individuelle Förderung weiterentwickeln. Düsseldorf und Gütersloh

KV 9.2

Sammelbogen für Hinderniserfahrungen und Veränderungswünsche im kollegialen Team

Nr.	H/V	Beschreibung (Auswahl)	Aspekt	Diagnosebereich/ Einflussfaktor
1		Sind Erklärungen, Aufgaben und Anweisungen der Lehrkraft klar und verständlich?	**Klarheit Verständlichkeit**	
2		Sind Methoden und Medien angemessen und vielfältig? Ist klar, warum sie eingesetzt werden?	**Unterschiedliche Methoden und Medien**	
3		Ermöglichen Sitz- und Tischordnung konzentriertes und effektives Arbeiten? Gibt es einen Wechsel von Einzel-, Partner- und Gruppen-/Teamarbeit?	**Unterschiedliche Sozialformen**	
4		Ermöglichen gute Beziehungen zwischen Schüler/innen und Lehrkraft bzw. der Schüler/innen untereinander eine angenehme und anregende Lernatmosphäre?	**Unterrichtsklima**	
5		Sind Phasen und Schritte im Unterricht klar erkennbar?	**Strukturiertheit**	
6		Sind Lernziele, Leistungs- und Kompetenzerwartungen bekannt? Werden unterschiedliche Formen der Überprüfung eingesetzt?	**Ziel- und Kompetenzorientierung**	**Qualität des Unterrichts**
7		Gibt es vielfältige Unterstützung im Lernprozess?	**Unterstützung**	
8		Gibt es regelmäßiges Feedback zum individuellen Kompetenz- und Lern-/Leistungsstand sowie zum Unterrichtsprozess?	**Feedback**	
9		Gibt es feste Regeln und Rituale, die konsequent eingefordert werden?	**Klassenführung**	
10		Gibt es individuelle Zugänge? Wird selbständiges Lernen ermöglicht?	**Aktivierung, Motivierung**	
11		Werden individuelle Lernvoraussetzungen und -strategien im Unterricht berücksichtigt, genutzt und entwickelt?	**Individualisierung**	
12		Werden sprachliche Kompetenzen fachspezifisch und -übergreifend gefördert?	**Sprachbildung und -sensibilisierung**	

Quelle: Ministerium für Schule und Weiterbildung des Landes NRW/Bertelsmann Stiftung (Hrsg.) (2015): Vielfalt fördern. Unterricht fokussiert auf individuelle Förderung weiterentwickeln. Düsseldorf und Gütersloh

Sammelbogen für Hinderniserfahrungen und Veränderungswünsche im kollegialen Team

KV 9.3

Nr.	H/V	Beschreibung (Auswahl)	Aspekt	Diagnosebereich/ Einflussfaktor
1		Ist das soziale Klima in der Klasse und in der Schule über den Unterricht hinaus bekannt?	**Klassen- und Schulklima**	Lernkontext
2		Ist Art und Ausmaß des Medienkonsums außerhalb der Schule bekannt?	**Medienkonsum**	
3		Gibt es Informationen zum häuslichen Anregungsniveau? Welche Kommunikation besteht zwischen Lehrkraft, Schüler/in und Erziehungsberechtigten? Gibt es Unterstützung durch Erziehungsberechtigte außerhalb des Unterrichts? Gibt es Informationen zum sozioökonomischen Status oder zur Migrationsgeschichte?	**Häusliches Umfeld**	
4		Gibt es Informationen zur Lern- und Leistungsmotivation innerhalb des Freundeskreises?	**Freundeskreis**	

Quelle: Ministerium für Schule und Weiterbildung des Landes NRW/Bertelsmann Stiftung (Hrsg.) (2015): Vielfalt fördern. Unterricht fokussiert auf individuelle Förderung weiterentwickeln. Düsseldorf und Gütersloh

KV 10

Sammelbogen für Hinderniserfahrungen (H)

In welchen Bereichen des Unterrichts wollen wir etwas verändern?

Datum: ....

Bitte übertrage die von dir auf **Kopiervorlage 8** markierten Hinderniserfahrungen.

1. Was ich bin, weiß und kann (individuelle Lernvoraussetzungen)	
Nr. 1	
Nr. 2	
Nr. 3	
Nr. 4	
Nr. 5	
Nr. 6	
Nr. 7	
Nr. 8	
Nr. 9	

2. Was im Unterricht passiert (Qualität des Unterrichts)	
Nr. 1	
Nr. 2	
Nr. 3	
Nr. 4	
Nr. 5	
Nr. 6	
Nr. 7	
Nr. 8	
Nr. 9	
Nr. 10	
Nr. 11	
Nr. 12	

3. Was über den Unterricht und Schule hinaus passiert (Lernkontext)	
Nr. 1	
Nr. 2	
Nr. 3	

Quelle: Ministerium für Schule und Weiterbildung des Landes NRW/Bertelsmann Stiftung (Hrsg.) (2015): Vielfalt fördern. Unterricht fokussiert auf individuelle Förderung weiterentwickeln. Düsseldorf und Gütersloh

KV 11

Sammelbogen für Veränderungswünsche (V)

In welchen Bereichen des Unterrichts wollen wir etwas verändern?

Datum: ....

Bitte übertrage die von dir auf **Kopiervorlage 8** markierten Veränderungswünsche!

1. Was ich bin, weiß und kann (individuelle Lernvoraussetzungen)	
Nr. 1	
Nr. 2	
Nr. 3	
Nr. 4	
Nr. 5	
Nr. 6	
Nr. 7	
Nr. 8	
Nr. 9	

2. Was im Unterricht passiert (Qualität des Unterrichts)	
Nr. 1	
Nr. 2	
Nr. 3	
Nr. 4	
Nr. 5	
Nr. 6	
Nr. 7	
Nr. 8	
Nr. 9	
Nr. 10	
Nr. 11	
Nr. 12	

3. Was über den Unterricht und Schule hinaus passiert (Lernkontext)	
Nr. 1	
Nr. 2	
Nr. 3	

Quelle: Ministerium für Schule und Weiterbildung des Landes NRW/Bertelsmann Stiftung (Hrsg.) (2015): Vielfalt fördern. Unterricht fokussiert auf individuelle Förderung weiterentwickeln. Düsseldorf und Gütersloh

KV 12

Hypothesen formulieren – Auswertung der Sammelbögen 10 + 11

Name, Klasse, Fach: ....

Datum: ....

Hinderniserfahrungen und Veränderungswünsche hast du bereits in den Sammelbögen markiert. Sie werden jetzt gebraucht, um herauszufinden, was sich verändern soll und welche Ziele gesetzt werden sollen. Dazu werden nun die Sammelbögen (Kopiervorlage 10 + 11) verwendet.

Aus den Veränderungswünschen und dieser Frage kann nun ein ***Bedarf*** gewonnen werden: **Was soll in Zukunft anders werden?** Dabei hilft dir der Sammelbogen zu *Veränderungswünschen* (Kopiervorlage 11)

Wenn ... ., ...

Wenn ... ., ...

Wenn ... ., ...

Aus der Hinderniserfahrung kann ein ***Ziel*** gewonnen werden: **Was soll erreicht werden?** Dabei hilft dir der Sammelbogen zu *Hinderniserfahrungen* (Kopiervorlage 10)

... dann ... .

... dann ... .

... dann ... .

Bei der Formulierung von Bedarfen und Zielen als *Hypothese* ist darauf zu achten, dass ...

- keine negativen Ausdrücke wie »kein« oder »nicht« verwendet werden,
- die Formulierung sprachlich verständlich ist,
- die Vermutung möglichst allgemein formuliert ist (d. h., sie dient als mögliche Erklärung für möglichst viele Fälle dieser Art),
- alternativ zu »Wenn-dann«-Sätzen können auch »Je-desto«-Sätze formuliert werden.

KV 13

Schema eines Beobachtungsinstruments

Art der Beobachtung: ....

Wer beobachtet (Name): ....

Wer wird beobachtet (Name[n]): ....

Zeitpunkt(e): ....

Dauer der Beobachtung(en):

Zeitpunkt (= Datum)	Merkmal 1	Merkmal 2	Merkmal 3

(Skalen-)Werte für Merkmal 1: ....

....

(Skalen-)Werte für Merkmal 2: ....

....

(Skalen-)Werte für Merkmal 3: ....

....

KV 14

Schema eines Befragungsinstruments

Ziel der Befragung: ....

Notizen zu möglichen Fragen/vorbereitete Fragen:

....

....

....

....

....

....

Art der Befragung: ....

Wer befragt (Name): ....

Wer wird befragt (Name[n]): ....

Zeitpunkt(e): ....

Dauer der Befragung(en): ....

Zeitpunkt (Uhrzeit im Verlauf)	**Frage**	**Antwort**

Checkliste für standardisierte Tests

KV 15

Name des Tests: ....

	frei verfügbar	kostenpflichtig
Ist der Test frei verfügbar oder kostenpflichtig?		

	nein	kaum	teilweise	ja
Sind die Instruktionen für Lehrer/innen verständlich?				
Sind die Instruktionen für Schüler/innen verständlich?				
Sind die Hinweise zu den Gütekriterien, Konstrukten und Variablen aussagefähig?				
Sind die Angaben hilfreich für eine ergebnisbezogene Maßnahmen-/Förderplanung?				

	sehr aufwändig	vorwiegend aufwändig	vorwiegend einfach	sehr einfach
Wie zeitintensiv bzw. aufwändig ist der Testzugang bzw. die Anmeldung?				
... die Durchführung?				
... die Datenauswertung?				

Quelle: Ministerium für Schule und Weiterbildung des Landes NRW/Bertelsmann Stiftung (Hrsg.) (2015): Vielfalt fördern. Unterricht fokussiert auf individuelle Förderung weiterentwickeln. Düsseldorf und Gütersloh

Gemeinsam passende Diagnoseinstrumente auswählen

KV 16.a

Name, Klasse, Fach: ....

Datum: ....

1. Zu prüfende Hypothese(n):

H1: ....

H2: ....

H3: ....

Entwicklungsziele (2. Hypothesenteil):

Entwicklungsziel H1: ....

Entwicklungsziel H2: ....

Entwicklungsziel H3: ....

Hilfreiche Fragen zur Wahl einer passenden Methode zur Prüfung des Entwicklungsziels:

Um zu prüfen, ob das Entwicklungsziel erfüllt ist oder nicht,

- lassen sich dafür am besten Verhalten oder bestimmte Tätigkeiten *beobachten*?
- lässt sich dafür am besten jemand *befragen*, um bestimmte Informationen zu gewinnen oder gemeinsam zu Erkenntnissen zu gelangen?
- lässt sich dafür am besten ein *Test durchführen*, um etwas über einen vorher genau bestimmten Gegenstand (z. B. Lerninhalte, Leistungsmotivation etc.) zu erfahren?

2. Ausgewählte Methode zur Prüfung des Entwicklungsziels (Beobachtung, Befragung, Test):

....

KV 16.b

Hilfreiche Fragen zur Wahl eines passenden Beobachtungsinstruments

Was soll beobachtet werden?

....

....

Wie soll beobachtet werden? (offen/verdeckt, [nicht-]teilnehmend)

....

....

Wer soll wen beobachten? (Einzel-/Gruppenbeobachtung)

....

....

Wann, wie lange und wie oft soll beobachtet werden?

....

....

Wie soll die Beobachtung dokumentiert werden?

....

....

3. Ausgewähltes Befragungsinstrument zur Prüfung des Entwicklungsziels:

....

KV 16.c

Hilfreiche Fragen zur Wahl eines passenden Befragungsinstruments

Was soll gefragt werden? ([nicht-]vorbereitete Fragen; Informationen gewinnen/gemeinsam Erkenntnisse gewinnen)

....

....

Wie soll befragt werden? (offene/geschlossene Fragen, [nicht-]festgelegte Reihenfolge; schriftlich/mündlich)

....

....

Wer soll wen befragen? (Einzel-/Gruppenbefragung)

....

....

Wann, wie lange und wie oft soll befragt werden?

....

....

Wie soll die Befragung dokumentiert werden?

....

....

3. Ausgewähltes Instrument zur Prüfung des Entwicklungsziels:

....

KV 16.d

Hilfreiche Fragen zur Wahl eines passenden Testinstruments

Was soll getestet werden? (Aspekt des Diagnosebereichs auswählen)

....

....

Wie soll getestet werden? ([nicht-]standardisiert)

....

....

Wer soll wen testen? (Einzel-/Gruppentest)

....

....

Wann, wie lange und wie oft soll getestet werden?

....

....

Wie soll der Test dokumentiert werden? (Art der Testunterlagen)

....

....

3. Ausgewähltes Instrument zur Prüfung des Entwicklungsziels:

....

KV 17

Lernprozessberatung an unserer Schule

Team (Jahrgang/Fach): ....

Name der Kolleg/innen/Klassen: ....

Datum: ....

An den folgenden Stellen wollen wir im Unterricht regelmäßig Lernprozessberatung anbieten:

....

....

....

....

Wir wollen sie zu folgenden Zeitpunkten während des Unterrichts anbieten:

....

....

....

....

Wir vereinbaren den folgenden Ablauf für Lernprozessberatungsgespräche:

....

....

....

....

....

....

Planung von Entwicklungsmaßnahmen

KV 18.a

Titel: ....

Klasse, Fach: ....

Beteiligte Personen: ....

Zeitraum für die Umsetzung: ....

Unterstützende Lehrer/innen bzw. Mitschüler/innen: ....

....

Mein/Unser Entwicklungsziel: ....

....

Bis wann?	**Was ist zu tun?**	**Womit arbeiten wir?**	**Waren wir erfolgreich?**
Datum	**Umsetzungsschritt**	**Material**	**Feedback**

Wir möchten das gemeinsam vereinbarte Ziel durch die oben vereinbarten Schritte erreichen.
Sobald wir einzelne Schritte in der vereinbarten Zeit erledigt haben, holen wir uns ein Feedback ein.

....

Ort, Datum, Unterschriften

KV 18.b

Entwicklungsmaßnahmen

Titel: ....

Name, Klasse, Fach: ....

Zeitraum für die Umsetzung: ....

Wer mich unterstützt: ....

....

Mein Entwicklungsziel: ....

....

Bis wann?	Was ist zu tun?	Womit arbeiten wir?	Waren wir erfolgreich?
Datum	**Umsetzungsschritt**	**Material**	**Feedback**

Ich möchte das gemeinsam vereinbarte Ziel durch die oben vereinbarten Schritte erreichen.
Sobald ich einzelne Schritte in der vereinbarten Zeit erledigt habe, hole ich mir ein Feedback ein.

....

Ort, Datum, Unterschriften

KV 19

Hilfen zur Wahrnehmung von Hinderniserfahrungen und Formulierung von Veränderungswünschen in Lernprozessen

Im Verlauf des Unterrichts ...

1. ... möchtest du (auch) Dinge lernen, für die du dich interessierst,
   ... möchtest du (auch) mehr über Dinge erfahren, über die du schon etwas weißt,
2. ... möchtest du Ziele erreichen, die dir wichtig sind (und dafür ausreichend Zeit haben, den passenden Arbeitsraum und die Unterstützung, die du dafür brauchst),
3. ... möchtest du dir Aufgaben stellen, die dich herausfordern,
4. ... möchtest du deine Ergebnisse überprüfen,
5. ... möchtest du den anderen zeigen, was du (gut) gemacht hast und geschafft hast.

Gab es etwas, was dich in Bezug auf einen oder mehrere dieser fünf Punkte daran gehindert hat,

- für dich gute Entscheidungen zu treffen,
- zu wissen, was du als Nächstes tun willst bzw. sollst,
- darüber nachzudenken, ob es für dich gut war, wie du vorgegangen bist, was du gemacht hast, was du erreicht hast?

....

....

....

....

....

Hast du Wünsche in Bezug auf einen oder mehrere dieser fünf Schritte?

....

....

....

....

....

KV 20

Zeitplan für die Umsetzung diagnostischer Prozesse im Unterricht

Schritt im diagnostischen Prozess	Schritt im Lernprozess/Zeitpunkt oder Stelle in einer Unterrichtsstunde oder -reihe	Datum/Zeit
Anlass klären		
Frage(n) entwickeln		
Hypothesen bilden		
Instrumente auswählen und anwende		
Daten auswerten und interpretieren		
Lernprozessberatung		
Durchführung der Maßnahme		
Evaluation der Maßnahme		